I0103104

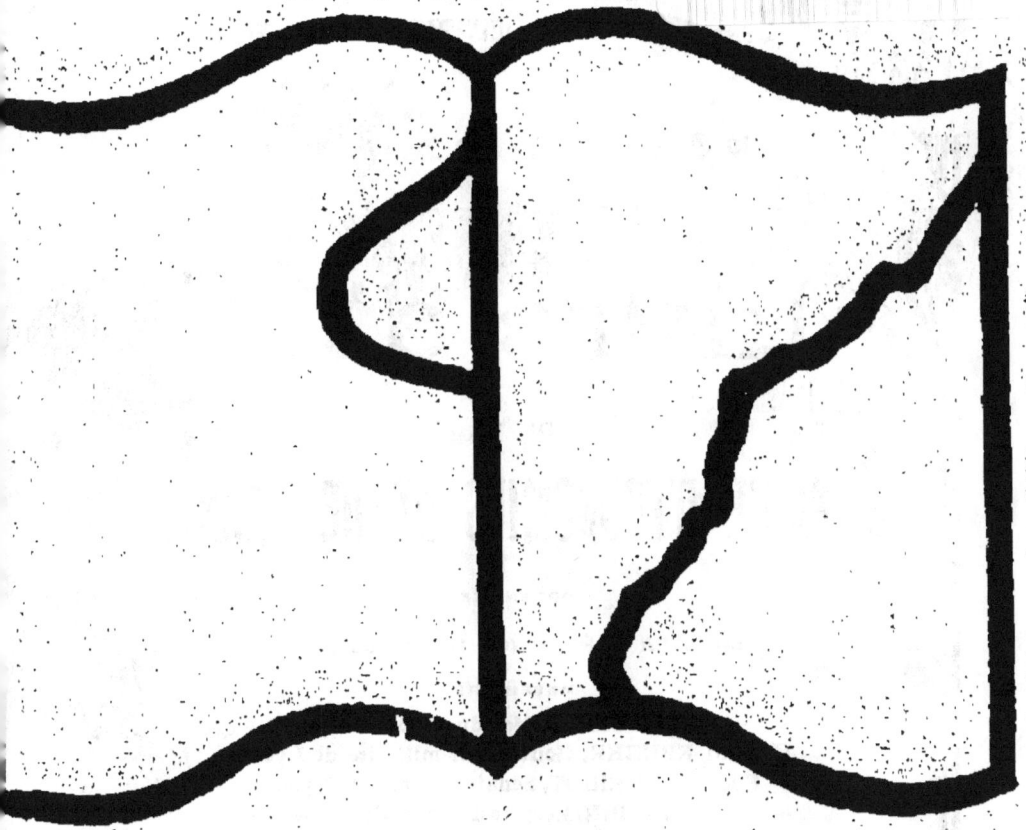

LYON
ET
DÉPARTEMENT DU RHONE

❖ ❖ ❖ ❖

20 Décembre 1917 - 3 Janvier 1918

Livre d'Or

DE LA

SEMAINE D'ÉCONOMIES ET DE CHARITÉ

ORGANISÉE

SOUS LA PRÉSIDENCE D'HONNEUR DE

MESSIEURS

+ + + RAULT, Préfet du Rhône + + +
Général EBENER, Gouverneur militaire de Lyon
+ Edouard HERRIOT, Sénateur, Maire de Lyon +
+ + + JOUBIN, Recteur d'Académie + + +

SOUS LE HAUT PATRONAGE DE

S. E. le Cardinal MAURIN, Archevêque de Lyon

PRIMAT DES GAULES

*...dans le but de soutenir les groupes d'Œuvres
de Guerre lyonnaises dépendant de la Préfecture, de
l'Archevêché, de la Municipalité, de la Croix-Rouge
et de la Caisse d'Epargne, chargées de secourir les
prisonniers, blessés, mutilés, réfugiés, tous les malheureux et souffrants de la Guerre.*

SIÈGE SOCIAL : Hôtel de la Caisse d'Epargne

12, rue de la Bourse, LYON

Ce Volume est vendu 5 francs au profit de l'Œuvre

Livre d'Or

SEMAINE D'ÉCONOMIES ET DE CHARITÉ

LYON
ET
DÉPARTEMENT DU RHONE

❖ ❖ ❖ ❖ ❖

20 Décembre 1917 - 3 Janvier 1918

Livre d'Or

DE LA

SEMAINE D'ÉCONOMIFS ET DE CHARITÉ

ORGANISÉE

SOUS LA PRÉSIDENCE D'HONNEUR DE

MESSIEURS

✛ ✛ ✛ RAULT, Préfet du Rhône ✛ ✛ ✛
Général EBENER, Gouverneur militaire de Lyon
✛ Edouard HERRIOT, Sénateur, Maire de Lyon ✛
✛ ✛ ✛ JOUBIN, Recteur d'Académie ✛ ✛ ✛

SOUS LE HAUT PATRONAGE DE

S. E. le Cardinal MAURIN, Archevêque de Lyon

PRIMAT DES GAULES

... dans le but de soutenir les groupes d'Œuvres de Guerre lyonnaises dépendant de la Préfecture, de l'Archevêché, de la Municipalité, de la Croix-Rouge et de la Caisse d'Epargne, chargées de secourir les prisonniers, blessés, mutilés, réfugiés, tous les malheureux et souffrants de la Guerre.

SIÈGE SOCIAL : Hôtel de la Caisse d'Epargne
12, rue de la Bourse, LYON

MEMBRES

DU

COMITÉ DE SECOURS AU CORPS EXPÉDITIONNAIRE D'ORIENT

AYANT PRIS L'INITIATIVE

de la Semaine d'Economies et de Charité.

BUREAU :

Président........ M. JEAN TAVERNIER, ancien bâtonnier de l'Ordre des Avocats.

Vice-Président.... M. ETIENNE TESTENOIRE, Négociant en soies.

Trésorier........ M. FRANCIS SABRAN, Directeur de la Caisse d'Epargne, Administrateur des Hospices civils de Lyon.

Secrétaire général. M. ANTOINE BARBIER, de la Société des Artistes français.

COMITÉ :

MM. BRAC DE LA PERRIÈRE (PIERRE), Notaire.

BIÉTRIX (FRANZ), Administrateur Hôpital Croix-Rouge.

CABAUD (GEORGES), Industriel, Administrateur Hôpital Croix-Rouge.

CHAMONARD (HENRI), Négociant en soies, Président du Comité de secours de la Soierie lyonnaise.

CHARDINY (CAMILLE), Notaire.

DESGEORGE (MARCEL), Négociant en soies.

DIGONNET (Gilbert), Ex-Président de la Chambre Syndicale de la Soierie lyonnaise.

FINET (LUDOVIC), négociant.

Mgr MARNAS, Vicaire général.

ROBIN (Léo), Directeur d'Assurances « *La Nationale* ».

SIMON (ANTOINE), Industriel.

TAVERNIER (HENRI), Président du Comité lyonnais de la Croix-Rouge française.

TRESCA (GEORGES), Négociant en soies.

VINDRY (FLEURY),

COMITÉ DES DAMES :

Présidentes : Mme Paul RAVIER, Mme Paul GOULLIOUD.

Comité : Mmes ANNAT, A. BARBIER, V. BELLISSEN, Jean CHAINE, J. COLCOMBET, Humbert DUCURTYL, Jeanne GARNIER, Paul GAVIN-LEGAT, René PIATON, Théodore RAVIER-DULAC, ROCHE, Mlle Marguerite ROUSTAIN, M. SONNERY-MARTIN, Henri TAVERNIER, Louis TAVERNIER, Mlle Marcelle GRAND.

Livre d'Or

DE LA

Semaine d'Economies et de Charité

Le *Comité de Secours au Corps Expéditionnaire d'Orient*, en son Assemblée générale du mardi 5 juin 1917, émettait l'idée d'une SEMAINE D'ÉCONOMIES ET DE CHARITÉ dans le but de subvenir aux dépenses croissantes des Œuvres de guerre lyonnaises dont les ressources restent insuffisantes en regard des misères à secourir parmi les prisonniers, blessés, mutilés, réfugiés, orphelins et tous les souffrants de la guerre.

Il décidait de soumettre la question aux cinq groupes principaux d'Œuvres régionales rattachées à la *Préfecture*, à l'*Archevêché*, à la *Municipalité*, à la *Croix-Rouge* et à la *Caisse d'épargne*.

Sur l'adhésion de principe de toutes ces Œuvres, une réunion de leurs délégués avait lieu le mardi 31 juillet 1917, à la Préfecture au cours de laquelle la « *Semaine d'Economies et de Charité* » était adoptée pour *Lyon* et le Département du Rhône.

La Présidence d'honneur de cette Semaine, instituée sous le haut patronage de Son Eminence le Cardinal MAURIN, était offerte à :

MM. RAULT, Préfet du Rhône,
    Le Général EBENER, gouverneur militaire de Lyon, commandant la XIVe région,
    Edouard HERRIOT, sénateur, Maire de Lyon,
    Paul JOUBIN, Recteur de l'Académie de Lyon.

Le Comité comprenait :

Mme Rault,

Mme Edouard Herriot,

Mme Paul Ravier, Présidente du Comité de Secours au C. E. d'Orient,

Mme Paul Magnien, Présidente de la Société de Secours aux Blessés Militaires,

Mme Martial Paufique, Présidente de l'Union des Femmes de France,

Mme Claire Michaud, Directrice d'école,

MM. Félix Bauer, Président de la Société Lyonnaise des Beaux-Arts,

Maurice Bellemain, Secrétaire du « Paquet du Prisonnier de guerre »,

Bergès, Fabricant de papiers,

Bois, Directeur des Imprimeries réunies,

Joannès Burlet,

Oscar Cambefort, banquier,

Henri Fellot, associé d'agent de change,

Etienne Fougère, conseiller général du Rhône,

Colonel Gerst, commandant la subdivision du Rhône,

Paul Guéneau, Président de l'Enseignement professionnel du Rhône et du Comité de l'or,

Charles Jacquier, avocat, Président de l'Académie des Sciences, Belles-Lettres et Arts de Lyon,

Lamounette, Inspecteur d'Académie,

J. Leblanc, adjoint au Maire de Lyon,

Mgr Marnas, Vicaire général de S. E. le Cardinal-Archevêque,

Ramboz, négociant,

Francis Sabran, Directeur de la Caisse d'épargne,

Antoine Sallès, avocat, conseiller d'arrondissement,

Jean Tavernier, avocat, Président du Comité de Secours au Corps expéditionnaire d'Orient,

Emmanuel Vitte, éditeur d'art sacré,

M. Antoine Barbier était désigné comme Secrétaire général.

Le succès de la *Semaine d'Economies et de Charité* a été assuré par les souscriptions collectives et individuelles et par l'apport résultant de certaines manifestations-annexes décidées au cours de différentes réunions du Comité à la Préfecture.

Ces manifestations, ci-après désignées, avaient pour objet principal de faire connaître la *Semaine*, de la rendre sympathique et populaire. Elles ont donc été organisées avec la préoccupation d'atteindre le plus grand nombre possible d'adhérents, s'adressant, pour ce faire, non seulement à toutes les bourses, mais aux goûts, aux aptitudes et aux préférences de toutes les catégories de donateurs :

> *Kermesse-Matinée d'enfants,*
> *Concours littéraire,*
> *Exposition des Beaux-Arts,*
> *Concert Colonne-Lamoureux,*
> *Fête militaire à Bellecour,*
> *Salut solennel à la Primatiale,*
> *Conférence Georges d'Esparbès,*

Pour l'élaboration et la mise au point de ces manifestations, de même que pour l'établissement de tous projets à soumettre au Comité, une sous-commission d'études a été nommée, composée de :

> MM. Antoine BARBIER,
> Félix BAUER,
> Maurice BELLEMAIN,
> Joannès BURLET,
> Henri FELLOT,
> Emmanuel VITTE.

Le principe même de la *Semaine d'Economie et de Charité* reposait sur l'offrande spontanée de tous, petits et grands, riches et pauvres, résultant d'une économie ou d'une privation. C'est une véritable lutte de générosité que l'appel de la *Semaine* a suscitée dans toutes les classes de la Société, à Lyon et dans tout le département du Rhône. L'enfant a fait le sacrifice de son dessert ou de ses étrennes ; le papa celui de son cigare ou de ses soirées. La restriction de ces dépenses quotidiennes et de ces jolis renoncements, tout en ménageant les ressources générales du pays, est ainsi venue grossir dans des proportions inespérées, l'obole des malheureux.

Des milliers et des milliers de feuilles de souscriptions, confiées à des milliers de collecteurs dévoués, ont circulé dans toutes les villes et villages du département.

Il est évident que les résultats n'ont pas été les mêmes partout, malgré les efforts unanimes des collecteurs. Un grand nombre de facteurs interviennent pour justifier ces différences : importance de la population, richesse de la commune, milieu, situation topographique (neiges persistantes).

Des sommes importantes ont été recueillies, souvent par des dons de 10 ou 25 centimes. Ces petits versements ont quelque chose de particulièrement touchant. Le Comité, ému des innombrables témoignages de cette charité agissante, fier aussi de les avoir provoqués, adresse l'hommage de sa plus entière reconnaissance à tous ces humbles, au cœur riche, au geste émouvant, qu'il a l'immense regret de ne pouvoir citer ici. Ce n'est qu'à partir de 1 fr. en effet, qu'il a été décidé de publier les noms des donateurs. La nomenclature en a été établie par ordre chronologique, et suivant l'importance de l'offrande perçue, de manière à faciliter les recherches.

Sur 15.000 feuilles de souscription mises en circulation, 5.000 feuilles de souscriptions ont été remplies par les soins de 269 communes, 350 paroisses, 2.230 écoles et 850 usines ou établissements industriels.

Elles ont réuni à elles seules, 38.799 souscripteurs et recueilli 150.400 fr. 80.

Il n'a pas été possible de dresser un tableau comparatif par communes de ces recettes qu'on retrouvera en détail, dans les citations au *Livre d'Or*. En effet, lors du dépouillement des listes de souscription retournées, il a été constaté qu'un certain nombre de ces listes avaient été échangées entre elles, suivant les commodités ; ou que la même liste avait servi à recueillir à la fois les souscriptions de la Mairie et du Clergé ; ou celles du Clergé et des Écoles libres. Des affectations erronées se seraient donc inévitablement glissées dans le relevé des tableaux par communes touchant l'origine des recettes, tout en ne modifiant en rien, on le comprend, le total des encaissements opérés. Ces encaissements ont fait l'objet de reçus réguliers et sont tous inscrits sous un numéro de référence qui correspond à chaque liste.

Le montant des feuilles de souscriptions au *Livre d'Or*, joint à celui des diverses manifestations organisées par la *Semaine d'Economies et de Charité* a produit un total général de :

218.500 francs

(Deux cent dix-huit mille cinq cents francs)

dont il y a lieu de défalquer les frais : Publicité, Organisation de manifestations-annexes, Impression, Timbres-poste, frappe de médailles, Diplômes, insignes, etc., soit : 39.982 fr. 65.

* * *

Le Comité disposait donc d'une somme liquide, nette, de 178.517 fr. 35, dont l'emploi a été fixé ainsi qu'il suit, à la réunion du samedi, 2 mars 1918, Hôtel de la Préfecture :

Première réserve de 5.517 fr. 35, pour le règlement de divers travaux en cours d'exécution : édition du *Livre d'Or* ; édition du Recueil des compositions du *Concours littéraire*, liquidation Devambez, etc.

Prélèvement en faveur de diverses Œuvres lyonnaises non représentées au Comité de la « Semaine » :

1.000 fr. pour les Consultations Budin (La Goutte de lait) ;
1.000 fr. pour les Œuvres de guerre de l'Eglise Réformée de Lyon ;
1.000 fr. pour l'Ecole Général-Maunoury.

Enfin répartition du solde, par parties égales, entre les cinq groupements bénéficiaires, soit :

34.000 fr. pour les Œuvres de guerre dépendant de la Préfecture,
34.000 fr. pour les Œuvres de guerre dépendant de la Municipalité,
34.000 fr. pour les Œuvres de guerre dépendant de l'Archevêché,
34.000 fr. pour les Œuvres de guerre dépendant de la Croix-Rouge,
34.000 fr. pour les Œuvres de guerre dépendant de la Caisse d'Epargne.

Sur la part revenant à la *Préfecture*, il a été affecté 20.000 fr. à l'Œuvre des soldats du Front ; 10.000 fr. à l'Œuvre de Secours aux Réfugiés ; 2.000 fr. au Comité départemental d'Assistance aux Militaires réformés pour tuberculose ; 2.000 fr. au Comité départemental de Protection des Mutilés.

Sur la part revenant à la *Municipalité*, il a été affecté 15.000 fr. à l'Œuvre des Prisonniers de guerre ; 8.000 fr. aux Hôpitaux municipaux pour Blessés militaires ; 4.000 fr. à l'Œuvre des Enfants de veufs mobilisés ; 4.000 fr. à l'Œuvre de la Lingerie du Soldat ; 3.000 fr. à l'Œuvre des Réfugiés.

Sur la part revenant à l'*Archevêché*, il a été affecté 10.000 fr. au Comité catholique des Orphelins ; 10000 fr. au Comité catholique des Prisonniers de guerre ; 10.000 fr. au Comité catholique des Mutilés ; 4.000 fr. aux diverses Œuvres de moindre importance relevant de l'Archevêché.

Sur la part revenant à la *Croix-Rouge*, il a été affecté 17.000 fr. à la Société de Secours aux Blessés militaires ; 17.000 fr. à l'Union des Femmes de France.

Sur la part revenant à la *Caisse d'Epargne*, il a été affecté 10.000 fr. à l'Association pour assistance aux Mutilés ; 10.000 fr. au Paquet du Prisonnier de guerre ; 9.000 fr. au Comité de Secours au Corps Expéditionnaire d'Orient ; 5.000 fr. au Cercle du Soldat.

Pour le Comité,

A. BARBIER,
Secrétaire général.

LIVRE D'OR

CITATIONS

Le tribut de reconnaissance du Comité de la *Semaine d'Economies et de Charité* ne va pas seulement à ceux qui ont donné leur obole — opulente ou modeste. — Il va avec le même élan à ceux qui ont donné leur peine, leur temps, leur influence ; à ceux dont la persuasion agissante a su toucher les cœurs, provoquer les gestes généreux, superbes, au point de fournir des ressources à plus de vingt-cinq Œuvres de guerre.

C'est aussi le *Livre d'Or* de l'abnégation, du dévouement sous toutes les formes.

Les noms cités en exemple dans ce Livre, de mérite égal aux yeux des souffrants de la guerre, témoigneront plus tard du magnifique groupement d'*Union sacrée* que le Comité avait su édifier pour la défense du Pays.

Presse.

La Dépêche : M. Chazallet ; *L'Express :* M. Gonin ; *Le Lyon Républicain :* MM. A. Ferrouillat ; P. Ferrouillat ; L. Clapot ; *Le Nouvelliste :* MM. J. Rambaud, E. Le Clerc, A. Michot ; *Le Progrès :* M. L. Delaroche ; *Le Salut Public :* M. Henriet. *Grands quotidiens de Paris.* — *Principaux Journaux de province.*

Commissaires.

MM. Rémy Lempereur de Saint-Pierre, Louis de Bonnevie, B. de Menthon, J. de Ti au , J. de Monterno, I. de Saint-Hilaire, J. Lacroix, I. Voron, J. Mouton, P. Bernay, H. Barnola, R. Demoustier, E. Réaux, L. Delorme, B. des Georges, Ravinel, Gizon, Bray, Mignard, J. Sauzet, Billet, Morel, Esmieu, Jouvenel, Bourlot, Merle, et un certain nombre de Mutilés de « l'Association pour assistance aux Mutilés ».

Dames Quêteuses.

Dames Infirmières de la Société de secours aux Blessés militaires : Mme Brinquand de Villers, Mme Lefort-Cyvoct,

Dames Infirmières de l'Union des Femmes de France : Mme Achard, Mlle Blanc, Mlles Breton, Mme Belleville, Mme Boucaud, Mlle Brumm, Mlle Bouillon, Mme Boiron, Mlle Conte, Mlle Collomb, Mme Dolbeau, Mlle Dornier, Mme Jean Dumas, Mlle Dumas, Mlle Dumousseau, Mme Dangès, Mlles Durer, Mme Dufourneau, Mlle Ehrard, Mlle Francollet, Mme Favotte, Mme Ganglof, Mlle Guibout, Mlle Guigard, Mme Grataloup, Mme Guerpillon, Mme Glénard, Mlle Andrée Imbert, Mme Izerable, Mlle Loyon, Mlle Launois, Mlle Mercier, Mme Massonnet, Mlle Martinaud, Mme Ménager, Mlle Merle, Mlle Mantelin, Mme Michut, Mlle Perrot, Mlle Raquin, Mme Roy, Mme Ribes, Mlle Jutter, Mlle Teston.

Alsaciennes-Lorraines : Mlles Théobaldine Keck, Marguerite Krust, Hélène Krust, Andrée Witz, Yvonne Millour, Angèle Maria, Andrée Thévenon, Marthe René, Marguerite Sallin, Marie-Louise Fournier, Madeleine Gattet, Germaine Gattet, Eugénie Weiler, Alice Mehler, Francine Keim, Marguerite Meyer, Eugénie Wagner, Henriette Wagner, Louise Wagner, Marie Wagner, Suzanne Lefèvre, Marie Dumas, Pauline Dumas.

Nos Collaborateurs.

Papeteries Bergès : Fourniture gracieuse de tout le papier nécessaire aux cinq modèles d'affiches; de tout le papier utilisé pour les feuilles de souscription, lettres, invitations, notices, papillons, carnets à souches de billets de tombola, cartes d'entrée, etc., etc.

Imprimeries Réunies : Impression gratuite de l'affiche illustrée dessinée gracieusement par A. Barbier, de l'affiche-programme, de l'affiche du concours littéraire, de l'affiche des manifestations annexes ;

Imprimerie Nicolas : Impression gratuite des circulaires à Croix-Rouge en deux couleurs ;

Imprimerie Bridet : Impression gratuite de lettres et circulaires ;

Imprimerie Godard et Cie : Impression gratuite de cartes d'entrée, carnets à souches, etc. ;

Imprimerie Amstein fils et Richard : Impression gratuite d'invitations, billets, etc.

Imprimerie P. Decléris : Impression gratuite des Légendes symphoniques du festival Colonne-Lamoureux ;

Imprimerie Emmanuel Vitte : Impression à tarif réduit du *Livre d'Or* ;

Imprimerie Louis Bellenand : Impression à tarif réduit du *Recueil des Compositions du Concours Littéraire ;*

Imprimerie P. Legendre : Impression à tarif réduit de la brochure du « Programme général illustré », dessinée gracieusement par A. Barbier.

Vve J. Roux : Établissement à tarif réduit de notes, circulaires, etc., etc., au duplicateur.

Dépôts et Vente de Cartes d'entrée, Billets de Tombola, etc.

MM. Emmanuel Vitte, Cumin et Masson, Cazaux-Fournier, Sapet, Thorel et Desvaux.

Exposition des Beaux-Arts

Organisée par M. Félix BAUER, Président de la Société Lyonnaise
des Beaux-Arts.

Décoration en tapis et tentures des salles d'exposition gracieusement exécutée par M. CHAVENT.

Donateurs-Exposants :

Mme Ahrabam. MM. Adenot, Adler, Albertin, Allarzo, Allelit,
Angelini, Aubert, Audras, Augis, Azario.

Mlles Marie Bastier, Camille Bastier ; Mme Bardey ; Mlles Bar-
riot, Bastien, Berthier, Bernay, Marie Berthet, Berger, de Billy,
Marguerite de Billy, Billon, Boislabeille, Bovier-Lapierre, Bour-
geois, Boyer, Bouillier ; Mmes M. T. Bidaud, Breton, Basset ;
Mlles Buisson, Bouvry ; MM. Bayon, Joseph Bail, Franck Bail,
Antoine Barbier, Barbier junior, Luc Barbier, Félix Bauer, Belle,
F. de Belair, P. de Belair, Barthalot, Ch. Bertier, Bedel, Beaus-
sier, commandant Berthet ; MM. Bertrand, Beauser, Christophe
Blanc, Bouserven, Boutin, Bonnardel, Nicolas Bouiller, Braisaz,
Bouvet, Brunard ; Mmes Barbau-Kock, Ballet-Galliffet, Benoit,
Brémond, Bret-Charbonnier, Brun de Bressy ; M. Edouard Brun.

MM. Campana, Canque, Cavaroc, Cazaux, Chaboud, Charreton, Chéca, Chorel, Collomb, Combet-Descombes, Commarmond
de Costigliole, Coulac, Fanny Coulom, Couroux, Cranier, Cumin
et Masson, Curtelin, Côte ; Mlles Cabrol, Charderon, Claude, Cochet, Colard.

MM. Darien, Debon, Pierre Deval, Devaux-Sibuet, Paul Des-
jardins, Desmolins, Constant Desvaux, Delaunay, Deuilly, Joannès Drevet, Michel Dubost, Mlles Dujardin-Baumetz, Descombes,
Deshayes, Denise Dubiez, Dufêtre, Jeanne Denise ; Mmes Marie
Delorière, Delorme-Cornet, M. Dukoz.

MM. Espach, Etcheverry, Euler ; Mlles Egli, Esprit.

MM. Fargeot, Faverio, Félix Flandrin, P.-H. Flandrin, René
Flachat, abbé Frachet ; Mmes Frachon-Spazin, Faist, Felko-
witch, Jeanne Ferrez, Feschet-Bolle ; Mlles M. Flandry, Lily
Fontvieille, Fortier, Font, Camille Frolin.

MM. Garnier, Guerrier, Grasset, Glaize, Gindre, Girardot, Albert Guillaume, Guillermin, Godien ; Mmes Germain-Tapissier,

Girard-Mauvelaers, Thérèse Guérin; Mlles Galland, Gaussin, Goubeyre, Gourmand, Marcelle Grand.

Mlles Marie-Louise Hirsch, Julia Henry, Yamina Honoré, Humbert-Vignot ; M. Honneger.

MM. Jam, Janin, Jubin, Jung, Mme Jannot-Pinet, Mlles Estelle Jacquet, Janin, Jardel.

Mlle Keller ; M. Kling.

MM. Ch. Lacour, Laugée, de Launay, Elie Laurent, Paul Leriche, Marc Leriche, Le Goût-Gérard, Lespinasse, Loger, Lombard, Louis, Lobre, Loras, Lorgeoux, Longueville, Lynch ; Mmes Liautard, Lacaille-Gaucher ; Mlles de Lafayolle, Latoud, Lassaugée, Latil, Ledoux, de Lescure, Lévigne, Liautard.

MM. Maillaud, Magat, Manon, Mangier, Manceau, Maire-Pourceau, A. Mercier, Jacques Martin, Martinon, Marzo, Paul Méry, J. Maurice, Million, Morisot, de Montalembert, Moulins, Marquiset, Mortamet ; Mlles Maillard, Malbert, Martin, Mayonnade, Mayor, Mérard, Marg. Micol, Yvonne Micol, Miraillet, Aliette de Montjoye, Mourzelas ; Mme Malod.

Mlle Marie Nicolas ; MM. Henri Nicolas, Nicod, J. Noirot, E. Noirot, L. Noirot.

MM. Oberkampf, Osio.

MM. Martial Paufique, Joannès Paufique, Pereyron, Aimé Perret, Elie Perrin, Pierrot, Peyrrache, Pichat, de Pitrac, Ploquin, Pochet, Pozzo, Prost ; Mme Perroud-Salesse ; MM. Pontdevaux, Pratx, Mlles Portier, Plantey, Planus, Pignaud, Perrier, Lucie Perrin, Hélène Perrin, Peisson, Panouillot, Prat.

MM. Casimir Raymond, Rayel, Répelin, Reynaud, Renard, Ridet, Ritton, Rieder, Roland, Rouvières, Rochegrosse, L. Rosa, Roux-Marcel, J.-J. Rousseau, Aimé Roux, Réder ; Mlles Recordon, Roche, Rogues, J. Rozier, Bl. Roullier, de Roton, J. Roland, Mme Rambaud.

MM. Sage, Seignol, Schom, Lucien Simon, Smith, Son, Spitz, Nicolas Sicard, Tadé Styka, Adam Styka ; Mlles Seigle, Sicard, Suc ; Mmes Saubier-Euler, A. Simon.

MM. Clovis Terraire, Thivolle, Tony Tollet, Tramier, Touchagues, Tortosa, Abel Truchet, Trolin; Mlles Teston, Tremblay, Tourasse, Turc, Turel ; Mmes Tartevel, Tinam.

M. Urtin.

MM. Varrichon, L. Veno ; Mmes Verdier, E. Véron, A. Villard, Villon, Gabriel Villard ; Mlles Wahl, Vasselin, Villon ; MM. Vitton, Wolf.

Matinée-Kermesse d'Enfants

sous la présidence de

Mmes RAULT, HERRIOT, MAGNIEN, Martial PAUFIQUE,
BAGUENAULT DE PUCHESSE.

DAMES VENDEUSES.

Comptoir No I. — Mmes Rault, Herriot, Mouriquand, Moret, Weill, E. Gouttenoire, Molade, Quévy Lebeuf de Champeaux, de Cardon de Sandrans, Delore, Brahm, Bazin, Bouvier, Adrier, Deville Reboul ; Mlles Andrée Lumière, H. Bouvier, A. Reboul, Adrier.

Comptoir No II. (Croix-Rouge). — Mmes Martial Paufique, Brousse, Paul Bellon, Balleidier, de Milly, de Watteville, Louis Cottin, Christian Heinrich, Baure, Permezel-Finaz, Dumas, de Mougins-Roquefort.

Comptoir No III (Buffet). — Mmes Baguenault de Puchesse, E. Testenoire, Brinquant, Tézenas, Henri Saint-Olive ; Ctesse Palluat de Besset, Ctesse de Milly, J. Bellon, P. Vernet, de Limairac, Chatillon ; Mlles Anderson, Michel, de Vaux, Saint-Olive, Payen, Hoffet, Palluat de Besset.

Comptoir No IV. — Mmes Paul Ravier, Paul Goullioud, M. Bellemain, Grellet-Dumazeau, Ricard, L. Cozon, J. Chaine, de Mange, J. Duveau, G. Gardat ; Mlles M. Goullioud, M. Mulatier, M. Damour, M. Roustain, H. Guéneau, A. Vuillot, M. Bertrand, Ricard, G. Grellet-Dumazeau, R. Grellet-Dumazeau, Mayor, Oberkampf, Fournier, Ferlin.

GUIGNOL, gracieusement interprété par M. Berardi-Brochier.
CINÉMA, gracieusement organisé par la Maison Pathé.
CONFÉRENCE, par Paul Gouttenoire (13 ans).

Jouets offerts par le Grand Bazar.

Papeterie, offerte par Mme Baguenault de Puchesse, M. Ramboz, Papeterie Générale, M. Rollet, MM. Voisin et Pascal, Mme Durand.

Chocolat, Confiserie, offerts par la Chocolaterie de Marlieu, la Marquise de Sévigné, MM. Boymond, Casati, Blanchard, Guillaume.

Fleurs, offertes par MM. Girard et Cottier, Periaud, Geynet, Arnaud, Emery.

Soieries, offertes par MM. J.-B. Martin, Edmond Sabran, Descours et Genthon, Buisson, Roche de la Rigodière.

Colifichets, offerts par MM. Prévost, Tabardel, A. Laurent, Reboulet, B. Berlioz, Petit-Paris, MM. Carrier, Mme Jobert, MM. Guichard et Courtois ; Mlle Vuilliod, M. E. Carrier, Le Sport de Lyon, MM. René, Cottier.

Comestibles, offerts par les maisons Gerin-Gorjux, Brun et Marge, Limousin, Blanc et Penet, Wattebled, Marre.

Pâtisserie, offerte par la Société Moderne d'Alimentation, MM. J. Jouve, J. Moyne, Giraud.

Vins de Champagne, offerts par MM. Louis Lechère et fils, M. H. Beer.

Objets divers, offerts par le Bazar de l'Hôtel-de-Ville, M. Rouche, Gants Perrin, MM. Ed. Georges, Job et Goyet, Maison Anatole, Maison Thiers, M. Despiney, Mlles Pellet, Deux-Orphelines, MM. Sanoner, Louis Girard, Mlle Broquet, Mme Duveau.

Cigares, offerts par M. Zimmermann, de Chang-Haï.

Tourniquets, prêtés par M. Chaize.

Festival de Musique française.

Le train de Paris qui amenait à Lyon, M. Gabriel Pierné, le chef d'orchestre de l'Association des Concerts Colonne-Lamoureux, ayant subi un retard important par suite de la neige, M. *Witkowski*, Directeur de la Société des Grands Concerts de Lyon, a bien voulu le remplacer pendant une partie du concert et diriger à l'orchestre l'ouverture du « Carnaval Romain ».

Fête militaire.

Prise d'armes, remise de décorations par le général EBENER, Gouverneur militaire de Lyon, commandant la XIVᵉ région.

Troupes de la garnison de Lyon.

Fleurs offertes par MM. Girard et Cottier, Perraud, Geynet, Arnaud, Emery, distribuées par les Dames infirmières de la Croix-Rouge et les Alsaciennes-Lorraines.

Salut solennel (Primatiale Saint-Jean).

Partie musicale, gracieusement exécutée par la *Chorale Franco-Belge*, sous la direction de Mᵐᵉ Fraisse, par Mˡˡᵉ *Auer*, harpiste, M. Lucien *Bellanger*, 1ᵉʳ violon des Concerts Colonne-Lamoureux, M. Charles *Friant*, de l'Opéra-Comique, M. *Commette*, organiste.

Matinée-Conférence (Salle Rameau).

Partie musicale gracieusement exécutée par M. *Dupré*, Prix de Rome, organiste de Notre-Dame de Paris ; M. Charles *Friant*, de l'Opéra-Comique.

Grand Concours littéraire.

Vase de Sèvres, offert par M. RAYMOND POINCARÉ, Président de la République.
Objets d'art, offerts par M. le ministre de l'Instruction publique et des Beaux-Arts.

JURY.

Académie des Sciences, Belles-Lettres et Arts de Lyon.

MEMBRES EXAMINATEURS.

M. Ch. Jacquier, Président de l'Académie ; MM. J. Buche, J. Latreille, A. Sallès.

Donateurs *ayant permis à six concurrents sans ressources de se présenter :*

Mme J. Colcombet, Mlle Anne Gringeat, M. Edmond Thierry-Delanoue.

Candidats participants *ayant versé à la « Semaine » une offrande de 50 francs :*

A. B., chez Mme Paul Gouttenoire, à Lay (Loire), M. d'Antin de Vaillac, M. Joseph Arnaud, Mlle Alys des Portes, Mme Bernard d'Alexis.

M. Gustave Bonnet, M. Georges Bordes, M. Louis Béroud, M. Georges Bourges, M. J.-B. Bant, Mlle Marie Bordet, M. Henri Berger, M. Georges Benoist.

M. Jean J. Comte, Mlle E. Chirat du Vernay, Mlle E. Chatelard, Commandant Charlron, M. Antoine Chollier, Mme Changeux, Mme A. Chomel.

M. Jean Dufourt, M. Emmanuel Duplay, Mme Humbert-Ducurtyl, M. Louis Dunand, M. Roger Ducamp, « Diane ».

M. l'abbé H. Escudey, Mme E. Fossorier.

Mlle Gabrielle Guillon, M. l'abbé Gaucher, général P. Gœtschy, M. M.-P. Granier, Mme Barthélemy Gelas, M. L. de la Granville, M. Michel Gentil, M. Etienne Guillemot.

M. Henri Lesbros, docteur Gustave Levrat, M. Hippolyte de Lagrévol, M. Victor Larminat, M. Léon Lachèvre, M. Gaston Lazarus.

Mme Thérèse Mocquerys, Mme Messimy, M. l'abbé J.-M. Montmasson, M. Maurice Mesguich, M. G. Maglione, M. Léon-Louis Nounez, M. Marius Olivier, « Memor ».

M. Plasse, M. L. de Putiatycki, M. Charles Pléau, M. le docteur Pascalin, M. A. Puiseux, Mme Jeanne Paulignan-Godin, Mme Poizat, Mlle M. Poizat, Mlle M. Poitou.

M. Irénée Roux de Bézieux, M. Paul Rivemale, M. Paul Ruffieux, M. le docteur G. Secrestat, M. Paul Segond, M. Jean du Sandillat, Mme Blanche-Siau, M. Joseph Serre, M. Studler.

Mme Tinam.

M. Emmanuel Vitte, M. Alfred Vausselle, M. le docteur Paul Wagner.

Représentations

Données au bénéfice de la Semaine d'Economies et de Charité.

	Entrées.	Quêtes.	Droits.	TOTAUX.
Grand-Théâtre	505.00	408.00	894.00	1807.00
Théâtre des Célestins (1)		4.10	298.45	302.55
Concert Witkowski		1121.80		1121.80
L'Horloge	150.00	91.00		241.00
Kursaal-Casino	222.10	50.85		272.95
Scala	350.00	192.40		542.40
Cinéma Victoria	101.00	81.25		182.25
Cinéma Royal	107.90	110.85		218.75
Cinéma Bellecour	20.00	15.05		35.05
Cinéma Majestic	100.00	69.45		169.45
Cinéma Idéal	32.20	17.35		49.55
Cinéma Rota	50.00	31.70		81.70
Cinéma Gloria	56.55	47.50		104.05
Cinéma Splendor	36.20	12.85		49.05
Cinéma Terreaux	66.30	31.60		97.90
Cinéma Mel-Kior......	63.50	74.90		138.40
Cinéma Lafayette	14.75	21.05		35.80
Cinéma Alhambra	38.70	20.70		59.40
Cinéma Moncey.......	20.00	40.45		60.45
Cinéma Odéon........	50.00	37.95		87.95
Cinéma Carnot	33.80	30.35		64.15
Cinéma Artistic	37.25	19.05		56.30
Cinéma Grôlée	68.70	31.05		99.75
Gaîté Gambetta.......				50.00
Cinéma Elysée........				20.00
Cinéma Dulaar				20.00
Cinéma Gerland				20.00
Cinéma Iris				15.00
Cinéma Paul-Bert				20.00
Cinéma Menu-Plaisir...				10.00
Cinéma Grand-Trou				20.00
Cinéma Palace........	57.45	12.40		69.85

---

(1) La modicité de la somme produite par la quête pourrait étonner. Elle ne provient nullement du mauvais vouloir du public, très nombreux et brillant, ce soir de première, mais de la Direction du Théâtre qui, à la dernière heure, — les douze Dames de la Croix-Rouge étant présentes, — ne leur a permis ni d'annoncer la quête ni de faire circuler les plateaux entre les rangs des spectateurs.

Abandon des Droits.

La Municipalité a bien voulu accorder à la *Semaine d'Economies et de Charité* l'exonération des taxes municipales et surtaxes de guerre ; la Préfecture celle des taxes d'Etat.

MM. Camille Saint-Saëns, Charles Quinel, Paul Ferrier ont bien voulu renoncer entièrement à leurs droits d'auteurs.

La Société des Auteurs, Compositeurs et Editeurs de musique a bien voulu faire une remise de 50 p. % sur les droits perçus au cours des représentations théâtrales, concerts et manifestations artistiques organisés au profit de la « Semaine ».

Extrait du procès-verbal de la sixième réunion du Comité de la « Semaine d'Economies et de Charité », à la Préfecture, le samedi 2 mars 1918.

..... M. F. SABRAN, *Trésorier*, à la suite du rapport financier qui fait ressortir combien le résultat dépasse les espérances qu'on en avait au début, traduit les sentiments du Comité en remerciant les différentes collaborations désintéressées et dévouées qui ont assuré son succès : M. BARBIER, pour l'initiative prise et menée à bonne fin ; M. LAMOUNETTE, pour son action directe vis-à-vis des institutions enseignantes du Département ; les Dames de l'*Union des Femmes de France* pour leur empressement; M. BAUER pour le succès obtenu à l'Exposition des Beaux-Arts.

SOUSCRIPTIONS.

~~~~~~~

Collecteurs ayant bien voulu se charger de recueillir les souscriptions :

MM. Aucourt, Agnès, Auberger, Mme et M. Azaïs, M. Anjou, Mlles Aubespin, M. Augagneur.

MM. Albert, Abry, Allard, Averly, Andrillat, Arthaud.

MM. Bourbon, Bacot, Biolay, Baudoy, Brun, Bost, Ballandras, Balliand, Bouricaud, Brignon, Buffard, Beau, Burel, Bissardon, Ballet, Berthilier, Blein, Biguet, Badinet, Brossette, Bret, Bonnassieux, Billet, Bernard, Baron, Beroud, Baillot, Beson, Brevet, Buffard et Clairet, Bonnet, Bichonnier, Busion, Bocuze, Blanchard, Burlet, Boiron, Bollon, Bonnard, Berthelot, Mlles Bourbon, Bruyère, Boiron, Beaufils, Buisson.

MM. Bernard, Brenac, Blanc, H. Bonnet, Bizouard-Goubert, F. Bonnard, Berliet, Bocuze, Bonnet, Buffaud, Bourchet, Buland, Bresard-Néel, Blanchon, Bussy, MM. Brossette fils, Bastet, Bonjour, Bavoux, Barret, Blancher frères, Ballet, Béné, Bouvier, Berrier et Milliet, Bouillet, Bouffier frères, Brizonet fils, Bellemain, Bastet, ; Mme Boiron ; Mlle Broquet, Mlle Bouillet.

MM. Carrier, Cozonas, Chermette, Chabannes (Cte de), Cheviet, Chervet, Chambaud de la Bruyère, de Saint-Charles, Charmette, Constantin, Charrin, Chatelin, Chazal, Coquard, Chollet, Caillard, Crozet, Champalle, Crespoul, Chenaud, Chervet, Charnay, Charmet, Coppin, Clavet, Chabert, Chervet, Cardinal, Carrier, Mmes Cinquin, Sapin et Piénoz, Mlles Cher, Champion, Cochet, Charvier, Curtat, Coulon, Crozier.

Mme Colcombet, MM. Chorliet, Chomienne, Chambeyron, Convers, Cottin-Desgouttes, Court, Cottier, Chamonard, Colombany, Chavanne, Claudinon, Custelle, Collon, Clet, Chatel, Claudy ; Mme Chantre ; MM. Cadot frères.

MM. Dr Durand, Dusablon, Delarbre, Ducreux, Dunand, Dubessy, Dumas, Dupont, Derivaux, Dupré, Dutruge, Droguet, Dufour, Delassalle, De Saint-Jean, Desbrosse, Denis, Delorme, Derelay, Durand.

Darme, Mlles Drevet, Desalle et Dailloux, MM. Dividilly, Dubost, Dumoulin, Dublanchet, Deroire.

MM. Durocher et C°, Defournel et C°, Dailly, Dalbret, Dante, Deloule frères, Derolert, Didier, Donat et C°, G. Douenne, Dunoyer, Desmarais, Dansard, Dognin, Devay, Descours, Dufour et C°; Mme Drisner; MM. Desguzeurs, Duvivier; Mme Vve Dufour; MM. Durand.

MM. Exbrayat, Estève, Enjolras, Escoffier.

MM. Foillard, Ferret, Flachy, Fillon, Fustier, Fournel, Frédéric, Forest, Fouillat, Foujeras, Faure, Fayolle, Favre, Fontenat, Flachet, Ferret, Mlles Fayolle, Flammer.

MM. Faure et Souquet, Faugier, Fayet-Mouton, Funct, Feydel, Festor, Freby, Mmes Simon Fichet, Fayolle.

MM. Giraud, Guillermet, Goy, Gaillard, Dr Gérard, Grégoire, Giraud, Gonichon, Graille, Gaymon, Gouverne, Gérard, Guyot, Guillot, Gonnard, Grun, Goujet, Guerpillon, Gavet, Vve Guerpillon, Gay, Gerin, Gidet, Gelin, Granjon, Gonnet, Ganachon, Gerin, Germain, Guttin, Gibaud, Gagnière, Grunersin, Gaffinot, Givet, Govet, Gauthier, Gesson, Guerre, Genevois, Giraud.

M. E. Gearge, Grimonpiez, Grivoulat, Gachon et Gutton, Grammont, Glenard, Givaudan, Guilloud, Goldhumier, Galiffet, Gailleton, Georges, Gonelle, Genthon, Grassy, Genin, Gille; Mlle Granger; Mmes Grataloup, Gautier.

MM. Hostein et C°, Henry, Humbert.

M. Isaac.

MM. Janin, Journioux, Jambon, Javy, Janot, Josserand, Johanny, Jacquet, Julliard, Jugnet, Joubert, Julien.

M. Jussaud, Jurine, Julliard, Jacquier, L. Jay, Juthier, Joannard frères, Joly.

Mlle Keck.

MM. Lepin, Le Reynaud, Leymin, Loste, Lacroix, Lapalus et Murgier, Lorin et Maurisson, Lardet, Lafay, Lalechère, Letournel, Lattier, Magdeleine Larozel et Lucie Lattier, Liottard, Mlles Laurent, Laffay.

MM. Lafont, Lapra fils, Leblanc, Lombardet, Lhôpital, Lassonnery, Lavirotte, Laroche, Laurent, Lignon, Lombardet, Legendre, Loras, ; Mlle J. Lagarrigue; M. Lévy et C°.

MM. Maurice, Marion, Magot, Mélinand, Muzard, Marduel, Métras, Meunier, Marrel, Melet, Martinon, Mangini, Mas, Martel, Mercier, Molines, Martin, Mélinand, Maréchal, Michalot, Meunier, Monchanin, Mélinon, Marrel, Malatray, Marchand, Maffit, Manciat, Mayret, Merle, Mermet, Magnard, Marin, Maillet, Monatte, Meyrard, Mlles Martin, Maillavin, Monternier et Balségur, Mme Vve Magdinier.

MM. Milliat, de Montravel, Mulatier, Mancher, Mistral fils, Manhes, Moiroud et C°, Marion, Maynard; Mlle Mourgue; M. de Milly.

MM. Nové-Josserand, Néel.

MM. Nuyten, Neyret frères, Norroy, Noilly fils, Noret.

M. Oysellet.

MM. Poulaillon, Parizet, Porte, Piguay, Pin, Picard, Poitrasson, Plasse, Presle, Putinier, Pradel, Philibert, Payant, Pérrier, Pellet, Petit, Pichon, Pouly, Pie, Prat, Pernoux, Perrier, Pays, Poitrasson, Perrin, Mlles Poitrasson, Pereny, Privat, Pelletier, Pellin, Pillaz, Piroux, Planus, Petit, Picard, Planche, Perroudon, Préhaut.

MM. Picot, Pelisson et Perrier, Provent, Plissonnier, Patay, Poutonnier, Petitjean, Pinguehy, Piot, Picot et fils, Payen et C°, Philippe, M. Pascal, Paule, Permezel, Paufique, Mme M. Paufique.

MM. Quinson, Quiquandon.

MM. Razuret, Rivière, Reissier, Roche de la Rigodière, Raudon, Renoud, Rollin, Mlles Robin et Desalle, Robin et Large, Robin et Rampon, Rivoire et Guelpa, Rasier, Riffard, Rotheval, Richellet, Richarme, Renard, Reaucher, Mlle Rouvière, Ritter, Rochard, Ribout, Reboul, Rolland, Ruet.

M. Rossi, Rigollet, Rogeat et C°, Rochet-Schneider, Rabatel, Roux-Paccallet, Reverchon, Reydellet, Rodet, Richoux, Radisson, Ribayron, Rollin, Rolland, Raffard, Ruet, F. Roux ; Mme Vve Roubin, Mme Roux.

MM. Sombardier, Sapin, Sangouard, Serre, Simon, Sidoit, Sastre, Mlles Simon, Sarllès, Sarrazin.

MM. Soubrillard, Spazin, Saurer, Selave, Serve, Simon, Savajean, Sabran, Schmit.

MM. Terrasse, Turrel, Tisseur, Thévenet, Tisseur, Truchet, Trichard, Troncin, Thirard, Trambinez, Tozzi, Mlles Taschier, Tassel, Tranpmann, Terraillon, Tonnérieux.

MM. Trux, Terrail, Truichot, Touquet, Tassinari ; Mlle Tabey ; Mme Vve Thollin ; M. Tremblay.

MM. Vincent, de Voyle, Verrière, Vialle, Verrier, Vouillon, Vignon, Vallet, Mlle Vicard.

MM. Verjus frères, Vignaud, Vincent, Visseaux, Villard, Vachon, Wattebled, Verpilleux, Vulliot, Voisin, Vérilhac, Van Doren, Vial, Vincent.

Mme A. Winckler.

MM. les Curés de : Allières, Ainay, Aveize, Arnas, Aigueperse, Arbresle, Azolette, Affoux, Ancy, Ampuis, Aubépin, Saint-André, Assomption, Les Ardillats, Albigny-Montrottier, Saint-Augustin, Saint-André de Tarare, Saint-André-la-Côte, Saint-Andéol-le-Château, Adoration Réparatrice ; Mlles Aurion, Marie Avrillon, MM. Arnaud, Aubertin.

MM. les Curés de : Saint-Bonnet-les-Bruyères, Saint-Bonnet-le-Troncy, Brullioles, Brussieu, Brindas, Blacé, Belleville, Bois-d'Oingt, Bagnols, Saint-Bruno, Bon-Pasteur, Saint-Bernard, Bessenay, Bibost, Bully, Sain-Bel, Saint-Bonaventure, ; Mlles Beaugirard, Béraud, Marie Boiron, Berger, Brosse, Biausque, Beaufils, Burgat, Magdeleine Bras, Céline Bonnier, Louise Blanc, Berne, Bergeron, Marie Bertholon, Antoinette Beau ; Mmes Brossette, Benier, Benotte, Bellon, Blanchard, MM. Jean Brossetto, Bavuz, Baly.

MM. les Curés de : Les Chères, Civrieux-d'Azergues, Champagne, Charbonnières, Condrieu, Sainte-Catherine-sous-Riverie, Saint-Cyr-au-Mont-d'Or, Couzon-au-Mont-d'Or, Charly, Chaponost, Saint-Clément-les-Places, Chapelle-en-Vaudragon, Châtelus, Sainte-Consorce, Chervinges, Charnay, Chazay-d'Azergues, Collonges, Cercié, Charentay, Chamelet, Châtillon-d'Azergues, Chessy, Chiroubles, Chambost, Chénelette, Claveisolles, Saint-Clément-sous-Valsonne, Chapelle-de-Mardore, Curis, Saint-Clair, Cublize, Chasselay, Champagne-au-Mont-d'Or, manécanterie de Claveisolles, Ecole de Chénelette, Mlles Chomel, Chanrion, Collomb, Colomb, Joséphine Corgier, Mmes Chassin, Chaballier, Curis, Clara, Carret-Valoi, Carret-Valossière. MM. Chavanne, Corvin.

MM. les Curés de : Darcizé, Duerne, Saint-Didier-s.-Beaujeu, Demi-Lune, Denicé, Dardilly, Hospice Debrousse ; Mlles Dumas, Duvergne, Dépralon, Danguin-Dubuyat, Descroix, Dupré, Daléry; Mmes Dugelay, Develay, Durand, Delacolonge, Debilly-Lauron, Joseph Denis, M. le Chanoine Deguerry.

MM. les Curés de : Echalas, l'Etoile, Saint-Etienne-la-Varenne, Saint-Etienne-des-Oullières.

MM. les Curés de : Fleurieu-sur-Saône, Fontaines-Notre-Dame, Fontaines-Saint-Martin, Sainte-Foy-l'Argentière, Francheville-le-Haut, Frontenas, Saint-François, Saint-Forgeux, Francheville-le-Bas ; Mlles Fournier, Jeanne Faure, MM. André Faure, Frécon, Finet, Fonbonne.

MM. les Curés de : Grigny, Grézieu-la-Varenne, Gleizé, Grandris, St-Germain-au-Mont-d'Or, St-Germain-sur-l'Arbresle ; Mlles Grange, Goyard ; Mmes Gonon, Grabinska; MM. Gathier, Louis Geynet, Garlon.

MM. les Curés de : Les Haies, Les Halles-Fenouil, Haute-Rivoire, Les Halles ; Mlles Hély, Henzé.

MM. les Curés de : Saint-Irénée, Irigny.

MM. les Curés de : Saint-Jean-la-Bussière, Saint-Joseph-en-Beaujolais, Saint-Joseph, Jarnioux, Saint-Jean-de-Toulas, Saint-Just-d'Avray, Patronage de Jeanne d'Arc, à Lyon; MM. Jocteur ; Mme Joubert.

MM. les Curés de : La Ville, Lentilly, Limonest, Lissieu, Limas, Loire, Longes, Saint-Laurent-d'Agny, Longessaigne, Larajasse, Le Mazel, Lozanne, Lantigné, Saint-Laurent-d'Oingt, Longefay, Lamure, Les Olmes, Saint-Loup, Mlle Laverrière-Loyat, Mme Lauvernier, Mme de Longevialle.

MM. les Curés de : Millery, Saint-Mamert, Sainte-Madeleine, Saint-Marcel-l'Eclairé, la Mulatière, Monsols, Saint-Maurice-sur-Dargoire, Marcilly-d'Azergues, Saint-Michel, Montrottier, Montmelas, Meaux, Marchampt, Moiré, Saint-Martin-en-Haut ; Mlles Michel, Mure ; Mmes Mermet, Mallaval, Molette ; MM. Meys, Monternot, Monod.

MM. les Curés de : Neuville, Nuelles, Notre-Dame-Saint-Vincent, Saint-Nom-de-Jésus ; Mlle Nové.

MM. les Curés de : Oullins, Odenas, Oingt ; Mlle Ollier.

MM. les Curés de : Poleymieux, Pierre-Bénite, Saint-Pierre, Pommiers, Pouilly-le-Monial, Saint-Polycarpe, Saint-Pierre-la-Palud, Propières, Poule, Pont-Trambouze, Pontcharra, Patronage de Saint-Paul; Mlles M. Petit-Dassaris, Prothéry Claudia ; Mme Palais.

MM. les Curés de Quincieux, Quincié.

MM. les Curés de : Saint-Romain-en-Gal, Saint-Romain-en-Gier, Saint-Romain-au-Mont-d'Or, Saint-Romain-de-Popey, Saint-Rambert, Ecole de Saint-Rambert ; Mlles Ritton, Blandine Rochard, Elisa Roche, Roodier, Mmes Roche, Riboulet.

MM. les Curés de : Sarcey, Sacré-Cœur, Sourcieux-sur-Arbresle, Saint-Sorlin, Soucieu-en-Jarez, Souzy, Saint-Sacrement, Mmes Salagnac, Sourioux, Sanlaville, M. Sapin.

MM. les Curés de : Theizé, Ternand, Taponas, Thurins, Tassin, Très-Saint-Sacrement, La Tour de Salvagny, Thizy ; Mlles Thivel, C^e line Théobalt.

MM. les Curés de : Verlieux, Vernaison, Vourles, Vaugneray, Vaux, Saint-Véran, Vaux-Renard, Saint-Vincent-de-Paul, Villechenôve, Valsonne, Bienheureux Viannay, Vieux-Château; Mlles Vincent ; Mmes Vapillon, Vincent.

Souscripteurs ayant effectué des versements de 5000 francs :

Compagnie des Hauts Fourneaux et Fonderies de Givors.

Souscripteurs ayant effectué des versements de 1000 francs et au-dessus :

Imprimerie Rey. — (5103) Caisse de Secours de guerre des Etablissements Prénat. — (5193) La Compagnie du Gaz de Lyon. — (5243) MM. Descours et Cabaud. — (5352) M. et Mme Vulliot et Cie. — (5534) M. Jules Paufique. — (5545) Société anonyme pour la fabrication du velours et de la peluche. — (2424) Mme Vve Juppet.

Souscripteurs ayant effectué des versements de 500 à 1000 francs :

(6721) M. Henri Marrel.— (7127) Société Française des Electrodes,— (1809) M. Gillet et ses fils. — (5066) M. Chambeyron.— (5073) M. J. Milliat. — (5085) Tanneries Lyonnaises. — (5108) M. Dérobert. — (5111) M. Ch. Douënne. — (5298) Le Personnel de la Société Chimique des Usines du Rhône. — (5324) M. G. Tresca. — (5413) Les Successrs de L. Tresca. — (5455) M. A. Winckler et ses fils, brasseurs. — (5456) MM. Wetter et ses fils. — (5475) Société anonyme Diedrichs, Soieries. — (5486) MM. Bouffier frères. — (501) Paroisse de Saint-Jean. — (507) Paroisse de Saint-Nizier, M. Besson. — (613) Paroisse de Sainte-Catherine-sous-Riverie. — (1406) Paroisse de Saint-Joseph. — (944) Paroisse de La Mulatière.

Souscripteurs ayant effectué des versements de 100 à 500 francs :

(2341) La Commune de Bagnols. — (2351) M. F. Pariset.— (2390), MM. Aug. Dussert, Cl. Brun, Thion-Geoffray, Payet, Matray et Poizat, Les Héritiers de Perrin. — (2407) Cte de Chabannes. — (2409) La commune de Fleurieu. — (2424) MM. J. Dunand, F. Dor, J. Favre, C. Lambotte, A. Porchet. — (2508) Saint-Cyr-au-Mont-d'Or. — (2566) Ville de Tarare. — (2571) M. Dupuis-Merle. — (6126) MM. V. Thoviste, F. Gouttard. — (6144) M. L. Moncorgé. — (6160) Société textile de Bourg-de-Thizy. — (6267) Ville de Villefranche. — (6442) Cte de Virieu. — (6447) M. P. Granson.— (6448) Commune de Caluire-et-Cuire. — (6546) Commune de La Mulatière.— (6576) M. Monternot. — (6793) Le maire de Chevinay. — (6896) Personnel des Chantiers du Beaujolais. — (7127) M. Perraud. — (1688) MM. Carrier frères. — (1573) M. J. Faur (1809) M. Soulier. — (2175) M. Paul Quinson. — (2429) M. Claude Martinière.

(1392) Son Eminence le Cardinal Maurin. — (506) Paroisse de Notre-Dame du Point-du-Jour. — (512) Paroisse de Saint-Bruno. — (538) Mlle Graillot, M. d'Avencourt. — (571) M. Léon Chapuis. — (611) Paroisse de Saint-Maurice-sur-Dargoire. — (621) Paroisse de Fleurieu. — (661) Paroisse de La Chapelle-en-Vaudragon. — (675) Paroisse de Grézieu-la-Varenne. — (682) Paroisse de Thurins. — (791) Paroisse de Grandris. — (815) Paroisse de Bourg-de-Thizy. — (929) Paroisse de Duerne. — (1029) M. J.-M. Duport. — (1151) M. Chavas. — (1298) Victor Bizot. — (1345) M. Cré-Rossi. — (1358) M. Oscar Cambefort, Collecte au Temple, M. de Riaz. — (1407) La Paroisse de la Demi-Lune.

— (635) Vente de médailles, à Irigny. — (651) Paroisse de Montrot-tier. — (652) Paroisse de Saint-Clément-les-Places. — (659) Quête faite dans la paroisse d'Aveize. — (1417) Paroisse de Saint-Bonaventure. — (661) Paroisse de La Chapelle-en-Vaudragon. — (683) Paroisse d'Yzeron. — (931) Paroisse de Saint-Clair. — (933) Vente de médailles à Saint-Clair. — (985) Paroisse de Cublize. — (2418) Paroisse du Saint-Sacrement. — (1418) Paroisse de Saint-Irénée.

(5037) Mme et M. Paufique. — (5040) Mme A. Winckler, M. Silvestre. — (5048) MM. Albert et Vollo. — (5057) M. Lafont. — (5058) MM. Ney-ret frères et Blanc. — (5063) M. Rossi. — (5071) M. Jaussaud et son Personnel. — (5077) M. C. Dailly. — (5081) MM. les Fils de J. Lapra. — (5090) Dépôt des Etablissemts Jacob Holtzer. — (5091) M. Plisson-nier. — (5096) M. Berliet. — (5097) Société J. Bocuze et Co, M. Bocuze. — (5098) Ateliers Bonnet-Spazin. — (5104) MM. Cottin et Desgouttes. — (5105) M. Court. — (5107) MM. Deloule frères. — (5109) MM. Didier et Isaac, Le Personnel de la maison. — (5111) Mme J. Douënne. — (5115) MM. Dunoyer et Co. — (5122) M. Grammont. — (5124) MM. Hostein et Co. — (5125) M. Jurine et son Personnel. — (5136) M. Petit-Jean et sa famille. — (5138) MM. Rabatel et Buffaud et Co. — (5143) Etabl. Métallurgiques A. Faugier. — (5148) Société des Automobiles Pilain. — (5036) Société anonyme de filatures de schappe. — (5158) Grand Bazar. — (5167) MM. Roux-Paccallet. — (5169) Ma-nufacture Lyonnaise de confiserie, Produits Noguier-Viennois. — (5173) La Direction et le personnel des Etablissements Brun et Marge. — (5192) Usine Brante à Saint-Fons.

(5208) Société chimique des Usines du Rhône. — (5213) La Société d'air liquide et son personnel. — (5215) Société de Stéarinerie, Savon-nerie de Lyon. — (5218) MM. Trux Mistral fils. — (5225) M. Bouillat. — (5230) MM. Cristophe père et fils, teinturiers. — (5234) L. N. — (597) Paroisse de Grigny. — (5223) M. L. Pradel. — (5238) MM. Picotet fils. — (5241) MM. Brossette et fils. — (5244) MM. Dévigne frères. — (5247) MM. Guillaudet et Co. — (5256) M. Villard. — (5263) M. Lassaigne. — (5264) La Banque Nationale de Crédit. — (5277) MM. Thivel et Béréziat, Usine Thivel et Béréziat. — (5281) MM. Vachon-Bayoux et Co. — (5293) M. Achille Lignon, Mme A. Lignon, M. Xavier Lignon, Mme X. Lignon, le Personnel de la maison Lignon. — (5294) M. Jay, Louis. — (5297) M. Auclair. — (5307) Mme Sonnery. — (5108) Mme Ma-gnien, M. Cunit, M. Tavernier. — (5320) M. Chamonard, M. Frachin. — (5323) M. Léo Robin. — (5326) M. Critinon. — (5331) M. Digonnet. — (5333) M. G. Cabaud. — (5334) Mgr Marnas, Mlle Mélanie Marnas. — (3538) Maison Lombardet. — (5346) MM. Joannard frères. — (5352) Le Personnel des deux usines Vulliot-Ancel et Co. — (5356) Société Economique d'Alimentation. — (5360) Le personnel des Usines Société Lyonnaise T. I. A. G. — (5369) MM. Nolly fils et Cº. — (5414) MM. Terrail, Payen, Doval.

(5416) MM. Payen et Cº. — (5442) MM. Vérilhac et Cº. — (5443) MM. Marmorat et Daléry. — (5452) Brasserie et Malterie de Lyon. — (5468) MM. Kahn et Kahn. — (5473) Le Personnel, ouvriers et ouvrières mécaniciens de la Maison Dognin. — (5486) Mᵐᵉ Bouffier. — (5490) M. Arthaud La Selve et Cº. — (5492) MM. A. Fichet et fils. — (5495) Les fils de Jarrosson et le personnel. — (5499) MM. Jarrosson et Cº. — (5506) M. J. Grassy. — (5507) M. A. Goutaland et fils. — (5512) Mᵐᵉ Vᵛᵉ Gillet. — MM. Gerin et Gorjux. — (5526) MM. Frachon, Ressicaud et Cº et leur personnel. — (5527) M. D. Vial. — (5529) Mᵐᵉ Vᵛᵉ Monin. — (5536) MM. Marion et Cº. — (5540) MM. Touquet, Maynard et Rollin. — (5544) La Société des Etablissements Charpentier. — (5548) MM. Sabran et Cº. — (557) M. Berticat, M. Chipier. — (5623) Banque Nationale de Crédit. — (5570) MM. Maljournal et Bourron. — (5593) Etablissements Bouchayer et Viallet. — (5693) Docteur et Mᵐᵉ Tellier. — (5705) M. Girard, propriétaire de l'Hôtel Bristol. — (5700) M. Monnier. — (5717) M. Lidler. — (5717) M. Godinet. — (5720) MM. les Associés de la Maison Dognin. — (5722) M. Mouisset. — (5734) M. Bertrand.

(5743) La Banque Jacquier. — (5778) MM. Montant et Latreille. — (5779) M. Visseaux. — (5810) MM. Moret et fils. — (5817) Mᵐᵉ Bouffier. — (5823) Dʳ L. Bouveret. — (5841) M. Chamonard. — (5872) Faculté des Lettres. — M. Tabardel, Chocolaterie de Marlieu.

Souscripteurs ayant effectué des versements de 25 à 100 francs :

(2330) Dessalles et Cⁱᵉ, Etablissements Gontard, Succ. A. Godde, Bedin et Cⁱᵉ. — (2364) Pensionnat Boucharro, à Champagne-au-Mont-d'Or. — (2368) M. Girard-Tattier (Algérie). — (2376) Conseil municipal de Chazay-d'Azergues. — (2377) Commune de Chenas. — (2385) M. Lucien Picard, Conseil municipal de Cogny. — (2390) MM. Maréchallat et Cⁱᵉ, Cherfin frères, Les Héritiers de Gleyvod V., Mᵐᵉ Vᵛᵉ Henri Vadon. — (2400) M. de Voyle. — (2423) Souscriptions diverses. — (2442) Commune de Loire. — (2476) Conseil municipal de Poleymieux. — (2503) M. Joseph Pradel. — (2505) MM. Trémeau et Crétin, G. Diederichs, E. Greffe. — (2511) Comité de secours, Conseil municipal de Saint-Didier. — (2522) Commune de Saint-Georges-de-Rencins. — (2547) M. Marc Manginé. — (2556) Subvention municipale de Saint-Vincent-de-Rhins. — (2569) M. Léon Fonbonne, Le Comité d'Action agricole. — (6001) Ecole Normale libre. — (6170) MM. A. Poizat, A. Joly. — (6261) MM. Gaston Burnichon, Farzeto frères. — (6422) M. Emile Chaze. — (6423) M. Joseph Calloud. — (6561) M. Emile Bender. — (6628) Le Conseil municipal de Pont-Trambouze. — (6629) MM. Victor Sirot et fils. — (6637) Le Maire et le Conseil municipal de Poule. — (6639) Ecole de garçons, à Poule. — (6657) Commune de Ranchal.

(6764) M. Pays, député, maire de Collonges. — (6788) Mairie de Chiroubles. — (6969) M. J. Baverey. — (6975) M. Flachet. — (7004) Commune de Gleizé. — (7127) MM. Blanc et Penet, Mme Reynier. — (7128) M. Coindre, Groupement commercial de Fleurie. — (7199) M. Legrand. — (7243) Mairie de Vaux, Conseillers municipaux, Ecole de garçons, école de filles. — (1510) Ecole privée de Saint-Julien (Rhône) — (1511) Elèves de Gerson, à Neuville-sur-Saône. — (1666) Ecole de garçons, Villeurbanne. — (1668) Ecole de garçons, Cité-Villeurbanne. — (1680) Ecole de filles, Saint-Fons. — (1669) Ecole de filles, Cité-Villeurbanne. — (1743) Ecole de garçons, avenue Berthelot. — Ecole supre rue Bossuet. — (1747) Ecole de la rue A.-Rémond. — (1765) Ecole, rue Meynis. — (1776) Ecole de garçons, avenue du Château. — (1792) Ecole de garçons de la rue de Condé. — (1796) Ecole de la rue Smith. (1798) Elèves de l'école primaire de la rue Jarente. — (1809) M. Roche de la Rigodière. — (1848) Les Elèves de l'école de garçons de Donmartin. — (1892) Mme Vve Vermorel. — (2005) M. Poizat Raymond. — (2432) M. Ant. Nesme. — (2537) L'école de filles, à Sainte-Colombe. — (2606) L'école de garçons de Cours. — (2625) L'Institution de Mlle Dorveaux.

(527) M. Gonin, Mme Marmonier, M. Gallifet. — (534) Mme Desrayaud. — (538) M. Sto-Mrle Audras. — (539) Mme Cumet. — (541) M. le Curé Chomel. — (547) Mme Boujon. — (548) La Paroisse de Bully. — (562) La Paroisse de la Tour-de-Salvagny. — (564) La Paroisse de Les Chères. — (578) M. A. P. — (579) Paroisse de Condrieu. — (582) Paroisse de Les Haies. — (612) Paroisse de Saint-Sorlin, Orphelinat de Saint-Sorlin. — (646) M. Brun, Curé de Brullioles. — (647) M. le Curé de Brussieu. — (666) M. J.-B. Fray, curé de Larajasse. — (687) Paroisse de Blacé. — (700) Paroisse de Vaux. — (704) Paroisse de Meaux. — (724) Paroisse de Lantigné, M. l'abbé Gaschon. — (729) Paroisse de Saint-Didier-sur-Beaujeu. — (731) Mlle Balsègues-Monterines, MM. Lapalus-Murgier, M. le Curé de Belleville. — (747) Paroisse de Chamelet. — (750) M. le Curé de Saint-Laurent-d'Oingt. — (600) Paroisse de Saint-Andéol-le-Château. — (78.) Paroisse de Saint-Igny-de-Vers. — (786) Paroisse de Saint-Nizier-d'Azergues. — (796) Mlle Marie Meynid, MM. J. Pharabet, P. Martin, Mlle Marie Forest, M. L. Baud, M. Fluchaire. — (807) M. le Curé de Saint-Clément-sous-Valsonne. — (808) Paroisse de Saint-Forgeux. — (819) Paroisse de Mardore. — (936) M. Cré-Rossi.

(1021) M. Gustave Foucou, M. le Comte de Fenoyl, Mme la Comtesse de Fenoyl. — Paroisse de Saint-Bonnet-le-Troncy. — (1099) Mme Clara, Mlle Clara. — (1111) Paroisse de Longes. — (1358) M. et Mme Lehmann, M. F. Barbesat. — (1393) M. Aubertin. — (1410) M. le Curé de Pontcharra. — (1421) M. le Curé de Villechenève. — (1422) M. le Curé des Halles. — (6239) Mme de Jouffray. — (715) Paroisses de Bagnols, Moiré, Frontenas. — (601) Paroisse de Saint-Jean-de-Toulas. — (618) Paroisse de Collonges. — (660) Paroisse de Haute-Rivoire. — (676) Paroisse de Saint-Marcel-l'Eclairé. — (681) Paroisse de Sainte-Consorce. — (739) Quête faite par les demoiselles du Chœur de chant de Saint-Etienne-la-Varenne. — (749) Eglise de Chessy, vente d'insignes. — (755) Quête faite à Saint-Just-d'Avray. — (797) Paroisse de Sainte-Madeleine. — (798) Eglise d'Affoux. — (920) Vente de médailles, à Saint-Laurent-d'Agny. — (1001) Vente d'insignes à Francheville.

(1419) Hospice Debrousse. — (729) Paroisse de Saint-Didier-sur-Beaujeu. — (506) Paroisse de Notre-Dame du Point-du-Jour. — (516) M. l'abbé Morel, curé de Saint-François. — (524) M. et Mme Guyot. — (5033) Usine Automoto, Saint-Etienne. — (5037) M. et Mme Volpelier, Mme Grataloup. — (5040) M. le docteur Vauthey. — (5051) La Maison Brenac et Cie. — (5052) MM. Chomienne et Durocher. — (5053) M. Defournel. — (5068) La Maison J. Convers. — (5071) MM. Bonhomme, Morel et Co, Pupier, Bonnet. — (5075) Le Personnel de l'établissement Bizouard-Goubert. — (5082) MM. Rigollet et Serve. — (5085) MM. Vourloud, Perrin, Dunand, J. Goiffon, A. Goiffon. — (5086) MM. Verjus frères. — (5088) Mlle M. Desjuzeur, Mme Giraud-Desjuzeur, Mme Lorrain-Desjuzeur, M. Michel Desjuzeur. — (5093) M. Averly. — (5097) MM. Sibert, Fustier, Cusset, Baau, Charvolin. — (5015) M. Fauris, Personnel de l'Atelier Court. — (5016) La Maison Danto-Rogeat. — (5131) Les Fonderies de Lyon et du Rhône. — (5132) MM. Mulatier, Dupont. — (5133) MM. Parent, Garnier.

M. Moncharmont. — (5134) M. Putay. — (5137) M. Pinguely. — (5141) Société Horme et Buire. — (5140) MM. Selave frères. — (5145) Service de l'Usine des Constructions Electriques, rue Molière. — (5156) M. Baland. — (5162) Le Personnel de la Maison Thierry et Sigrand. — (5163) M. Norroy. — (5157) Le Personnel et la Direction du « Paris-Lyon ». — (5184) Compagnie Générale des Pétroles. — (5192) MM. Samuel, Tabard. — (5215) MM. Simon et Co, A. Simon, J. Simon. — (5202) MM. Drevé, Taponier. — (5221) MM. G. Auroux. — (5276) M. Bussy. — (5230) Le Personnel de la Maison Christophe père et fils. — (5240) Les enfants Blachon, Le Personnel de la Maison Blachon. — (5245) MM. Fayet-Mouton fils. — (5246) M. Dansard. — (5248) M. Laurent (A.). — (5256) Mme M. Lallou. — (5258) MM. Desgeorge. — (5263) M. Vallet, Directeur de la Banque Privée. — (5264) MM. Délène, Postel. — (5467) M. Martin-Bernais, les Employés de la Maison Martin-

Bernais. — (5269) Les Succ^{rs} de Dubois et Berchoux. — (5273) Maison H. Bonjour et C°. — (5277) Le Personnel de la Maison Thivel et Béréziat. — (5281) Mlle Vachon. — (5283) MM. Prudhomme et Cie.

(5287) MM. Wattebled et Cie. — (5289) MM. A. et M. Sapin. — (5292) M. L. Mermillon. — (5294) M. Louis Jay, le Personnel de la Maison Jay. — (5296) M. P. Cabaud. — (5299) Société anonyme « Les Fils Charvet ». — (5310) Mme R. Garnier. — (5320) M. Testenoire. — (5325) M. Tavernier. — (5326) MM. de Littarpe, Mme Tavernier. — (5327) M. F. Sabran. — (5342) M. Decujis. — (5354) Société N^{lle} d'impression, apprêt et teinture. — (5363) MM. Desrayaud et Gendre, le Personnel de la Maison Desrayaud et Gendre. — (5371) M. Paul Streichenberger. — (5383) Mme et Mlle Rambaud. — (5384) Société des Eden-Bars. — (5396) MM. Raymond Rest et Garcin. — (5411) MM. Moiroud et C°. — (5415) MM. Pila et C°. — (5417) MM. Perjantz, J. de Micheaux. — (5419) Les Papeteries du Pont-de-Claix. — (5445) Le Personnel des Papeteries du Pont-de-Claix. — (5423) Mme Toutant. — (5429) Dr H. Philippe. — (5434) M. Faugier. — (5438) M. Richoux. — (5470) M. Angus. — (5473) M. Aubert.

(5480) M. H. Chavent fils et son personnel. — (5483) MM. Buchet père et fils. — (5485) MM. Bouillet frères. — (5486) M. L. Huguet, M. A. Velay. — (5489) MM. Bertrand et Van Doren. — (5493) M. Escoffier. — (5505) M. Guérin. — (5513) M. Genin. — (5518) MM. Perrot et C°. — (5535) M. Clet. — (5541) MM. Tassinari et Châtel. — (5544) M. et Mme Charpentier. — (5553) M. Raffard. — (5616) M. Sangon, Directeur de l'Usine de Noise. — (5618) MM. Bessand, Bicorne et C°. — (5602) Le Personnel de la Maison Garnier, M. Garnier. — (5611) MM. Badiou, Doury. — (5672) Les Fonderies de Lyon et du Rhône. — (5674) M. Casati. — (5675) Mme H. Roman. — (5705) Le Personnel de l'Hôtel Bristol. — (5713) M. Jomain. — (5716) Mme Servière. — (5723) M. Bernard. — (5725) M. D. Mercier. — (5770) M. Hoffet. — (5771) M. Lombard. — (5777) M. et Mme Villemagne. — (5789) Famille Bouillet.

(5812) Institut Sainte-Marie-des-Chartreux. — (5813) M. Flandrin. — (5816) Mme Gros. — (5828) Intérêts économiques. — (5834) M. C. Sicard. — (5848) Mme Gauthier-Melkior. — (5831) M. Cordier. — (5868) Mmes Billet, Bellon, M.-L. Silland.

Souscripteurs ayant effectué des versements de 5 à 25 francs :

(957) MM. Bernard, Durand. — (962) M. E. Concet. — (938) Mlles Adrienne Janicot, Marthe Chazelet. — (970) Mme Péronnet, Mlle Péronnet, MM. Joseph Péronnet, Jean Péronnet, Dr Giraud. — (972) MM. Weens, Schwaller, Mme Barault. — (975) Mme Marcelin. — (976)

M. Gonnand. — (960) M. A. Gilly. — (963) Mlles Gacon. — (748) Mme Loron. — (757) M. Guyonnet, curé, Mme Louis Balmon, Mmes Coquard, Ignotis. — (760) Mme la Marquise de Nettancourt. — (769) Quête dans la paroisse de Chiroubles, MM. Bonnart, le Comte de Raousset. — (773) M. Cognard, Curé d'Azolette. — (785) M. le Curé de Le Vieux-Château. — (789) Famille Louis Rochard, — Le Couvent de Claveisolles. — (793) M. le Curé de Poule. — (795) M. Louis Perret, curé intérimaire de Saint-Bonnet-le-Troncy, le Chœur des Chanteuses, École libre des filles de la paroisse, Famille Millet, Famille Montibert.

(796) Mlles Marguerite Meynier, Geneviève Cugnin, Jeanne Verrière, Elisabeth Cugnin, A. Bost, M. Fonsalas. — (798) M. le Curé d'Affoux. — (8 9) M. le Curé de Saint-Loup. — (811) M. Plasse, Curé de Saint-Romain-de-Popey, M. et Mme Thimonnier, Mme Vve Bazin. — (814) Mme Depais-Jamient. — (813) M. le Curé de Valsonne. — (816) M. Suchel (Charles). — (837) M. Dodat, Curé de Charly. — (821) Paroisse de Pont-Trambouze. — (850) Mme Faure.

(851) Mmes Berthier, Malleval, Famille Odic, M. le Curé de Saint-Irénée, M. Gourd. — (856) Mme Guy. — (866) Mme Chatelard, M. et Mme Vercherin. — (872) M. le Curé de Lentilly, Mme Ramel. — (873) MM. François Pichat, Jules Grange, Joseph Grange. — (886) M. Montagnon, curé d'Ampuis, Mme Vve Gallet, Mme Chambeyron, Mme Mathieu Vanel. — (891) MM. Claudius Chatron, Dulac, Usine Fichet. — (908) M. Beaunat. — (909) M. le Curé de Curis. — (933) M. et Mme Joseph Serre, M. Trichard-Fayolle. — (936) Mme Provent, M. l'abbé Dalbeigne. — (986) M. le Curé de Cublize, Mmes Perriez, M. Raymond Lanthe, le Patronage de jeunes filles, les jeunes gens de la classe 19, Mme Suchel. — (1012) M. Duvillers, Mme François Vergnais. — (1014) M. et Mme Claudius Beau. — (1022) Les Dames de l'Hôpital de Neuville-sur-Saône, les Soldats de l'ambulance, les Réfugiés. — (1028) Mme Beaujolin, —MM. Pierre Bouchut, Etienne Rivoire, Mlle Marie Chirat. — (1032) MM. L. Mermet, Joseph George, F. Duret, Gurde, Maillot, Mme Maillot, Mlle Marguerite Maillot, M. Paul Maillot. — (1053) M. Curis, Mme Curis, M. et Mme Gouttard, Mme Josserand. — (1055) M. Latoud, M. et Mme Pouzet, M. et Mme Missot. — (1066) Mme Dutel. — (1072) Mmes Muleton, Gardon, Famille David. — (1094) Mme Fonbonne. — (1099) Mme Fabisch. — (1117) Famille Louis Bonnefond, M. Herguez.

(1118) M. Sainte-Marie Audras, Mme Sainte-Marie Audras. — (1124) M. Lucien Deyme. — (1127) M. Mercier. — (1130) Familles Pelletrie, Pellotier. — (1193) Mme Quiot, Mme Font. — (1135) MM. B. Chambon, Frédéric Chambon, Mme Vve Moine. — (1150) Mlles Claudia Thomas, Traînant. — (1151) M. le Curé de Loire). — (1204) Mlle Marie Dumoulin, Mme Cheuzeville. — (1207) Mme Claude Larochette, M. Victor Michon. — (1227) Mlle Melat. — (1251) M. Perrichon, Curé du Bienheureux-Viannoy, Mme Bailly. — (1264) La Manécanterie. — (1272) M. Longefay. — (1274) M. Chanrion. — (1279) Mlles Seignol. — (1289) Institution Boucharel. — (1318) Famille Gormand. — (1322) Famille Gaillard-Barthélemy, M. Michel Corgier. — (1326) Mme Ruière. — (1341) M. L. Blin. — (1345) M. A. Tétaz. — (1350) Mme Lucien Mangin, M. Henry Oberkampf, Mme Bavery. — (1351) M. Aulagner, Mme Guichard, M. Léon Bérardi, M. Paul Meneau, Mme Canque.

(1358) M. J. Aeschimann, pasteur, MM. Bellemin, Fabre, Plot, le pasteur Schultz, M. C. Craponne. — (1369) M. Léopold Monod, M. et Mme Henri Doll, M. et Mme Monod, M. et Mme Marrel. — (1373) Société ancienne des Dames israélites, M. Georges Cerf, Mme Anatole Lang. — (1378) M. Louis Geynet, Mme Geynet, M. Léon Geynet, M. Jean Berlioz. — (1386) M. Linossier. — (1387) Mme Chatillon, Mme et Mlle Chevallet, Mme Traccuski. — (1396) M. le Curé de Sainte-Catherine-s.-Rivèrie. — (1398) Mme Vve Pierron. — (1409) Les Jeunes filles du Patronage de Saint-Paul. — (1426) Mme Novet. — (1427) M. l'abbé J. Paret. — (1429) Adoration Réparatrice. — (1431) Vente de médailles, Paroisse de Darcizé. — (2418) Mme Desrayaud, Mme Bague. — (865-836-872) M. Ramel, Mme Chatelard, M. Vercherin, Mme Vercherin, M. le Curé de Lentilly. — (8.9) Vente de médailles à Saint-Loup. — — (571) M. Guyot, M. le Curé de Champagne. — (583) MM. Besson, Fillon. — (587) Paroisse de Saint-Romain-en-Gal, Famille Sarte, Famille Chaumartin. — (613) M. Claude Chambeyron, Mme Rivoire. — (615) Mme Danthon, M. Lathuillière, M. le Curé de Neuville. — (618) M. Délain, Mme Vve Barrot, Famille Vergnais, M. et Mme Dupuis, Mme Pascal Reverchon, Famille Dalléry. — (635) M. l'abbé Bousquet, curé d'Irigny. — (637) MM. Charles Raptavel, Louis Aubert, François Giraud.

(639) Mme Vve Duverdy, Famille de Carraize. — (641) M. Michalon, Curé d. Soucieu-en-Jarez, M. Norillon. — (648) M. le Curé des Halles-Fenoui, MM. Florence, Lestoltzman. — (651) M. Philippe Poncet. — (655, MM. Freynet, Chaize, Robert Bonnet, Décultieux. — (657) M. le Curé de Saint-Martin-en-Haut, Mlles Adrienne Francine Bouteille, Mme Vve Poyard. — (670) Mesdames les Religieuses de la maison de santé de Saint-Joseph de Vaugneray. — (674) M. René Servan. — (683) Mme Durand, MM. Chollet, Sarcey, Bador, Brun. — (685) M. l'abbé Gardette. — (687) Paroisse de Blacé. — (688) Paroisse de Chervinges, Mme Gugliermin, M. Maitre. — (690) M. Louchet. — (691) MM. Jean Morduel, Ullard, V. Jacquet. — (709) Paroisse de Charnay. — (711) Jane et Mimi, de Chazay-d'Azergues *abandonnent leurs bonbons*,7 Mme Ch. Haour, Mme Ulliet. — (718) M. Fénéon. — (731) Mlles Balsègues-Montonnier, A.-M. Robin, Sarge ; MM. Dessales, Dailloux, E. Dessalles, G. Robin, Lerin, Meurisson. — (738) Mme Thuriau. — (510) Mmes Emile Glénard, Rollin, M. Rey. — (511) M. Gérente, curé

de Saint-Polycarpe, M. Thévenin, Mme Thévenin, M. Bernadin, Mme Bernadin, M. Testenoire, Mme Testenoire, M. Joseph Servant, M. H. Bergu, Mme Roque, M. A. Revel, Mme A. Revel, M. et Mlles Boirivant, M. et Mme de Boringe, M. et Mme Emblard, Mme Boiron, M. et Mme Aynard, M. et Mme Varillon.

(514) M. le Curé du Bon-Pasteur. — (516) M. Morel, curé de Saint-François. — (521) Mme Vve Dumont, M. Gautier. — (524) M. et Mme Guyot. — (527) M. F. Belzit, curé de Saint-André, M. Legendre, Mme Sauzey, MM. Tavernier, Michel, Delorme, Veillerand, du Bourg, Mme Romay. — (533) M. Blanchon, Mmes Teillon, Aprin. — (534) Mme Hérard, MM. Bellemin, Pellet, Escoffier, Grobel, Bétemps.—(538) M. Bréyat, Mlle Marmorat, Confrérie du Saint-Sacrement de Saint-Joseph. — (539) Mme Molard, M. et Mme Bamet, M. Bonnore, Mme Jourdanet, Mme Varcilles. — (541) M. l'abbé Farjat, Petites filles de l'école catholique de Saint-Augustin. — (547) Mmes Brun, Legrin, Lepin, Boujon, Peillon, M. le Curé de Bibost. — (554) M. et Mme Dalin. — (555) M. et Mme Magdinier, M. Devaux, M. et Mme Bourgeois, M. et Mme Bruyère, Mme Farget, Mme Chambon, Mlles Romier, M. le curé de Sain-Bel. — (556) M. Alexis Moiraud. — (558) Famille Passeron. — (559) M. le Curé de Sarcey, Mlles Bruyère, MM. Barbaret, Chamba. — (564) M. le Curé des Chères. — (565) MM. Emmanuel Teissier, M. Teissier. — (568) M. le Curé de Lissieu.

(2326) MM. P. M. Sombardier, B. Sivignon. — (2328) M. A. Aucourt. — (2330) M. C. Bourbon, MM. Vignon-Méret, Ovise, Balmon, Boisset, Farges, Mondel, Vignon, Alamartine, J. Masson, Morel, Marge, Mariotte, Goujot, Roffy, Sage, Dr Albert, Mlle Durafour. — (2332) Commune d'Ancy, Bureau de Bienfaisance, Lt Lepin. — (2335) MM. Cl. Picard, M.-C. Picard. — (2337) M. Sapin. — (2345) M. Carrier. — (2347) M. Maurice. — (2348) MM. Biolay et Giraud, Mlles Biolay. — (2349) M. Guillermet. — (2354) Commune de Brullioles. — (2356) MM. Sornet, Marion, Jean Fargé. — (2360) MM. Guillin, Benoît, Cimetière. — (2364) Le Conseil municipal de Champagne-au-Mont-d'Or. — (2369) MM. Durand, J.-P. Bonnard, Nicolas, Jean Avenin, Mme Blanc, MM. N. Thibaudier, S. Delhôpital, Société de secours mutuels de Charly. (2375) M. Pin. — (2383) MM. Cozona, G. Teisoud, J.-M. Fillieux, H. Olagnier, F. Gélaz, Baudrand, J. Chapuis. — (2384) MM. du Sablon, Augagneur-Viry. — (2385) Mlle R. Picard. — (2386) M. Grégoire. — (2389) M. Agnès.

(2390) MM. R. Giraud, Ch. Wiébaud, Mathéod, E. Blanc, J. Chapon, F. Laroche, Thomachot, A. Michalot-Dinet, M. Damougeot, M. Poizat. — (2392) MM. Keller, Coret, l'abbé Rousset, Mme Vve Thomasset, Mme Vve Gaillard. — (2406) M. Deisson, Conseil municipal d'Emeringes. — (2407) Mme la C^{sse} de Chabannes, Mme la Marq^{se} de Certaines, Mlle Cath. de Chabannes, MM. Vindry, F. Carié, Ragot. — MM. Millot, Jomard,

Fouillet, Poupier, Boulanger, Bataillon. — (2469) M. Gonichon, Mme Gonichon, Mme Dœuvre — (2410) MM. Muzard, Jacquemont. — (2404) Le Percepteur de Saint-Andéol. — (2424) Mme Goutey. — (2425) Comité agricole de Jarnioux, MM. Clunet, C. Chanas, Mme Vve Biolay Mlle Julie Ley. — (2427) M. P. Burdeau, Mme Burdeau. — (2430) — MM. C. Guillot, Vermorel, Décombe. — (2436) MM. Chambaud de la Bruyère, J.-P. Bouchard, Cl. Debilly, Cl. Vincent, Mollon. — (2442) Mme Vitel. —(2245) Mairie de Lozanne. — (2448) La commune d'Azergues. — (2449) Commune de Marcy-sur-Anse. — (2450) Commune de Marcy-sur-Anse. — (2450) Commune de Marcy-l'Etoile. — (2452) Commune de Marnand. — (2453) MM. Farrichon, H. Brigout, T. Béroud.

(2455) MM. J. Tisseur, F. Besson, A. Commarmond, J. Cernize, J.-M. Rose. — (2459) Commune de Montagny. — (2462) MM. D. Dubessy, J. Tenand, Dr M. Demetrée, J.-M. Berthier, Mme Dugoujon, M.J.-B.Bonnet.—(2467) Mme Vve Couronneau.—(2478) MM. J.-B. Thizy, Commune de La Neylière, MM. J.-B. Chillet, B. Vernay, Mme J. Grataloup, MM. Gerin, J. Poncet, Mme Dareste de Saconay, Mme de Varax, M. J.-B. Guyot, Mme Vve Bissardon, M. Bissardon, Mlle P. Grange, M. B.Grange, Mme J. Grange, Mme A. Grange, Quartier de la Guillotière, MM. J. Véricel, A. Fayolle, A. Fayolle (aîné), Rivollier, E.Chillet, abbé Letrêve, C. Moretton, P. Viricel, Mlle Putinier, M. P. Goutagny-MM. F. Rageys, Mme Moretton, MM. Goutagny, Bonnard, B. Thizy, Rousset, J.-B. Séon, G. Staron, E. Dubois, J.-M. Bissardon, B. Guyot, J. Lornage, P. Lornage, J. Bertholon, C. Goutagny. — (2482) M. P. Marduel. — (2484) MM. L. Durousset, A. Auplat. — (2485) M. Putinier. — (2486) MM. Dumas, G. Félissent. — (2492) M. Charmette. — (2493) Le Maire de Rontalon. — (2498) M. et Mme B. Thévenet. — (2500) MM. J. Guyot, J. Chambeyron, A. Grange, P. Grange. — (2502) MM Poulard, F. Thivel, V.-B. Subrin, Mme Vve Vial. —(2503) Paroisse de Saint-Jean.

(2505) MM. L. Constantin, E. Deyras, Coste, E. Monot, J. Monot, Côte, Bressot, Kungler, L. Bardin, J.-M. Tisseur, B. Blanchard, F. Girerd. — (2509)MM. F. Leymin, Parpette.— (2513) M. Béguet. — (2516) M. P. Bedin. — (2524) M. A. Gérard. — (2530) Conseil municipal de Saint-Jean-des-Vignes. — (2531) M. Roche de la Rigodière. — (2533) MM. Melet, Sarverat, A. Billa, Mme Vve Gonin. — (2534) Commune de Saint-Lager. — (2537) Commune de Saint-Laurent-d'Oingt. — (2542) MM. F. Bret, A. Dufour, Conivez, J.-C. Escoffier.—(2544) MM. A. Randon, J.-P. Desgrange, J. Grégoire, F. Cucumel, B. Garou. — (2547) MM. Recolin, Jard, Coste, Coquard, Brodet, Chambon, Daumont R. Martin, Souchard, J. Légal, Mévant, Dr Bérard, Montagny, Mme Vve Berthaud. — (2554) MM. Loste, Anier. (2256) MM. Rollin, J. Rollin, P. Diot, J. Arnaud et E. Rolle. — (2558) M. Berthollier. — (2564) Commune de Taluyers. — (2565) Commune de Taponas.

(2566) MM. Bonnassieux, M. Chanard, J. Bancillon, J. Sicre, J. Déchaland, J.-C. Bernardi, J. Pramondon, J. Royer, Tricaud, Lapresle-Buisson, J. Champied, L. Proby. — (2569) MM. A. Desmeurs, R. Lacroix. — (2570) MM. E. Coillard, L. Coillard, E. Coillard, M. Coillard. — (2571) MM. Fustier, C. Burnichon, Banque de Crédit de Thizy, Société générale de Thizy, M. H. Plasse, Mme Auquier, MM. Blanchet et Breton, C. Fauget, L. Vacheron, J. Fargeat, A. Bouthier. — (2572) MM. C. Fournier, P. Chardon, P. Voute, M. Vessière, B. Rambaud, Cl. Clavel, J.-Bte Champ, L. Delorme, Cl. Vial, A. Ratton, J.-C. Chambry, E. Delorme, Sève. — (2576) M. Mas. — (2577) Mairie de Valsonne. — (2579) Commune de Vaulx-en-Velin — (2580) MM. Martel, L. Vermorel, F. Tachon, L. Vermont. — (2581) Conseil municipal de Vaux-Renard. — (2585) M. E. Clairet. — (2586) Mairie de Ville-sur-Jarnioux. — (2587) MM. Mantelier, Gonnard, Guerpillon, Capiard, H. Coquard, Chazille, Poyet, Ch. Goujet, Mme Vve Marret, Mme Vve Guerpillon, MM. Ch. Gouget, M. Frédéric. — (6001) Ecole normale libre, M. Fournereau. — (6002) M. Dumont, Ecole libre de Saint-Genis-Laval. — (6012) MM. J. Guillaume, P. Blanc. — (6013) M. H. Tempier. — (6021) Mlle Lamy. — (6024) M. L. Deyrieux, Sœurs de Saint-Charles, à Saint-Genis-Laval, Mme Garbit, M. L. Catirer, Mme Reymond, Mme Despeyroux. — (6022) Mmes Gaillard, Lévigne, Giuliani, Asile Sainte-Eugénie, Mlle d'Aubarède, Mme Bourbon, Mme Dussurgey, M. le Curé de Saint-Genis-Laval, Mlle Dussurgey. — (6025) Mlle Gonnet, M. L. Girard, M. Chapuis. — (6026) M. Marcourt, Mmes Delon, Brosse, Dupuis.

(6027) Mme Jocteur. — (6071) MM. Demetre-Sault et Ceriez. — (6090 M. C. Raffin. — (6121) M. Crispoul. — (6124) M. Grizard. — (6144) MM. Nicolas, Fouilland, G. Charles, A. Pierrefeu, J. Peloux. — (6147) M. Cofy. — (6160) MM. H. Amy, J. Losta. — (6164) MM. L. Martin, J. Doujoux. — (6224) M. le Curé d'Eveux, MM. Vianey-Ragot. — (6228) M. E. Hyvernat. — (6229) MM. C. Lièvre, J.-M. Aumoine, de Clavière, Perret, de Lachapelle. — (6231) M. Gleye. — (6241) MM. A. Joannard, G. Granger, A. Lombard, P. Joly, Morand de Jouffrey, P. de Bouchaud. — (6247) MM. Charles. — (6249) Mme VveDumas-Thomachot, M. Fayot, Mme Besassier, MM. Vacher-Boucher, Michelland, M. Bouchet. — (6258) MM. A. Couturier, André Couturier, Mme Vve Dury, MM. J. Varignier, L. Husseart, Desseigne-Patay, Imbert-Grivolla, Mme Vve Achard, MM. G. Champalle, E. Bouzique, E. Barricand. — (6261) MM. F. Chapon, C. Vivier, L. Manhi, S. Gascon, F. Valantin, Vignon, Dumont, J. Bosland, Grizard, Lefranc, E. Desmure, Augagneur, Giraud.

(6267) MM. Arnaud, Barnarel, Brûlé, Arthaud, Pollet, Versaud, Dufaitre, Laplanche, Guittard, Poitrasson. — (6273) M. Planche. — (6292) MM. Guillaume, A. Guillaume, M. Dupont, Brottet, P. Satin. — (6297)

M. Derivaux. — (6302) M. F. Genin. — (6312) MM. E. Bussy, M. Lambert, J. Thinot, E. Ballot, Guichard, Gravier. — (6313) MM. A. Bertrand, A. Regipas, Fayard, Guillard. — (6315) MM. Fénéon, Lablanche, Mme Vve Torret, MM. J. Perrin, X. Brondel, P. Bailly, Mme Vve Burel, M. B. Gaillet. — (6317) M. A. Rozet. — (6319) MM. Jacquet, J. Foray. — (6321) MM. Cruzevant, Rivière, Blanchet, Métra. — (6324) M. J.-C. Picard. — (6328) M. C. Gaze. — (6329) M. J. Cinquin. — (6334) M. A. Dupré. — (6353) MM. Balségur, J. Monternier. — (6355) Mme Desvoys, M. A. Robin, Les Sœurs de l'Hôpital de Belleville-sur-Saône. Mme Marmonier. — (6356) Mme A. Robin, M. Faillard, M. Berthelin. — (6358) MM. Mortier, Catinot, Dassalle, Roux, Mme Jornard. — (6360) Mlle A. Murgier. — (6362) MM. A. Robin, A. Dailloux, Mme Bertholin, MM. Courbe, Perrin, PBatiste, Mme Dailloux, Mme Vve Roux. — (6365) M. Foillard.

(6377) MM. Dubreuil, M. le Dr Giraud, J. Papillon, Mme Benoit, M. Lafay, Mmes A. Badet, Larfoulloux, Giraud, — St Vernay, — St Jarre, MM. Morel, Bulliat, Mlle Aulnier, M^t l'aumônier de Beaujeu. — (6378) Mme Dutel, M. Christophe, Mmes Philippe Roux, Vve Dufour, M. Piolat, Mme J. Dufour. — (6381) MM. G. Lafay, J. Gaucherand. — (6404) M. Moronnet. — (6405) Mmes Chalus, Matray, Famille Dussurget. (6407) Mme Desgoutte, MM. Merle, Faure, Devay-Dumas, P. Baillot. — (6408) M. C. Jacquet. — (6409) MM. Carraud, P. Charmet, Jangot. — (6411) M. J. Lacroix (6422) M. A. Roux. — (6423) M. A. Tillet, MM. C. Bionnei, M. Lacroix. — (6424(MM. Barrou, L. Berliet, Ch. Damian, Scyewetz, M. Bernard, Croppi, David, Buer, Massinat, Rionnet. — (6423) MM. Pras, Salvadon, Maigret, Chabrou, Bernaix, M. Maigret. — (6442) MM. L. Pointet, L. Chevrot, C. Auderet, L. Moquet, L. Cusset. — (6448) M. F. Terrasse. — (6453) MM. Lardet, J.-M. Juillard. — (6456) M. E. Mansiat. — (6462) M. J. Gaillard. — (6493) M. Simon Celier. — (6497) MM. J.-C. Bruyas, J. Meyer. — (6499) MM. J.-B. Granjon, J.-B. Tisseur, J.-M. Bruyas, A. Chavagneux, P. Bertholon, J.-M. Fournand. — (6522) M. de Chabannes. — (6536) Mairie de Morancé — (6565) Mmes Blain, J. Jennery. — (6572) M. A. Brevet. — (6574) M. P. Paday. — (6576) MM. de Saint-Jean, B. Cherpin, V. Bererd, J. Josserand, A. Thimonier, Bourbon, J. Merle. — (6629) MM. H. Michalot, Moncorgé, J. Tétafort, Jacquemont, Jarroux, A. Chervier.

(6641) M. J. Philibert. — (6643) MM. C. Dubost, E. Meunier. — (6645) Famille Mauriaud. — (6653) M. P. Prouzat. — (6664) M. Joannès Mérat, Eug. Monchanin. — (6661) MM. M. Larozet. — (6662) MM. A. Poidebard, Merle, Mmes Chagny, Chagny jeune, M. Cl. Balandras. — (6663) M. Olivier. — (6674) Commune de Rivolet, — (6691) M. Ballet. — (6716) Commune de Saint-Andéol-le-Château, École de garçons, École de filles. — (6743) Mme Suchel. — (6744) M. Verrière.

— (6745) MM. Ch. Buffard, L. Clairet. — (6765) M. Veuillet. — (6791) M. Giraud. — (6793) MM. Denis, Fayolle, Bonnet. — (6794) M. Majuyer. — (6795) MM. P. Volay, Salignat, Saint-Jullien. — (6845) M. C. Poitrasson. — (6846) MM. Delhôpital, F. Goubier, J. Rantonnet, J.-B. Garnier. — (6885) MM. J.-C. Perrin, E. Flachy, M. Mousse, P. Mousse, J.-C. Chavas, M. Christophe, F. Gabert, F. Rossignol, J.-B. Chavas. — (6896) MM. Chatillon, P. Savigny, Commune de Limas. — (6906) M. et Mme H. Lacombe, M. et Mme A. Lacombe. — (6923) M. le Cte de Varax, MM. Em. de Varax, Robert de Varax. — (6925) M. P. Bouteille. — (6929) MM. G. Huttin, C. Chanuet, Mme de Serres, Mlles de Serres. — (6936) MM. le Dr Colin, Petit, Poncet, Délie. — (6940) M. Gonsolin, Mme Tabassé, M. Chabert, M. Bouvier, Mmes Théodet, Clémencin, Berthon, Renaud, MM. Guillaumin, Carton, Mongoin, Nonfoux, Ménard.

(6957) M. Janan. — (6967) MM. L. Gibert, J. Dégalle, L. Cardinal. — (6969) MM. Heldt-Deydier, Jossand, J. Miachon, Lance, Lalechère. — (6970) M. J. Favre. — (7030) MM. Pondevaux, Brac de la Perrière. — (7031) M. C. Mélinand. — (7034) M. B. Cinquin. — (7036) Mme Vve Garnier. — (7037) Mme Teillard. — (7038) MM. G. Dumoulin, Ph. Gagnieur. — (7046) Commune de Corcelles. — (7051) M. Guinet. — (7052) M. J.-B. Comte. — (7075) M. Girard. — (7077) M. Ferrand, M. Murgueron, Blanchard, Mouillon. — (7079) Patronage Paul-Bert, Mlle Blanchard. — (7080) M. Verrier. — (7083) Mlle Decourt. — (7085) M. C. Jeannot. — (7086) Mlle A. Aubespin, M. Renard. — (7093) M. Vallet. — (7112) MM. F. Merlay, M. Ancel, R. Vuillaume. — (7117) MM. Pariset, M. Martinet, M. Lefèvre, G. Dietz. — (7119) MM. P. Grandjean, Mme Vve Gaffinot. — (7121) MM. L. Joubert, J. Terret, J. Carrier, M. Duret. — (7128) M. E. Dousseau. — (7141) Mme Pichon, M. Gontelle. — (7144) M. D. Enord. — (7153) Mme Grandjany, M. Besson.

(7155) MM. Paul Moréteau, Ed. Rasimi, Croc, M. Audry, Mme Pauly, Mme Jandot. — (7168) Mme Vve Mazallon, MM. J. Nicolas, M. Praguone, M. Bertono, Coquard, Mme L. Mangini. — (7174) MM. C. Genevois, J. Guillard, J. François, B. Mulaton, J. Arnaud, E. Chazot, J. Morel. (7176) M. Ginon. — (7177) M. Isaac Rochet. — (7178) Association Typographique de Lyon. — (7182) Un Docteur. — (7186) M. Planus. — (7188) M. Tiano. — (7389) MM. Martin, Blachère. — (7193) MM. Perrier, E. Ducreux, Etmacker. — (7197) Mme Gutton. — (7199) MM. Murit, M.-L. Lucas, M. Repelin. — (7203) MM. Martinet, Meynier, Mme Maisonhaute, MM. Félix père, Félix fils, Cazat, A. Pitiot, Tarchier. — (7207) M. Vaudrey. — (7209) M. Favre. — (7211) M. Raoul de Garden. — (7218) M. Roux, « l'Asphalte », MM. Boudon, Lavenir, G. Berton. — (7219) MM. C. Pierron, Menier. — (7224) MM. Béal frères, Mme Roux, MM. Grataloup, Crunier, Broliquier et Rodet, Deshaye,

Deschauves. — (7230) M. Jean Fayolle. — (7234) MM. Bonnardel, Servanin. — (7244) Mairie de l'Arbresle.

(13) École Supér^re Tarare, Mme Jusselme. — (14) École avenue du Château, Lyon : l'École. — (17) École, rue de l'Arbre-Sec; Lyon : les Maîtresses. — (19) École, rue Gilibert, 7, Lyon : les petits enfants. — (23) École matern^lle, Place des Jacobins : les enfants, le personnel. — (28) École boulevard de la Croix-Rousse, Lyon, économies des enfants. — (29) École, place du Commandant-Arnaud. — (35) École matern^lle, rue Saint-Georges : les petits de l'école. — (37) École maternelle, place de la Baleine. — (39) École maternelle, montée de la Chana : Mmes Dupont, Crétin. — (40) École maternelle, rue Saint-Pierre-de-Vaise. — (42) École maternelle, rue des Docks, : Mme Bonnet. — (51) École maternelle, rue de l'Ordre. — (52) École maternelle, rue de la Part-Dieu. — (53) École, rue Vendôme (maternelle). — (55) École maternelle, rue Louis. — (57) École maternelle, rue Antoine-Rémond. — (58) École, rue Créqui, 125 : M. Sulder. — (65) École maternelle, rue Germain, — (73) École maternelle, Grande-Rue de la Guillotière. — (80) École, boulevard Gambetta, Villefranche. — (100) École de filles, rue de Mardore : M. Chapon, Mme Chaize. — (105) École privée, Saint-Germain-en-Gal : Mme la Directrice. — (109) École privée, quai Robichon-Malgontier : Mme Catton-Bouton, les orphelines et élèves de l'école. — (115) École privée de Chasselay, Mme Gautier. — (119) École privée, rue Neuve-d'Ecully. — (120) Les élèves de l'école de filles, à Ecully, route de Champagne.

(136) Les garçons de l'école privée de Saint-Maurice-sur-Dargoire. — (148) École privée d'Irigny, un groupe d'élèves. — (153) Pensionnat, à Oullins, rue de la Camille, Mme Chossat. — (155) École privée de garçons, rue Camille, Oullins, M. Navarre. — (195) Les élèves de l'école privée, 13, rue Louis, Villeurbanne. (197) École privée, 46, cours de la République, Villeurbanne, M. l'abbé Liaud, le Personnel de l'orphelinat, obole des orphelins. — (204) Les professeurs et les élèves de l'école privée, 37, rue Cornavent, Villeurbanne. — (204) École privée de filles, rue des Ecoles, à Saint-Fons, Mlle Langefay, Mlle Lenoble, un groupe d'enfants. — (214) École privée, rue Coste, Caluire, M. Luquet. — (216) École privée, Grande-Rue de Cuire. — (223) École privée rue Capitaine-Ferber, 19, à Caluire. — (234) École privée, Usines Déchelette, Amplepuis, les élèves de l'école. — (237) École privée de Saint-Vincent. — Les élèves de l'école libre de garçons. — (254) École privée, Saint-Laurent-de-Chamousset, M. Chavagneux. — (259) École privée de Longessaigne, Mme Thorel, Mlle Guillot et leurs élèves.

(264) École privée de Villechenève (Rhône). — (265) École privée, Saint-Symphorien-sur-Coise, M. Rivoire. — (271) École privée de Grézieu-le-Marché (Rhône). — (281) École privée, à Tarare, rue Etienne-Dolet, Mlles Dulac, Deressy, Gardette. — (288) École privée de Pontcharra,

petites souscriptions. — (297) Ecole privée, rue Neuve, à Thizy. — (302) Ecole, rue du Théâtre, 1, Lyon. — (304) Le Directeur et les élèves de l'école libre de la rue Terme. — (307) Ecole, 29, rue Paul-Chenavard. — (311) Ecole libre, 1, Grande-Rue des Feuillants. — (319) Ecole libre, rue des Chartreux, 17, Lyon, Mlle Robin. — (344) Ecole, 22, place Belle-cour. — (331) Ecole libre, rue Smith, Lyon. — (332) Ecole libre, place Carnot, Mlles Pruneyrac, Viaud. — (335) Ecole libre, 31, rue Auguste-Comte, Mlles M. Champaloy, A. Champaloy, Mme François. — (336) Ecole libre de filles, rue François-Dauphin. — (343) Ecole libre, 29, rue Sainte-Hélène, Mlle Govignon. — (847) Ecole libre, 30, quai Saint-Antoine. — (352) Ecole libre, rue de la République, Mlles Gilly, Cre-zier. — (355) Ecole, grande rue de la Croix-Rousse, 77.

(356) Versements faits par l'école libre, rue Jean-Revel. — (357) Ecole, rue Grataloup, 6, la Directrice et les élèves. — (359) Ecole, impasse de Serin, Mlle Rougeot, Mmes les professeurs. — (361) Ecole, rue Hénon, 7, MM. Grivel, Héritier. — (362) Ecole libre, rue de Bony, Obole Enfants de la Providence des Religieuses de la Sainte-Trinité, rue de Bony. — (365) Ecole, place Bénédict-Tessier, M. Giraud. — (369) Ecole, rue de la Carrière, 18. — 378) Ecole, rue Jean-Carriès, 3. — (379) Ecole, rue Tramassac, 23, 1re classe, 2e classe, 3e classe. — (390) Ecole, rue Constant, 1, MM. Monard, Ogier. — (391) Ecole, rue Garibaldi, 3e classe. — (394) Ecole privée, 212, rue Vendôme. — (401) Ecole privée, rue de Bonnel, M. Bonnamour. — (403) Ecole privée, rue Montbrillant, Lyon. — (404) Ecole, rue Paul-Bert. — (405) Ecole, rue Pierre-Corneille. — (407) Ecole, rue Servient, Mmes les institu-trices, les élèves. — (412) Ecole privée, rue Inkermann. — (413) Ecole, rue Montbernard, Les Sœurs de l'Orphelinat. (419) Ecole, 108, avenue de Saxe. — (423) Ecole, 35, rue Bugeaud. — (429) Externat, rue Mont-bernard, les élèves de 3e classe, La Directrice de la classe enfantine. — (433) Ecole, rue Vauban, 5, Mlle Vallin et ses élèves. — (434) Ecole, 132, rue Vendôme, Mlles Armand, Berchaud. — (435) Ecole, rue Ven-dôme, 145. — (438) Ecole privée, rue du Béguin, M. Lavigne. — (443) Ecole rue Sébastien-Gryphe, les petits garçons. — 444) Ecole, ave-nue Berthelot, 7, Mlle Laurent, Mlle Bois. — (447) Ecole, 26, cours Gambetta, les familles de mes élèves. — (448) Ecole, rue Dumoulin, les petites filles. — (457) Ecole, rue Parmentier, les trois classes de Mlle Gabe. — (474) Ecole privée, à Fleurie (Rhône). — (493) Ecole pri-vée de Villefranche, M. Frich. — (834) Ecole de filles, rue Masséna, classe enfantine. — (862) Souscription de l'école de Lentilly. — (604) Ecole libre d'Orliénas. — (1290) Ecole libre, rue Montesquieu. — (1289) Ecole libre de garçons de Notre-Dame-Saint-Louis. — (633) Ecole privée de Chaponost, école de garçons, école de filles. — (602) Ecole libre de filles de Chatelus —(5) Ecole supérieure, rue Neyret. — (6) Ecole supérieure, rue Condé, 1re année, section B, 2e année, section C.

2e année, section générale, 2e année, section industrielle, 3e année, section générale, 3e année, section industrielle. — (7) Ecole supérieure, rue Chaponnay. — (8) Ecole primaire supérieure, place Morel. — Le personnel et les élèves.

(9) Ecole supérieure, rue Mazenod. — (100) Ecole de filles, rue Mardore, Cours, Mme Poizat. — (143) Ecole privée de Brignais. — (188) Ecole privée de Thurins (Rhône), Maîtres et élèves. — (189) Ecole privée, Thurins, Ecole de filles. — (194) Ecole, 50, rue des Maisons-Neuves Villeurbanne. — (197) Ecole, 46, cours de la République, Villeurbanne, Obole des Orphelins. — (213) Ecole, 43, rue Coste, à Caluire, le personnel enseignant. Les enfants orphelins et réfugiés. — (219) Ecole, rue de l'Orangerie, 10, Caluire. — (233) Ecole, rue Thimonier, Amplepuis. — (237) Ecole privée Saint-Vincent. — (251) Pensionnat, à Chessy-les-Mines. — (298) Ecole, rue de l'Industrie, à Cours. — (310) Ecole de filles, rue des Chartreux, 46. — (314) Ecole, rue Lanterne, Mlle Barbejat et ses élèves. — (334) Ecole, 62, rue de la Charité. — (338) Ecole, 5, rue Adélaïde-Perrin. A la place des fleurs et des bonbons : toute l'école. — (339) Ecole jeunes filles, 9, rue Boissac, Ecole Chevreul, rue Boissac. — (341) Ecole libre de jeunes filles, 12, rue Sala. — (353) Ecole, 6, rue d'Ivry, Institution Cénarrom. — (359) Ecole libre, 22, impasse de Serin. — (381) Pensionnat de Fourvière. — (372) Ecole libre, 43, rue de la Claire, Personnel enseignant et élèves de l'école. — (396) Ecole privée, avenue de Saxe, Externat de Mlle Joy. — (398) Ecole privée, rue Besson-Basse, Externat Notre-Dame de Bon-Secours. — (402) Ecole privée, rue Jeanne-d'Arc, 15. L'Institution Jeanne d'Arc. — (417) Ecole privée, 8, rue Tronchet. — (419) Ecole privée, 108, avenue de Saxe. — (423) Ecole privée, 36, rue Bugeaud. Ecole de filles. — (434) Ecole privée, 132, rue Vendôme. — (437) Ecole privée, rue Parmentier, produit de la quête faite par Mlle Gabe, directrice, dans ses 3 classes. — (696) Ecole libre et école publique de Rivolet (Rhône). — (664) Les maîtresses et les élèves de l'école libre, Duerne (Rhône). — Ecole de Soucieu-en-Jarez. — (1229) Deux écoles de Saint-Joseph-en-Beaujolais. — Ecole libre de Dardilly. — (2) Lycée du Parc, boulev. du Lycée. — (3) Lycée de jeunes filles, place Edgar-Quinet, Lyon. — (12) Ecole primaire supre de Villefranche, l'Ecole de jeunes filles. — (206) Ecole privée de Vénissieux, quête faite par Mlle Berthier, directrice de l'Externat. — (217) Ecole privée, rue de l'Oratoire, 2. La Directrice, Mme Desplaces, les élèves. — Ecole libre, externat et asile de Notre-Dame-Saint-Louis. — (1504) Ecole privée de Gleizé. Institutrices privées de Gleizé.

1507) Mlle Marie-Louise Prothéry, M. Joseph Gache Mlle Jeanne Blanc, Mme Vve Duchamp, M. Félix Coste, Mlle Cécile Coste. — (1508) Mme Gayot, Ecole de Lemuis (Rhône). — (1511) Divers employés de Neuville-sur-Saône. — (1512) M. Luc, directeur (collecteur), M. Lu-

cien Bourgeois. — (1515) M. Trancy, à Ampuis. — (1516) Mlle Marti-
netti, MM. Dubois, Jacques Gay, Xavier Gomot, M. et Mme Pouzet,
Mme et Mlle Darmancier, M. et Mme Duplessy, MM. Ruet, L. Bonne-
fond. — (1521) M. Astic, à Bourg. — (1522) Mlle Virieu, à Longe-Dizi-
mieux. — (1530) Ecole du Centre, à Givors. — (1531) Ecole laïque, à
Givors-Canal. — (1534) Ecole mixte, à Chassagny. — (1537) MM. Jean
Breure, J.-B. Pigeon. — (1538) MM. A. Brasseur, M. Bouillat. — (1544)
Ecole publique de garçons de Saint-Andéol-le-Château. — (1554)
Elèves de Chasselay. — (1555) Mme Guy, Mlle Guyot, Elèves de Chas-
selay. — (1556) Un groupe d'élèves, école mixte des Chères. — (1558)
Mme Marguerite Peyron. — (1559) M. Seguin. — (1560) Mme Taraveil-
ler. — (1565) Elèves de l'école de Lissieux. — (1566) Maîtresse et élèves
de Lissieux. — (1567) Ecole mixte, Marcilly. — (1568) MM. Domas,
Martinod, Ghione. — (1569) Mlle Joséphine Amiet. — (1570) Mme Vve
Dumaine, M. Bochet, M. Gély, curé de Saint-Didier-au-Mont-d'Or. —
(1571) MM. Jean Delorme, Amiet, Moulin, Vincent. — (1573) Mlle Va-
lat. — (1575) Mme Hours. — (1581) Ecole d'Orliénas. — (1583) Le Directeur de l'école de garçons de Rontalon. — (1584) La Directrice de
l'école de filles de Rontalon. — (1586) MM. Lamure, Jean Vial, Pierre
Vial. — (1592) M. Bonnet, Mme Joseph Piégay. — (1593) Mme Vve Adam
— (1608) Mme Dunand, Mmes Porchet, Durnal, l'Ecole communale de
garçons d'Irigny. — (1610) Elèves réunies, école de la Mulatière. —
(1612) Mme Ageron. — (1614) M. André Berthon, Ecole de garçons,
Alexandre Bellut, Henri Peyrard, Maurice Droin. — (1615) Elèves de
2e classe, école laïque d'Oullins. — (1616) Ecole laïque d'Oullins. —
(1619) Maîtres et élèves de l'école de garçons de Pierre-Bénite. — (1620)
Ecole de filles de Pierre-Bénite, Ecole de garçons de Pierre-Bénite. —
(1622) Maîtresses et élèves Ecole centrale de Sainte-Foy-lès-Lyon. —
(1625) M. René Dardier. — (1631) Elèves de l'école de Brindas. — (1633)
Mlle Chevrot, MM. Guigounand, Chatelard, au Combet, Antoine Chatelard, G. Denis. — (1634) Ecole de garçons de Courzieu. — (1635)
Fillettes de l'école laïque de Courzieu, M. Guyot. — (1637) Ecole publique de garçons de Craponne. — (1638) Ecole de filles de Craponne.
— (1639) MM. F. Vindry, Pierre Chabert, Frizon, Bernard Paday. —
(1640) MM. Servan, Fleury Vindry, Mlle Gabrielle Buisson. — (1641)
Ecole de garçons de Francheville. — (1642) Francisque Ledin. —
(1643) MM. Conte-Bellemin, Gilbert Digonnet, Barthélemy Marnat,
Honoré Bayzelon. — (1645) Elèves de l'école de Marcy-l'Etoile (Rhône)
— (1648) Ecole et village de Pollionnay. — (1665) Groupe scolaire (Les
Brosses, par Villeurbanne). — (1667) Vitolly, groupe scolaire. —
(1671) Ecole laïque, Croix-Luizet, (1re et 2e classes). — (1672) Maîtres
et élèves, Ecole laïque de Cusset. — (1673) Mme Espeut. — (1676)
Mlle Extrait, MM. Viallon, Léobal, Lafontaine. — (1678) Ecole de filles
(Bron). — (1679) Personnel et élèves de l'école publique de Saint-

Fons. — (1681). Ecole de garçons, Vaux-en-Velin. — (1682) Ecole de filles, 1re cl., Vaux-en-Velin. — (1684) Ecole de filles, Vénissieux. — (1685) Mme Berne, M. Voisin. — (1686) MM. Garin, Porchy. — (1687) Ecole de filles, 43, rue de l'Université.

(1688) Mlle de Fassion, M. Chausson, les infirmiers de l'hôpital 197 bis, le Personnel général de l'hôpital 197 bis, les Infirmières de l'hôpital 197 bis, les Elèves de 1re classe, groupe scolaire, route de Vienne, No 119, M. Revel, Ouvroir d'Assistance par le travail, 119, route de Vienne, MM. Louis Girier, Ferrier, Desfages. — (1689) Mme Kiemlé, M. Gadoud. — (1690) Ecole, rue Saint-Michel. — (1692) Personnel et élèves, Grande-Rue de la Guillotière, 126. — (1694) Elèves de l'école, avenue Berthelot. — (1695) Mlle Jeanne Mermet. — (1713) Ecole maternelle d'Oullins. — (1716) Enfants de l'école, Pierre-Bénite. — (1717) Ecole maternelle libre, Sainte-Foy-lès-Lyon. — (1718) Une maîtresse de l'école de Vaugneray. — (1720) M. et Mme Tronel, M. et Mme Rochette. — (1721) Ecole maternelle libre, Francheville. — (1722) M. et Mme Pierregrosse. — (1726) Ecole maternelle et personnel, Villeurbanne. Mlle Jeanne Lecoultre. — (1731) Ecole maternelle, Saint-Fons. — (1734) Ecole maternelle, à Vénissieux. — (1737) M. Maurice Rivat. — (1742) Ecole, 25, rue Béchevelin. — (1744) Ecole de Combe-Blanche, personnel et élèves de l'école. — (1745) Ecole de filles, rue Créqui, 135. — (1746) Elèves de la rue Bossuet, MM. Marin Girodon, Louis Marin, Mlle Bacaud, Mme Rebatel, Mlle Pilot, M. Logut. — (1748) Mme Court, Mme Pignard, Mlle Rouillard, Mme Verchère. — (1750) Mme Moret. — (1751) M. Besson. — (1752) M. Saflix, Ecole rue Ant.-Rémond, 1re cl., 2e, 4e, 5e, 6e classes. — (1760) Ecole, rue de l'Ordre. — (1753) Ecole, rue Boileau, 119. — (1762) Mlles Chappelat, Mercier, Philippe, Ecole, avenue du Château, 1re, 2e, 3e, 4e, 5e, 6e, 7e classes. — (1763) Mlle Froment, école de filles, rue Louis. — (1764) Ecole de filles, rue Mazenod, No 94. — (1767) Mme Gabet, Famille Varin, Mme Jacquier. — (1774) M. Maurice Percet. — (1775) M. et Mme Gervais, M. et Mme Mouratille, MM. J. Romieu, E. Joanin. — (1778) MM. Julien, Mas. — (1779) MM. Roger Guillot, René Haering. — (1781) M. A. Déjeux — Ecole de garçons, place Michel-Servet. — (1782) Ecole rue des Augustins. — (1783) Ecole de garçons, rue Vaucanson, 2 bis. — (1784) Ecole d'application, Montée de la Grande-Côte, 1 bis. — (1785) Mme Bajat, M. Figuet, MM. A. Bovy, J. Pflierger. — (1791) Ecole laïque d'Ainay. — (1791) M. Steinfer. — (1796) Mlle Fournier, école, rue Smith, 28. — (1800) Ecole, rue de la Bourse, 33. — (1804) MM. L. Balanche, M. Périer — (1806) Mlles Marguerite Déléard, Germaine Diézy. — (1807) Ecole de filles, rue Commt-Arnaud, 4. — (1809) MM. G. Boulon, M. Capra, M. Bonin, M. Carcel, Pellerin, Albert, Duthion, Pétinot, Isnard, J. Teyssier. — (1813) M. H. Barras. — (1819) Mlle Thorembery, M. C. Lestrat, M. Bousqueynaud. — (1826) MM. F. Font, J. Font, Ecole de

filles, rue Tissot, 6. — (1830) Mlle Ferra. — (1831) M. Thivoyon. —
(1833) Mme Bézaud. — (1838) Ecole de Saint-Vincent-de-Rhins, —
Ecole de filles, Saint-Vincent-de-Rhins. — (1841) M. Genevoy. —
(1847) — Mlle Volin. — (1849) —Ecole de filles, Dommartin. — (1863)
Mme Chatelard, M. Vercherin. — (1862) M. Lepin. — (1863) Mlle Jean-
tin, Ecole Saint-Pierre-la-Palud. — (1864) Mlle Bailly. — (1865) —
Mme Rial. — (1866) M^{nie} Fraize d'Ivez. — (1871) Mlle A. Bernard,
MM. A.-M. Favre, M. A. Fontaine. — (1876) MM.J. Dubet, J. Michon,
J. Reilleux.

(1878) Les Enfants du Breuil. — (1880) Ecole de garçons de Cha-
melet. — (1885) M. Joseph Ducret. — (1895) Ecole de garçons de Saint-
Just-d'Avray, Ecole de filles de Saint-Just-d'Avray. — (1901) M.Emile
Morel. — (1908) Mme Gonon. — (1911) Ecole de garçons de Brullioles.
— (1712) Ecole de filles de Brullioles. — (1925) MM. Lucien Sauge,
Joseph Joyet, Fr. Bastion, Joannès Dupeuble. — (1726) Mlle Lucie
Bonhomme. — (1940) Mme Debrun. — (1942) Mme Mazeron. — (1954)
M. S. Guyot. — (1963) Ecole, rue Radisson, à Tarare. — (1964) Ecole
publique,rue Serreux, Tarare, M. More,direct^r Ecole, Tarare.— (1963)
M. E. Madinier, M. Froget, Ecole de filles, rue Plature, Tarare. —
(1966) Cours supérieur de Tarare, M. F. Baud, Ecole, rue Hôpital. —
(1968) M. J.-M. Meunier, Mme Batisse — (1973) M. Bachasse. — (1975)
M. B. Monternot. — (1976) Mlle Merle. — (1984) Ecole mixte, Saint-
Loup. — (1987) Mme Ageron. — (1988) M. Pierre Durand. — (1989)
MM. J. Clerc, P. Michallet, F. Ferrière, Cl. Gaynon, J.-M. Mayoud,
F.Girard,Migoud.—(1996)Ecole de garçons,à Bourg-de-Thizy.—(2002)
Mlle Ovize.—(2004) Ecole de garçons de Cours. — (2005) Mme F. La-
roche, Mme Maréchalat, MM. Louis Bauland, Barrelle, Danière, Mmes
Castère, Mme Veuve J. Chapon, M. Ducarouge, MM. Pontille, Alle-
mand, Burnichon, Chaize, Mme Fouilland, M. L. Poizat, Mmes Cher-
pin, Schirmed, — (2007) MM. Cherpin, Buffard, Ecole communale
de Mardore. — (2008) M. Bessenay. — (2011) MM. Henri Michalot,
M. Moncorgé, Victor Sirot, Tetafort. — (2018) Ecole mixte d'Alix.
— (2023) Ecole de garçons de Chazay, M. Magot. — (2024) M. et
Mme Mollard, Ecole de filles de Chazay. — (2027) Ecole de filles de
Liergues. — (2042) Cours complémentaire de Beaujeu. Cours moyen
Mlle J. Triolet, Mme Gobet, Mlle Didier, Mlle Saint-Cyr. — (2040) Col-
lège de Beaujeu. — (2043) Ecole de garçons, Les Ardillats. — (2050)
Ecoles de Durette. — (2052) Ecole de garçons de Fleurie. — (2054)
Ecole publique de Juliénas. — (2.61) M. Richelet. — (2062) Mlle Gal-
let, Mlle Dumas, Mlle Gérald. — (2063) M. Combier, Ecole laïque de
Régnier. — (2.64) Mme Combier. — (2068) L'Institutrice de Vernay.
— (2073) M. Catinot. — (2083) MM. F. Gaillard, Et. Grosjean, Hur-
bin, Lafay, Trône, Ecole de garçons de Lancié. — (2085) M. Marius
Champier, Ecole laïque d'Odenas. — (2087) M. Boutavant. — (2088)

Mlle Jeanne Cimetière. — (2090) M. le comte de Fleurieu. — (2091) Ecole de garçons, Saint-Georges-de-Reneins. — (2092) Ecole de filles, Saint-Georges-de-Reneins — (2095) Ecole de garçons de Saint-Lager. — (2097) Ecole mixte de Taponas. — (2098) Mme Mathais. — (2100) Ecole de filles de Chambost-les-Ollières. — (2106) Mme Guillon. — (2110) Mlle Vignat, Mme Gobet. — (2114) Ecole mixte de Saint-Bonnet-le-Troncy. — (2127) Le personnel et les enfants de l'école mixte d'Auroux. — (2128) Le personnel et les élèves de l'école de filles d'Auroux, M. et Mme Gobet. — (2129) Ecole laïque de Propières. — (2132) M. Léon Braillon, Mlle Mrle-Lse Mélinand, M. Pierre Dumoulin. — (2133) Ecole de filles de Saint-Christophe. — (2142) Ecole du Sud de Villefranche. — (2147) MM. Cottet, C. Cheuzeville, Dougoujard.

(2148) MM. Louis Billard, Mangoin, A. Mangoin. — (2153) Ecole de garçons de Gleizé. — (2154) Mme Durraffour. — (2161) M. Auray-Mathivet, MM. Jacquet, Bouchet. — (2162) M. Désrayaud. — (2169) Ecole laïque de filles de Vaux. — (2174) M. Motet. — (2175) MM. V. Chavent, M. Surel. — (2176) MM. Clément Monin, Alex. Lafargé, Mmes Bissardon, Hyvernat, MM. Raymond Morel, Camille Roche. — (2177) M. et Mme Vaillot. — (2179) Mlle Simone Rogier. — (2180) M. Bouquin. — (2183) Mlle Rose Janin, M. Tarcens. — (2187) Mlle Aimée Ravier. — (2185) M. P. Bonhomme. — (2193) MM. Pierre Adenot, Louis Dussert. — (2195) Mme Vve Ravier, Mme Musard. — (2193) Mlles C. Raymond, H. Peguin, Fayolle. — (2201) M. Goyard. — (2202) MM. J. Tricaud, Jamé, Lt Gourdiat, Gloquard. — (2203) MM. Cherblanc, J. Guillon, Fois Faye. — (2204) MM. Brun, Dr Vandouri, Ant. Thivel, Masson, Bonnassieux, E. Barthelet, J. Saint-Martin, Montamand, Paul Madinier, Collargette. — (2208) M. V. Guiot, Banque Privée de Tarare. — (2215) Mlle Meyer. — (2216) M. Marat. — (2226) Compagnie Maggi. — (2232) Mlles Anne Salain, Henriette Berthod. — (2235) M. Et. Clapin. — (2239) Mme Berrier. — (2241) M. Lemaire. — (2250) Mlles Jeanne Desmaison, Germaine Convert. — (2253) M. Payre. — (2256) M. H. Raisons. — (2261) Mlle Rose Dumas. — (2285) MM. Claude Blein, J. Nicolas. — (2286) M. J. Etiévant. — 2296) M. Ant. Desmeurs. — (2319) MM. Santallier, C. Vallat. — (2329) M. Poyard. — (2330) Pensionnat de Neuville-sur-Saône. — (2335) Orphelinat de Sainte-Foy-lès-Lyon. — (2336) M. Rodouski, M. Davier, Usine J. Romarie, le personnel de l'usine Romarie, La Famille Romarie. — (2372) MM. Mollard, Guitard, Lavenir. — (2374) Anciens Etablts Rivat, Gonnelle et Cie (voitures enfants). — (2394) Mlles Suzanne Pont, Jeanne Janand, Jeanne Joly, Alice Pont. — (2395) Mlles Marie Leeestre, Enfants Jacqueau, Germaine Guillermain, Odette Pravent, Marguerite Lohrer, Pauline Lyonnet, Andrée Rousset. — (2396) Mlle Jeanne Pradix, Les Enfants Ferry, Enfants Bouchetal, M. Jacques Brisson. — — (2407) M. Auguste Miot. — (2408) Ecole de la Salle, rue Masson, 5,

Lyon, MM. Antonin Mézin, Emile Margot, J.-M. Versin, Eug. Marey, F. Chappaz, Fois Manévau, Louis Berthet, Xavier Borel, Jean Rey, Justin Bourgeat, Joseph Garnier, Louis Serre. — (2410) Mme Molle, Milles Puvilland, Molle, Mmes Barral, Villard. — (2411) Mme Bonin. — (2417) Un groupe d'ouvriers, 142, Grande-Rue de la Guillotière. — (2422) Mlle Molin. — (2423) Mme Clavel, Mlle Flachard. — (2425) M. Jean Lhôpital, Mme Vve Piégay, MM. Fr. Rivoire, Jullien Benoît, Mme Vve Moretton, M. F. Thévenon, Mlle Marie Venet, M. Et. Piégay, M. Fougalle. — (2426) MM. J.-B. Pluviez, Charvolin, Joannon, Mlle Lallemand, MM. P. Guyot, A. Crozier, B. Joannon. — (2429) MM. Thévenin, J. Bourrin, Fl. Marnas, M. Piégay, Mallaval des Plaines. — (2432) MM. E. Couturier, Molin, M. Ville du Lac, Fois Piégay, Poyard, Villard, Clavel, J.-B. Ville. — (2440) M. Revollon, Mlle Roquard. — (2441) M. André, Mlle Hérady. — (2443) Milles Yvonne Granjon, Jeanne Chenu. — (2445) Mme Vuillermoz, M. et Mme Dublin, Mme Etaix. — (2456) Mlle Alice Thonnérieux. — (2459) M. Gaston Coquiés. — (2460) M. Armand Goutron. — (2464) M. E. Philibert. — (2465) M. E. Genevois. — (2474) MM. Fayolle, B. Blanchard, M. Lassablière, F. Fayolle, M. Guyot, M. Véricel. — (2473) M. Montel. — (2474) MM. E. Guérin, H. Guérin, Manceau. — (2475) MM. Richard, Ladous, Pila. — (2476) MM. Carret, Roche, Camel, Audras, Cottin. — (2486) Mme Napoly. — (2487) Mme Vergne. — (2489) MM. Jean Piat, Mlle Léone Piat, Mme Piat, M. Piat. — (2497) Mme Lyonnet, Mme Mercier, Milles Mercier, M. Taponier. — (2498) M. Angéniol, Mme Angéniol, M. Henri Angéniol, M. Romain, Mme Romain. — (2500) M. Devay, Mme Devay, Milles Devay, M. Barrillot, Mme Barrillot, Mlle Barrillot, MM. Barrillot, M. et Mme Harembourc, Mlle Harembourc. — (2503) Milles Lebercier, Moutin, Mme Miodre, Mlle R. Damé, Milles F. Delenoncourt, J. Duchamp, Suz. Sangouard, Marg. Béatrix, Yvonne Thévenon. — (2505) Mlle Clotilde Dupeuble. — (2507) Mlle Jeanne Cérisola. — (2512) M. P. Morel. — (2522) Mlle Gariod. — (2530) Ecole, 36, rue Suchet. — (2536) M. Decourt, Mme Constantin, M. Côte. — (2542) Milles Clémentine Durand, Jeanne Garabiol, Mme Cotte, M. Durand. — (2543) Mme André. — (2547) Mme Vve Pivot, MM. Veyre, M. Veyre, M. Patin. — (2548) M. Ed. Reynaud. — (2564) Ecole, rue Cavenne. — (2574) MM. Catton-Boulin, Mlle Buret, MM. Bonin, Villemin, Ecoles libres de Givors, M. Sergent. — (2594) MM. Victor Beaunier, Maurice Mullier, Ecole privée, rue du Béguin 10. — (2598) M. Chatelet, Mme Solassier. — (2609) Mlle Martin. — (2610) M. Helmereich, Mlle Richard, Mme Mathian, M. et Mme Bardin, Famille Girard. — (2612) M. Bayard. — (2619) Mme Gelin. — (2621) M. Clinton. — (2624) Mlle Calfas.

(5011) M. Beauser. — (5013) Mme Vachon. — (5024) Mme Descotte. — (5032) M. L. Malzelpeux. — (5033) M. Lumbert. — (5037) Mmes Julien, Borg, M. et Mme Micollier, M. Maillot, Mme Bovet, M. Blanchard,

Mlle Blanc, M. de Mans. — (5039) Mlle Lagarrigue. (5040) Mme Bonnet, M. Garcin, M. le docteur Carry, MM. Bastergne, Fréby. — (5041) Mme Vignat, Mmes Courtois, Petrod, de l'Yzeron. — (5043) Mlle Guibout, Mme Guerpillon, Mlle Mercier, M. Viard. — (5055) MM. Grimonprez et Nuytten et leur personnel. — (5075) MM. Bizouard et Goubert. — (5078) M. J. Dalbret. — (5082) M. H. Lebuy. — (5084) MM. H. Provent, Mme Provent, M. Marcel Provent fils. — (5087) M. Bonnard. — (5098) Mme Vve Boucoiron. — (M. et Mme Duvivier, MM. Ponce et Philippe Lamagna. — (5092) A. L. (5197) MM. Eynard, Chapuis, Pral, Mme Mignet. — (5101) MM. L. Dufer, A. Moulinier. — (5108) M. J. Plivard. — (5110) MM. Donat et Cie. — (5121) MM. Cachon, Gutton. — (5133) MM. Clourvez, Richard. — (5134) MM. Parel, Payen, Mme Patay, M. Lebet. — (5135) M. Poutonnier (5137) MM. Place, Mevolhioñ. — (5139) M. Béau. — (5143) M. Martel. — (5152) Les Deux Passages (rayon S. YY, Rayon M. — (5155) Les Deux Orphelines. — (5164) MM. Emile Simon, Eugène Simon. — (5166) Maison Raoul. — (5168) M. Bresard-Néel, Mme J. Bresard. — (5169) Le Personnel de la maison Noguier-Viennois. — (5176) MM. Juvien et Munier. — (5177) MM. C. Lhôpital, R. Lassonnery. — (5179) MM. Cadot frères. — (5183) M. Piot, M. E. Piot, Mme Piot. — (5186) M. Jammot. — (5187) Le personnel de la maison Deutch. — (5189) M. E. Reboul. — (5192) M. Laurencin, Mme J. Laurencin, M. Papillon. — (5195) Les Etabliss^{ts} Givaudan-Lavirotte. — (5212) MM. Flachaire de Roustan, Drevet. — (5214) M. Charignon. — (5217) M. Enjolvas. — (5218) Mlle Trux, Mlle M. Trux. MM. Olivier, Tainturier. — (5219) Union de la Boucherie Lyonnaise. — (5227) M. Andrillat. — (5241) MM. E. Flory, Châtel, Girard. — (5253) M. Haden. — (5256) Mme P. Cozon, Mlles M. et E. Villard. — (5263) M. Garin, Sous-directeur de la Banque Privée, M. Labayle, Service des Coupons, de la Banque Privée, Service de la Comptabilité de la Banque Privée, Service Entrées et Sorties de la Banque Privée, Le Bureau de Vaise de la Banque Privée. — (5264) M. Graffe, Sous-directeur de la Banque Nationale de Crédit, M. Basty. — (5267) La Maison Martin-Bernais. — (5268) M. Goldhurmer. — (5270) Les Fils Brunswick. — (5271) MM. Daugny, Tramblay. — (5273) Mme Chaillet, Les Pensionnaires de la Maison Chaillet, Famille Chaillet. — (5274) M. Deveraux. — (5278) Mme Yche, Mme Vve Roubin. — (5279) MM. Lapierre et Brillant. — (5280) Société Française du Xérol. — (5281) MM. Vittet, Moyron. — (5286) M. Cottier, Mlle Cottier. — (5288) Le Personnel de la Société Moderne d'Alimentation (Pâtisserie). — (5290) MM. Peyret frères. — (5293) M. et Mme Fontaine. — (5299) M. Penel — (5301) Mme Roche. — (5304) Mmes Y. Colcombet, M.-F. Colcombet, A. Colcombet, — Mlle Colcombet, Mme L. Baboin, Mme C. Méaudre, Mme J. Colcombet. — (5313) Mme Ravier. — (5320) MM. F. Monnet, Frachon, Testenoire. — (5321) M. Frantz-Biétriz. — (5327) Mme G. Tézenas. —

(5333) M. M. Desgeorge. — (5335) Un Groupe d'Alsaciennes-Lorraines. — (5340) Mme Vve Jules Barret. — (5346) Maison Joannard, Ateliers de détail, de gros N° 1, de gros N° 2. — (5351) M. Verpilleux. — (5353) MM. Reverchon, Pithioux, Benoît et Mottin, Desvigne, Lepetit. — (5354) Divers. — (5360) MM. Meurer, Girardet, Vignet, Ramel. — (5364) Mme Blancher. — (5365) MM. Ballet-Galiffet, Ballet-Galiffet fils. — (5366) M. Baliat. — (5368) M. Lamanon. — (5369) M. Giraud. — (5375) M. Mazelpeux. — (5377) MM. Chavanne, G. Chavanne, Les Joueurs de la table 5. — (5382) M. Albertini, Propro du Café des Négociants. — (5395) Le Grand-Hôtel, MM. Dufour, Hermmann. — (5397) Le Personnel de la Brasserie Genevoise, Un Groupe d'habitués de la Brasserie Genevoise, M. Joly. — (5402) MM. Sève, Revol. — (5405) M. P. Fatton. — (5406) Messagerie de l'Union Lyonnaise. — (5411) Le Personnel de la Maison Moiroud et Cie. — (5414) MM. E. Weber, Boulieu, Malafosse. — (5416) MM. Demavit, Toste, Levert. — (5417) MM. J. Rommy, A. Vullion, A. Merle, Ch. Saux. — (5420) M. J. Paufique. — (5421) MM. Gailleton, O. Gailleton, L. Gailleton. — (5426) M. L. Rufli, Mme L. Rufli. — (5429) M. Souchon, Les Employés de la Maison Philippe, M. et Mme Terrier. — (5432) M. Reydellet. — (5436) M. Chomel. — (5441) M. Voisin. — (5444) MM. Gonelle et Cie. — (5450) Mme Legendre. — (5454) M. Radisson. — (5459) MM. Ribayron, Grobel. — (5460) M. Pelé. — (5462) M. et Mme Juthier. — (5469) MM. David, Evans et Cie et leur personnel. — (5471) MM. Durand et Armanet. — (5473) M. Micollier, M. et Mme Chiolouse. Le Personnel de l'atelier de broderies raccommodage (Maison Dognin et Cie), Le Personnel de l'atelier des métiers à broder (Maison Dognin et Cie), Le Personnel du Rayon unis (Maison Dognin et Cie). — (5476) M. Paule. — (5477) M. G., G. G., E. G., G. G. — (5485) M. L. Bertrand. — (5489) M. P. Pairot. — (5490) MM. La Selve, Arthaud. — (5498) MM. Lamy et Gauthier. — (5503) MM. Custelle, Dufour. — (5504) MM. Guillet, Gros et Cie. — (5511) M. L. Giraud. — (5513) M. Genin. — (5519) MM. Deronzier, Boudon. — (5524) MM. Marion et Co. — (5527) M. Jusseaud. — (5533) M. Aubert. — (5534) M. Pelinelly. — 5534) Bonnet, Dufour. — (5536) MM. Martin, Bellevoirin. — (5537) MM. C. Vial, J. Vial. — (5539) MM. Grassin, Truchot. — (5543) MM. Tapissier frères. — (5548) MM. Roche, Comte, Grimonet. — (5549) M. Roland, Pierre. — (5553) Mmes S. Raffard. — (5619) Mme Bertoye. — (5622) MM. Poilausson, Fougère. — (5564) M. Allard.

(5565) M. Fréby. — (3571) M. Louis Gille, Mme Gille. — (5573) M. Bardot. — (5578) M. Cochet. — (5595) M. Puvilland. — (5612) M. Saugon. — (5697) M. le docteur Lacassagne. — (5699) La Direction du Grand Nouvel Hôtel. — (5711) Mme E. Vray. — (5712) M. Perrot. — (5718) M. Girondon. — (5720) M. C. Veyret, Mme H. Veyret. — (5721) M. Priez. — (5728) M. E. Gardot. — (5745) MM. Berthaud,

Blanc. — (5750) La Régionale. — (5752) M. Seutet, Mme Gérard. — (5759) M. Ferrapi. — (5763) M. Sanoner. — (5764) M. Giraud. — (5769) M. Josserand. — (5780) M. L. C. — (5782) M. M. Vermare. — (5792) Mme Guignié. — (5793) M. Auclair. — (5795) Mme Saumont. — (5807) Mme Ulliet. — (5810) M. Del Néro. — (5814)M. Cartier. — (5815)Mlle Grollier. — (5820) M. Grosjean. — (5821) Mme Piffaut. — (5822)M.Jacques Guittinger. — (5824) Mme Schaffal. — (5831) M. Gabriel Gros. — (5832) M. Delhotal. — (5835) M. Fournier. — (5839) Mme A. Poncet, — (5855) Hôtel Lyonnais. — (5856) Docteur Mme B. — (5857) M. Conand. — (5866) Mme Vally. — (5874) Mme Gambu. — Mlle Puvis de Chavanne, Mme Payen, Mlle Saint-Olive, M. Cambefort, Mme Duringe. M. de Milly.

Souscripteurs ayant effectué des versements de 1 à 5 francs.

(2326) Mme Vve Milly, M. J.-Marie Vouillon. — (2332) M. Saint-Lager — (2335) M. Louis Perrad. — (2339) M. Bacot. — (2345) M. Deshon. — (2347) Mme Monternot, M. Bacheviller. — (2349) M. Suchem. — (2354) M. Porte — (236.) MM. Pierre Feiraud, Large, Claude Nechaudon, Mazille. — (2369) MM. Rantonnet, Charles Jautin, Jean Bidon, Stéphane Saynimorte. — (2375) MM. Baudoy, Berger, Reynard, Morretton, Revol, Pierre Reynard, Tony Reynard, J.-Bapte Reynard, Peyzaret, Rambaud. — (2379) M. Milliat, Mme Vve Massoud, M. Gouix. — (2383) Mme Vve Jambon, MM. Georget, Faure, Guigoud. — (2384) MM. Martin, Deshayes, Dimonte. — (2392) M. Jarnieux, Mme Sambet, MM. Charignon, Reverchon, Mme Vve Pignard, MM. Malozon, Loubaresse, Tupinier, Bertrachon, Ivaldi, Liobard, Fulrand, Flaud, Mme Large. — (2399) M. Chermette. — (2406) Mme Corsin. — (2407) MM. Sauge, Vially, Barange, Thibaud-Burgat, Vindry, Raton. — (2409) MM. Just, Généraux. — (2420) MM. Delarbre, Mioux, Odet, Verzier, Chappé, Pelletier. — (2421) MM. Fulchiron, Claude Brun. — (2423) MM. Ballandras, Milan. — (2425) MM. Dessertine, Deborde, Mme Profizi. — (2427) Mme la Comtesse de Serres, MM. Pardon, Gaudet, De La Rochette, Courtois, Lacharme. — (2428) MM. Laudure, L. Balland. — (2430) MM. Fois Pertoud, Violet, Labaty, Germain. — (2434) M. Ragey. — (2436) MM. Dumas, Pocachard, Gervais, Gamme, Sorliet. — (2453) MM. Jh. Chion, Emile Chion, Chavanis, Vieilly. — (2455) MM. Protière, Villard, Eclercy, Thiollier, Besson, Thomas, Fontannière. — (2462) MM. Lepin, Viannay, J.-Marie Loire, Lardellier, Mme Vve Bonnet, MM. Tenand, Delorme, Legrain, Gros, Bissardon. — (2467) M. Van Doren. — (2478) MM. Thizy, Mme Vve J. Thizy, M. Dumond, Mme Vve Bessenay, Mme Ogier. — (2478 bis) MM. Besson, Séon,

Goutagny. — (2484) MM. Fayard, Monnery, Berthelier. — (2502)
Ecole de garçons de Saint-Clément-les-Places, Ecole de filles de Saint-
Clément-les-Places. — (2503) MM. Peillon, Bas. — (2506) MM. Jean
Brun, Brun, B. Raymond, Souppat, Antoine Raymond, Mme Billiet. —
(2509) MM. Gerin, Giroud, Mme Vve Serve. — (2510) M. Louis Philibert.
— (2514) MM. Belleville, Deborde, Vermorel. — (2524) MM. Durand,
Delaye. — (2527) MM. Charrin, Cothenet, Chilliord, Aujagne. —
(2528) M. Jean-Marie Guyot. — (2533) MM. Sarrazin, Sangouard, Goujon, Lafay, Millet, Bourgeay-Billet, Gonnet. — (2542) M. Escoffier.
— (2546) MM. Durdilly, Mme Vve Andrillat, Mme Sapin. — (2547) M. Per-
ruquon, Jh. Murat, Brun, Regiques. — (2550) MM. Chazal, Pugnet,
Ballet. — (2556) MM. Montibert, Suchal, Barberet, Picot, Odin, Les-
traz, Rébé. — (2560) Mlle Marinette Coquard. — (2566) MM. Radisson,
Chouzy, Darphin, Barberet, Clémençon, Recorbet, Comby. — (2571)
Mme Vve Lombard, MM. Buffard, Benassy, Plasse. — (2572) M. Sali-
gnot. — (2583) MM. Bererd, Laveur, Carret, Crotte. — (2587) MM. Ferrière, Petion, Granjard, Gerpillon, Mme Vve Magdinier, M. Renoud.
— (2590) M. Rostaing. — (6001) MM. Borel, Mme Vve Chanaux, Mme Moreau, M. l'abbé Vallier, MM. Devreux, Chapuis, Perrosset. — (6006)
MM. Borel, Bergier, Liotard, Bret, Flamand, Picard, Denave, Charmet, Ferand, Vuagnat. — (6007) MM. Planul, Begot. — (6011) M. Dorel. — (6012) M. Blanc. — (6015) MM. Jeannin, Grataloup. — (6016)
M. Dorel. — (6018) M. Faure. — (6021) M. et Mme Perret, Mlle De-
menthon. — (6022) Mme Fournier, Mme Parizot, MM. Pottecher, Bonjean, Mme Fournier, Mme Michel, Mme Rivière. — (6023) M. Fayolles,
M. et Mme Badel, Mme Monnet. — (6024) M. le docteur Monin. — (6025)
Mme Sigaud, M. Girard, Mme Gouy, Mme Dubreuil, M. Fayolle. M. Weber. — (6026) M. Maillard, Mme Bonta, MM. Perret, André, Jullien. —
(6027) M. Chaume, Mairie de Saint-Genis-Laval. — (6051) Mlle Estrade
— (6059) M. M. Guerpillon. — (6069) MM. Terraillon, Fredière. —
(6071) MM. Taquet, Chalumet, Sirot, Decharme, Ducrot, Gros, Poizat. — (6083) M. Thomas. — (6087) M. Vermorel. — (6089) MM. Ducray, Bouillard, Aucagne, Peloux. — (6090) MM. Fauchery, Ariès,
Auceur, Gay-Lacroix. — (6091) MM. Poizat, Paccard. — (6093) M. Gou-
get. — (6094) M. Forest. — (6095) Mme Vve Gauthier. — (6121) M. Fer-
det. — (6122) MM. Janin, Devillard. — (6124) MM. Rochard, Simon,
Troncy. — (6134) M. Chupin. — (6145) MM. Audard, Peloux. — (6155)
M. Plasse. — (6160) MM. Ferrad, Boulin. — (6224) MM. Bourricand,
Delorme. — (6226) MM. Chol, Raphanel, Vouillon, Degurse, Mme Vve
Melay. — (6227) MM. Lacollonge, de Nardin, Dournier, Lièvre. —
(6228) MM. Dumas, Nugne, Branciard, M. Beandoux, curé de Jar-
nioux. — (6229) MM. Comby, Bothier-Gonin, Boncaud, Perras, Dost,
Déroche, Ferrière, de Belleroche, Ballandras. — (6231) MM. Chanel,
Fillandeau, Pouzol, Ferrand. — (6241) MM. Secrétant, Bardet, Mon-

teillhet, Perrin. — (6242) MM. Poquillon, Carnet. — (6243) MM. Oberger, Durand, Blanc-Faron, Mlles Mothier. — (6244) Mme Vve Valette, M. Drevet. — (6247) M. Barberet. — (6249) MM. Muzelle, Bochard, Beroud, Soubeyrand, Grange, Giraud, Plassard-Chenaud. — (6256) École privée de Thizy (Rhône). — (6258) MM. Buffard, Roche, Vial, Bouzu, Mme Vve Perrus, MM. Gallet, Lacour, Thignet. — (6261) M. Murat, MM. Rangerd, Martin, Burnichon, Champalle. — (6267) MM. Fontenaille, Dépierre, Vermorel, Delhavanne. — (6272) MM. Fouillat, Mlle Froget. — (6275) Mlle Chervet, institutrice à Affoux. — (6278) Mlle Lachize. — (6279) M. Jugnet. — (6280) MM. Triboulet, Gatille. — (6292) MM. Morel, Bessand. — (6293) M. Etienne Rapoud, Mlle Nesme, M. Barberet. — (6297) M. J. Perroudon. — (6299) M.Perroudon J.-M. — (6311) M. Tavernier, Mme Ferrière. — (6312) MM. Nicolas, Bertrand, Chanay, Marchal, Doucet, Farghin, Bernard. — (6313) MM. Lorete, Esparne, Masson, Degoutte, Guinet, Ferrier, Charlet, Audon. — (6315) MM. Pélissier, Guyon, Pulliat, Labaty, Pacard, Maiguin, Mission, Dumas.

(6318) M. Lefebvre. — (6319) MM. Oger, Borde, Forey, Chol. — (6321) MM. Furnon, Piaud, Chardon, Truche, Vadeboin, Nugue, Delique, Marie, Champmoreau. — (6327) MM. Dufau, Chuzeville, Monnery. — (6328) MM. Mélinaud, Michaudaz, Charcosset, Lapierre, Michaudon. — (6329) M. Livet. — (6330) M. Prothery. — (6331) M. Geoffray. — (6347) M. Lathuillère. — (6353) M. Revollet, Mme Vve Foraz. — (6354) M. P. Baptiste. — (6355) Mme Falcon, Mme Perras, Mme Delasalle. — (6356) Mme Robin. — (6357) M. Lorin. — (6358) MM. Guillé, Ravier, Mme Roux, M. Louisgrand, Mlles Dessalle, Dailloux. — (6359) MM. Dalicieux, Barbillon, Berthoud. — (6361) Mme Ravier, Mme Jambon. — (6362) M. Toutant. — (6364) MM. Nesme, Desserrey. — (6365) MM. Descoles, Perraud, Mme Perraud, MM. Bignier, Raynaud, Emery Niguet. — (6377) MM. Duffy, Cugnet de Bellevill, Combier, Chopin, Fillon. — (6378) Mme Baratin, M. Chautard, Mme Cinquin-Vouillon, Mme Pitiot, Mlle de Pontich, Mme Chamarande, Mme Monod, M. Michel. — (6380) MM. Droguet, Guignet, Aubonnet. — (6383) M. Laurent. — (6396) MM. Lepin, Joyet, Pic. — (6400) MM. Sornay, Bichonnier, Chatal, Bichonnier père, Moncel. — (6401) Mmes Lafont, Sottizon. — (6403) Mlle Rostignet. — (6404) M. Faure, Le Syndicat agricole du Bois-d'Oingt. — (6405) Mme Pouzol, MM. Lutorius, Charmetton, Chirat. — (6407) Mme Vve Baillot, MM. Granjard, Devay, Perroux. — (6408) MM. Denoyel, Dury. — (6410) MM. Besson, Thivin, Mme Vve Goutaland, Mme Vve Asmaquer. — (6411) M. Vial. — (6422) M. Taloud, M. Brun. — (6424) MM. Martel, Janetot, Seutet, Demarques, Méhu, Bonard, Lavorite, Soquet, Auger, Massinat, Goutte. — (6425) M. Prat. — (6442) MM. Chatanay, Berrieux. — (6454) M. Gonon. — (6452) MM. Roslet, Balvay, Gonon, Boudon, Jambon. — (6455)

M. Guérin, M. Gonon (J.-Marie). —(6456) MM. Mansiat, Ecereches-Deloro, Lardet, Mlle Mansiat, MM. Moreau-Lassara, Claude Lardet, Janin, Passot, M^{mo} Vve Mansiat, MM. Thévenet, Rollet, Juillard, Mme Dupont, MM. Combier, Lacondemine, Blanc. — (6453) MM. Au-frane, Denuelle, Jh. Lardet, Antoine Lardet, Gonon, Juillard, Benoît Gonon. — (6450) M^{mo} Douchet, Mlle Gouttard. — (6493) M. Darchet. — (6497) MM. Bazin, Meyer. — (6499) MM. Coquard, Chanaval, La-roche, Bertholon, Néel, Blanchon. — (6515) MM. Dazet, Naftiche. — (6522) MM. Geoffray, Guérin, Defontaine, Combe, Morel. — (6536) MM. Blanc, Deprelle, Lassalle. —(6561) MM. Tissier, Mathon, Mlle Odet. — (6565) Mmes Piénoz, Bouchard, Thuriau, M. Métrat. — (6571). MM. Perrier, Joannin, Escoffier, Tristau, Satre. — (6572) Mlle Brevet, Mlle Marg. Brevet. —(6576) MM. Montailler, Merle. — (6593) M. Largo. — (6595) MM. Gonnet, Berne, Lepy. —(6594) M. Jambon, Mme Vve Vo-land, MM. Prat, Michard. — (6623) Mlle Serre, Mme Serre. — (6625) MM. Serre, Chanoz, Denonfoux, Claudet, Guilloux, Dumont. —(6641) MM. Chatelet, Foussemagne, Mme Foussemagne, Mme et Mlle Berthe-lier, Mme Buffin, Mme Fayard, MM. Ferras, Crozet, Montillet. — (6642) M. Plassard, Mme Gonin, Mme Marviraud, M. Faussemagne, M^{mo} Car-rié, Mme Chanrion. — (6644) MM. Buchet, Chaumont, Forest. —(6645) M. Dumoulin, Mme Vve Berthelier, M. Carrié. — (6657) M. Chavanis, (6663) MM. Trichard, Roux, Perrette, Carliet, Ducrot.— (6664) Mlle Ci-metière, Mme Vve Dagand. — (6665) MM. Merat, Joubert, Gondemine, Billet, Péchard, Vernay, Déal, Mme Braillon, Mme Vve Braillon, M. Mé-linon. — (6691) M. Coquard. — (6707) MM. Dufour, Besson, Benas, Chassy. — (6709) MM. Philibert, Ouroux, Barraud, Michaud. — (6710) M. Gonachon. — (6743) M. Suchel. — (6745) M. Vurnan. — (6765) MM. Vergnais, Néel. — (6791) MM. Bonnet, Paccalier, Teillan, Cou-zon, Fustier. — (6792) MM. Fayolle, Brun, Gonichon. — (6794) M. Gi-rin Joanny, MM. Gerin Antoine, Guerpillon, Guillet, Chuizel, Berge, Marmonier, Tardy, Régipas, Berger, Guigonnand, Chatelard, Fr. Ré-gipas, Fleury Regipas. — (6795) MM. Blame, Berger-Dubet. — (6824) M. Bauday. — (6846) MM. J. Troncy, Thibaudier. —(6885) MM. Bur-lat, Chirat, Epervier. — (6886) MM. Duchamp, Jn.-Marie Duchamp, Carriat, C. Duchamp, Foma, Napoly, Clément. — (6896) M. Tram-bouze. — (6906) MM. Germain, Chavand, Thomas, Dégus, Mongoin, Magnin, Chavand, Aujogne-Baron, Coquard, Chipier. — (6907) MM. Peignaux, Coquard, Lyonnet. — (6908) M. Marietton. — (6909) Mme Vve Guillard, Mlles Puillet, Thomas. — (6921) MM. Fayolle, Ber-thelot, Bruyas, Goutagny, Grange, Rivoire, Bazin, Philis. — (6922) M. Bonnet. —(6923) MM. Chanut, Guyot, Bordet, Fléchet, Pélisson. — (6924) MM. Combe, Bouteille, Mme Faure. —(6925) MM. Choron, Chaduiron, Chorel, J. Chillet, Véricel, Claude Chillet, Moulin, Chil-let, J.-M. — (6927) Mlles Jambon. — (6936) MM. Chandagne, Bourgeade. — (6940) MM. Burnichon, Botton, Milly. — (6947) MM. Dreux, Bady, Branciard, Durand. — (6957) Mmes Durand, Chevallard. — (6958) Commune de Juliénas. — (6960) Mlle Duthel. — (6968) M. Perrin. — (6969) Mme Martel MM. Lapalud, Villiod, Delhomme, Beaueuze, Menthe, Mme Vve Tignat. — (7028) MM. Debize, Charvet. — (7030) MM. Joseph Dufour, François Chabert, Jourdan, Jean-Marie Bidon. — (7034) MM. Laplace, Ruet. — (7035) M. Jambon. — (7036) MM. Richelet, Jambon, Crozet, Antoine Perrier, Antonin Perrier, Raquillard, Prelle, Mme Vve Prelle, Monternier, Bergeron, Jambon, Deshayes, Gaillard, Rampon, Villion, Bagnard, Perrichon, Nigay, Mme Vve Favre. — (7037) M. Large, Mme Vve Marius Perrier, MM. Joubert, Chinier, Mme Vve Martin, Mme Léon Jolé, MM. Jambon, Dubost, Célestin, Cerf, Mme Vve Balandras.

(7037) MM. P. Agier, Pardon, J. Ruet, Jambon, Crozet, Dupré, J. Lavarenne, E. Lavarenne, A. Jambon, B. Crozet, M. Chataignier, Ph. Gagnieur, J.-M. Gobet, Mme Lapute, M. J.-M. Carlet, Mme Vve Thélière, Mme Vve Clément, MM. J. Dupré, G. Dumoulin, Mme Pommier. — (7051) MM. Baudin, Guillochin, Mmes Flocard, Ritter, Mlle Chantre, Mme Annet, Mme Juques, M. A. Henry, Mme F. Noiry. — (7052) Mme Robert, Mlles A. Laffay, Chana, Mme Vergnais, Mlle Vergnais, Mme Potet, Mme Pointet, Mme Amiet, Mme Morel, Mme Cusset, Mme Dubost, Mme Chevalier. — (7069) Mme Giordani, Mmes Rival, Chamrion, Péremy, M. L. Charvet. — (7070) MM. F. Stoffel, J.-M. Boely. — (7074) M. Peillod. — (7075) M. Eirat. — (7077) M. Lapie, Mme Ferrand, Mlle Blanchard. — (7079) Mme Mille. — (7081) Mme Gros. — (7083) MM. Allemand, A. Bruplacher, E. Cochet, Mme Garavel. — (7086) M. Blanc-Perducet. — (7087) M. R. Bonnet. — (7088) Mlle G. Besse, M. E. Givois. — (7092) Mlle Privat. — (7093) M. Vallet. — (7096) M. A. Reboul. — (7097) MM. Mendier, Michel, Mlle Vuard. — (7100) MM. Gounon, Robert, Favier frères. — (7104) Mme J. Bartholin, Mlle A. Fayet. — (7105) M. Meyer. — (7106) Mlle A. Chalamel, Mlles Jacquet, Crôte, Chatelard, Mme Léandre, M. A. Rivat. — (7107) M. Maffit. — (7109) M. Mazenod. — (7112) Mme Vve Bacharach, M. J.-René Bacharach. M. Matteric, M. le Dr Grandmange, MM. J. Cahen, Farfouillon. — (7113) M. Roig. — (7114) Mme Tozizi, M. Rossignieux. — (7115) Mlle Richarme. — (7116) M. L. Janin. — (7121) MM. Chapuis, Morgnieux, Mme Hôpital, Mme A. Bonnel, MM. Chabert, Heurtier. — (7125) M. Berger. — (7127) M. Decker. — (7141) M. Gagnoud, Mme E. Oulman. — (7144) MM. Proton, A. Tabard, Mmes Forest, M. Trichard, Mme Fuzier, M. Lavigne, Mlles Boulleta, M. Dessaigne, Mlle Mayret. — (7152) Mlle Ponchon — (7154) M. Boiron. — (7155) MM. Golliot, A. Brun. — (7156) MM. Tardy, Dupré. — (7168) MM. J. Brun, Mayoud, J.-B. Arquillière, Abram. — (7174) Mme Vve Mesnier, MM. P. Besson, Ph. Crozet, Jean Perriat, Cl. Bernard. — (7177) MM. Lafond, Charamel. — (7178) M. Li-

nage, M. Deshors. — (7179) MM. Bernard, A. Bertrand. — (7180)
MM. Morisot, G. Chavent, M. Alexandre, Bouvier. — (7182) M. Bé-
chenaud. — (7183) Mme Cary, Mmes Baron, Biesse. — (7186) MM. Ney-
ret, Martanoux. — (7188) Mme Vve Bermond, Mlles Martinon. — (7193)
MM. Vincent, Fl. Bouvier, J. Niederfzcn. — (7195) MM. A. Rampin,
Vincenot, Saugon. — (7197) MM. Paul Malod, Bally. — (7193) MM. Bel-
lin (A.), J. Langeron, P. Faure, — (7199) MM. J. Drevet, Chauvin,
Reynard. — (7202) MM. F. Maurel, Lévy fils. — (7203) Mmes Martinet,
Odet. — (7205) MM. Chevalier, Laupies. — (7207) MM. Liotard, M. et
Mme Gagnaire. — (7209) M. Gailland. — (7211) MM. G. Poulet, Serlin.
— (7212) M. A. Gallet. — (7213) MM. Tétaz, Grumel, Puvilland, Or-
set, Maurier, Maurin, M. Coindre. — (7214) MM. Monnet, Perrier,
Mlle Mage. — (7217) MM. E. Nesme, E. Villermain, Bollon, Renaud-
Lias. — (7218) P. S., H. B., Germaine. — (7219) Mlle Mortier, M. Perroud, M. F. Berlioz, Mme Legas, MM. Jamen, Perra, Vial, Jules Balas.
— (7220) MM. Lignon, F. Bizel, Durand, A. Cretin. — (7223) MM. Daf-
fos, G. Châtelard, Pierrefeu. — (7224) Maison Lacouture, B. Velat, Perraud. — (7225) M. Savey. — (7230) MM. Schosseler, J. Derbesse. —
(7231) M. C. Vettard, — (7234) M. Genevay.

(5) Ecole rue Neyret, Mme Bizouard, M. Bizouard. — (11) Collège de
Villefranche : MM. Jean Gauthier, Fernand Chappellet, Joannès
Lardière, Robert Mouchet, Victor Michon. — (13) Ecole de Tarare :
Mme Demonteix, Mlles Lafay, Duperray, Jusselme, Mmes Rosivel,
Clairet, Dumas. — (15) Ecole, rue des Tables-Claudiennes : Mmes Car-
richon, Perchez. — (18) Ecole, cours Charlemagne, 33 : Les enfants de
l'école. — (19) Ecole maternelle, rue Gilibert : Mlles Picault, Reverdy,
Mmes Garnier, Delhorme, Sauvion. — (20) Ecole maternelle, rue de la
Charité. — (22) Ecole, rue des Marronniers, école maternelle, Mme
Crespin. — (24) Ecole, rue Smith. — (26) Ecole privée, 5, rue Boissac :
Mmes Morel, Poncet, Ottina, Mlle Camus. — (27) Ecole maternelle, rue
de la Charité, Les Enfants de l'école, La Directrice de l'école. —
(28) Mme Revellin. — (29) Ecole, place du Commt-Arnaud, Mme Lacraz.
— (30) Ecole maternelle, rue de Dijon. — (31) Ecole rue Jacquard,
Mlle Chaix.—(33) Ecole maternelle, rue de Dijon, Mgr Bauron, Mlle Bri-
zard, Un groupe de bébés. — (35) Ecole matlle, rue Saint-Georges,
Mlle Chaumont, Mme Métral, Mme Lacroix, MM. H. Chevier, Noël et
Marguerite. — (37) Ecole matlle, place de la Baleine, Mme Rossigneux
Mlle Faure. — (38) Ecole matlle, montée des Carmes, Mlle Guillermin,
Mlle Lac, Mme Gaussin. — (39) Ecole matlle, montée de la Chana,
Mme Gauthier. — (40) Ecole matlle, rue Saint-Pierre-de-Vaise, Mme
V. Devaux, Mlle L. Devaux, Mlle Moine, Mlle Ravaichou. — (41)
Ecole matlle, quai Jayr. M. Roche, Mme Roche, Mlles Magnan, Bas-
ton, M. Baston, Mme Chrétien, Mlle Porte, MM. Collet, Goodman, les
enfants de l'école maternellle. — (42) Ecole matlle, rue des Docks,

MM. J. Champon, Chavel, Mme Stupffel, M. Mazure. — (43) Ecole mat^{lle}, rue Tissot, Mme Baud. — (45) Ecole mat^{lle}, rue des Anges, M. le Curé de Saint-Irénée, M. Clément, Mlle J. Dord. — (47) Ecole mat^{lle}, rue Vieil-Renversé, Mlle Méjean. — (50) Ecole mat^{lle}, rue Mazenod. — (52) Ecole mat^{lle}, rue de la Part-Dieu, Mme Victor. — (53) Ecole mat^{lle}, rue Vendôme, Mme Gobet, Mme Dalband. — (54) Ecole mat^{lle}, rue Meynis. — (57) Ecole mat^{lle}, rue Ant.-Rémond, Mlle Frédoille. — (58) Ecole mat^{lle}, rue Créqui, Mmes Vernay, Girard, Mme Rambaud, Mmes Maru, Vachon, Bligny, Pelegrin. — (59) Ecole, rue Bossuet, Mme C. Rolland, Mlles Dubois, Languet, Ecole maternelle. — (60) Ecole mat^{lle}, rue Molière, Mme Erard, Mlle Haertelmeyer. — (61) Ecole mat^{lle} rue Montgolfier. — (62) Ecole mat^{lle}, rue Tête-d'Or, Mme Dufoux. — (63) Ecole, rue Bugeaud, Mmes Viglaron, Rey. — (66) Ecole mat^{lle}, aven. Berthelot, Mme Bonneaud. — (68) Ecole, chemin des Culattes, MM. Girard, Marmonier, Leroudier. — (70) Ecole mat^{lle}, chemin des Quatre-Maisons. — (71) Ecole mat^{lle}, route d'Heyrieu. — (72) Ecole mat^{lle}, rue Chevreul, Mmes Baton, Ferranet, Jolibois. — (73) Ecole mat^{lle}, Gr. Rue de la Guillotière, Mmes les Institutrices. — (74) Ecole matern^{lle}, rue Saint-Gilbert, Mlle Pons, Mmes Pons, Pellet. — (75) Ecole mat^{lle}, rue des Trois-Pierres, M. Noël Bellemin. — (77) Ecole matern^{lle}, rue Montesquieu. — (78) Ecole mat^{lle}, rue Pasteur, Mme Charvet. — (83) Ecole, boulev. Bardeau, Villefranche, Mme Brun. — (84) Ecole, à Neuville, rue Lefèvre, Mlles Jaillet, Vallier, Charasson. — (85) Ecole mat^{lle} de Neuville. — (87) Ecole mat^{lle} de Belleville, Mme Lafond. — (88) Ecole privée de Chazay, Mlle Magat, M. Gillard. — (89) Ecole mat^{lle} d'Anse. — (97) Ecole mat^{lle}, rue Nicolas-Sève, Tarare, Mlle Gorse, Mme Desambrois. — (100) Ecole, rue de Mardore, Cours, Mlle C. Danière, Mmes Castève, Ducarouge, Pontille, Burnicliore, La Banque privée, la classe de Mlle Fayard, la classe de Mlle Champalle, la classe de Mlle Malzelpeux, Mme Fouillant, M. Poizat (L.). — (101) Ecole privée de Condrieu, Mlle Bernard. — (102), Ecole privée d'Ampuis, Mlles Jay, Dumas, Lassaigne. — (105) Ecole de Saint-Romain-en-Gal, Mlles Sonnery, Forest, Rojon, Roche, Bisch, Bérat, Lutrin. — (106) Ecole, rue Saint-Joseph, Givors, M. Delzongle. — (107) Ecole, rue des Ecoles, Givors, Mme Héraut, Mmes Simond, Bonnel, Mlles Barral, Cordy, Marlin, Sève, Desbat. — Ecole privée, Malgoutier, Sœur Testenoire. — (110) Ecole de Grigny, Mlles Perrachon, Gottelaud, Lanique, Bouvard, Reingpach, Velly. — (111) Ecole privée, à Millery, Mlle Maria Rousset. — (115) Ecole de Chasselay, Mme Violet, Mmes Penet, Garin de Fenoyl, Mlle Morand de Jouffrig, Mmes Blanc, Damour, Mlle Galvin, Mmes Pierre de Bouchaud, Russier, Carnet, Lasausaie, Mlle Bonnet. — (116) Ecole privée de Civrieux-d'Azergues, Mlles Louise Patin, Benoîte Poitrasson, Nicolas. — (117) Ecole privée de Collonges, Mlles Auboyer, Vial, Bellet, F. Vergnais, M. Vergnais,

Nallet, Morel. — (124) Ecole Saint-Cyr-au-Mont-d'Or, Mlles Goiffon, Perrin, Bernard, Demillière. — (126) Ecole de Saint-Didier-au-Mont-d'Or, Mlles Pleynet, Degueurce, Bon, Royet, Mme la Directrice. — (127) Ecole de Mornant, MM. Bouvet, Valette, Cliet, Fillon, Michel, Gay. — (128) Ecole privée, Mornant, Mlles Venet, Bertinetti, Fillon, Patural, Condamin, Rostaing, Peillon, Piégay, Zacharie. — (133) Ecole de Sainte-Catherine-sous-Riverie, Mlles Tisson, Derain. — (137) Ecole Saint-Maurice-sur-Dargoire, Mlle Bonnet. — (139 et 140). Ecole de Taluyers, M. Nicolle. — Mlles Labosse, David, Baron, Remilly. — (141) Ecole de Saint-Genis-Laval, MM. Favrot, Vuagnat, MM. Comby, Bergier, Pomarois, Arnaud, Boufflirs, Bouvier, Duchamp. — (144) Ecole, à Chaponost, MM. Beuse, Coulaud, David. — (146) Ecole privée de Beaunant, Mlle Beaup. — (147) Ecole de Chaponost, Mlles Faure, Imberdis, Chevrolat, Didier, Broyer, les élèves de l'école. — (148) Ecole privée d'Irigny, Mmes Varenne, Drivet. — (149) Ecole, chemin de l'Eglise, la Mulatière. — (151) Ecole, rue du Pensionnat, la Mulatière, M. Saint-Martin, Mme Dugand, M. Sircoulon. — (152) Ecole, rue Fleury, Oullins, M. Pétrat. — (153) Ecole d'Oullins, Mlles Vray, Beuze, Calandre, Dussurgey, Valette, Ruf, Trottier, Giraud, Gobet, Lafond, Patras, Chippier, Mora, Pinet, Vernière, Calandre, Caussel, Dolt, Béraudier, Buisson, Pissard, Verquière, Sans, Augier, Robin, Bourgeois, Berthon, Vucino, Perron, Biquet, Ville, Chippier, Picot, Poulquier, Pradel, Viennot. — (154) Ecole du Buisset, Oullins, MM. Chabrier, V.-L. et A. Reboisson, Guttin. — (155) Ecole, rue Camille, Oullins. MM. Chambosse, Pichat, Grare, Garraud, Rivière, Besançon, Portal. — (156) Ecole rue de la Sarra, Oullins, Mlles Bonnet, Chavret, Martin, Velmain, Merle. — (159) Ecole, rue Pierre-Bénite, MM. C. Picollet, E. Pontay. — (160) Ecole, Sainte-Foy-lès-Lyon, M. Fourneyron. — (164) Ecole, Soucieu-en-Jarez, MM. Moretton, Ratton, Chipier, Mercier, Brun, M. Musets, Mme Brun. — (160) Ecole de Soucieu-en-Jarez, Mlles Jariest, Mercier, Labruyère, Desbrosse. — (166) Ecole, à Vernaison, MM. Pralas, Lucet, Brivot. — (168) Ecole, à Vaugneray, MM. Besson, Coquard, Bessenay, Boissel, Girard, A. Quarret, P. Quarret, Brajon. — (174) Ecole privée de Brindas, Mlles Milliat, Mme Caire. — (173) Ecole à Charbonnières, Mlles Gray, Lamouroux. — (177) Ecole privée, à Francheville, M. Lacroix. — (178) Ecole privée de Francheville, école de filles. — (179) Ecole de Marcy-l'Etoile, Mmes les maîtresses, les élèves. — (181) Ecole de Saint-Genis-les-Ollières, M. et Mme Chazallet, Mlles Brossard, Simon, Champ, Mme Crétin. — (185) Ecole de Tassin-la-Demi-Lune, MM. Savel, Bouvard, Valla, Mallet, Cubier, Fauché, Morel, Garnier, Barbaud, Genin, Tête, Besserve, Jacquet. — (187) Ecole Tassin-la-Demi-Lune. Mlles C. Quelin, M. Quelin, Raphanel, Duty, Jourdant. — (191) Ecole, place des Maisons-Neuves, Villeurbanne, MM. Allemand, Meyer, Moyne, Guillemenet. — (192)

Ecole, place de la Mairie, à Villeurbanne, Mlles Papillon, Nantas, Noro, MM. Depassiot, G. Depassiot, Malsert, Goubert, Molimar, Dominique, Spenli. — (195) Ecole privée, Villeurbanne, Mme Miramand, — (199) Ecole, à Villeurbanne, MM. Vey, David, Lambert, Mme Vey. — (200) Ecole, rue des Charpennes, Villeurbanne, MM. Cavelier, Gautier. — (202) Ecole privée, route de Vaulx, Villeurbanne, Mme la Supérieure, La Directrice, Mlles Catherin, Chorliet. — (203) Ecole, route de Genas, à Bron, MM. Litaudon, Simon, Doudon, Bredy, Guerre, Dufour, Valentin, Hefti, Morel, Tenet, Jaillet, Vallet, Bardon, Pommier, Guillaud, Berthet, Allarousse, Mazalon, Salvadori, Gaillard, Bernel, Giry, Avrin, Coupier, Maréchal, Vuillot, Bordet. — (204) Ecole privée, Saint-Fons, Mlles Vindry, Chapins, Favier, Gallois, Pras. — (205) Ecole de Saint-Fons, M. Charroin. — (207) Ecole privée de Neuville, Mlles André, Coindre, Bené, Saint-Cyr, Lamothe, Ducreux, Silvent, Salagnac. (209) Ecole privée de Cailloux, Mlle Morel. — (211) Ecole, Grande-Rue Saint-Clair, Caluire, MM. Beaugoin, Skübi. — (214) Ecole rue Coste, 72, Caluire, MM. Lejeune, Mochon. — (215) Ecole avenue de la Gare, Caluire, Mlles Girard, Combe, Dufour. — (216) Ecole grande rue, de Cuire, à Cuire, Mlles Bonnet, Vallette, Valentin, Boudet, Lanfrin, Maillet. — (218) Ecole, grande rue de Caluire, à Caluire, Mlles O. Durand, D. Durand, Bordes, Fromès, MM. C. Fromès, Thiers, Mlles Rambaud, Pautard, Mairot. — (221) Ecole matern^{lle}, du Petit-Versailles, à Caluire, Mlles Monfray, Guillermoz. — (225) Ecole privée de Couzon, M. le Curé, Mme Bertrachon, M. Fulcran, Mlle Serpollet, les élèves de l'école libre. — (226) Ecole privée de Curis, M. Vessot. — (227) Ecole privée de Curis, Mlles M. Catheland, E. Catheland. — (228) Ecole privée de Fontaines-sur-Saône, Mlle Doussen. — (231) Ecole Saint-Germain-au-Mont-d'Or, Mlles Ragot, Minguet. — (232) Ecole d'Amplepuis, M. Chomienne, Les professeurs et élèves. — (233) Ecole privée d'Amplepuis, La Directrice et le Personnel enseignant de l'école. — (234) Ecole Usine Déchelette, Amplepuis, La Directrice et l'adjointe de l'école. — Ecole privée, Saint-Germain-l'Arbresle, Mlle Berger. — (243) Ecole privée d'Eveux, Mlles Dumoulin, Roche. — (245) Ecole de Sain-Bel, Mlles Riboulet, Poncet, Milan, Bonnepart, Cauty. — (247) Ecole de Savigny, Mme Charlat-Farfounoux, Mlles Motin, Dutour, Subrin. — (249) Ecole du Bois-d'Oingt, Mlles Morel, Paoli. — Petites offrandes collectives des enfants. — (252) Ecole à Saint-Just-d'Avray. — (253) Ecole privée à Saint-Vérand, Mlles Vissoux, Barge, Chavanis, Subrin, Chermette. — (254) Ecole à Saint-Laurent-de-Chamousset, MM. Genest, Chaverot, Bonamour, Bouteille, Blanc. — (257) Ecole, Les Halles (Rhône), Mlles Murigueux, Voûte. — (258) Ecole Haute-Rivoire (Rhône), Mlle Berthet. — (259) Ecole de Longessaigne, un groupe d'élèves. — (260) Ecole de Montrottier, M. Gauthier. — (261) Ecole privée de Montrottier, Les Maîtresses, Mlles Chambon,

Peyron, Mathelin, Duthel, Dumas. — (265) Ecole de Saint-Symphorien, MM. Bruyère, Ruillat, Norizot, Carteron, Cotabe, Billard, Chillet, Grange, Finot, M. le Directeur. — (267) Ecole d'Aveize, hameau Largentière, M. Mayaud, Mlle Dejoint. — (268) Ecole de Coise,
M. Bardin. — (269) Ecole de Coise, Mme Villard (269) MM. Maire,
Bruyère, Palandre, Blanchard. — (271) Ecole de Grézieu-le-Marché.
M. Pourroy. — (273) Ecole de Larajasse, Mme Berthelot, M. Bouteille.
— (274) Ecole privée de Meys, Mlles Chanavat, Cottancin. — (276)
Ecole de Saint-Martin-en-Haut, MM. Drivon, Marbontemps, Mme Bon-
nier. — (277) Ecole de Saint-Martin-en-Haut, Mme Bonjour, Mlle Cha-
rachon, Mme Vve Poyard, Mme Fléchet, M. le docteur Noly. — (278)
Ecole privée, à Tarare. MM. Renevier, Chermette, Maillet. — (280)
Ecole boulevard Voltaire, Tarare, M. Giraud. — (281) Ecole rue Et.-
Dolet, Tarare, Mlles Bibost, Demoulins, Serre, Serve, Forest, Bodin,
Renaud, Bonnassieux, Jacquet, Jourlin, Thivel, Guillard, Martin. —
(282) Ecole, rue de la Providence, Tarare, Mlles Naudet, M. Morellet.
— (286) Ecole privée Les Olmes, Mlle Gillet. — (287) Ecole privée de
Pontcharra, MM. Vernay, Ratel. — (288) Ecole privée de Pontcharra
(Rhône), Mlle Guerpillon. — (289) Ecole Saint-Apollinaire (Rhône).
— (291) Ecole privée, Les Sauvages (Rhône). M. Fougère. — (292)
Ecole privée, Les Sauvages (Rhône), Mmes les Institutrices. — (293)
Ecole privée de Valsonne, M. et Mme Royet, M. Putinier. — (294)
Ecole de Thizy, MM. Baron, Pochat, Depierre, Mlles Matricon, Salesse.
— (295) Ecole, rue du Château, Thizy, Mme Faure, Mlle Remontet,
P. F. et B. F. — (296) Ecole, Bourg-de-Thizy, M. Cannet. — (299)
Ecole privée, à Cours (Rhône), Mlles Desmure, Bonnefond, Valentin,
Aubonnet, Desseignet, Wieland. — (300) Ecole privée, rue Crimée,
à Lyon, MM. Vacher, Dumas, Fillod. — (305) Ecole, rue des Chartreux,
MM. Fargère, Ferrand, Chouvel. — (307) Ecole, 29, rue Paul-Chena-
vard, MM. Grudet, Dalban. — (308) Ecole, 11, place Croix-Paquet.
MM. Felisaz, Guiot, Escalier. — (312) Ecole, rue Vieille-Monnaie ;
Mlles Gagneux, Gudet, Lajonchère, Damian, Ruty, Birken, Laliche,
— (317) Ecole, montée Neyret, Mlles Astier, Urtin, Garnier, Chabaud,
E. Gros, Y. Gros, J. Renaud, Raimond. — (318) Ecole, 7, rue Mulet,
Mlle Servain. — (320) Ecole, rue Pierre-Dupont, M. G. Arivioz. —
(322) Ecole, 2, rue d'Algérie, Mlles Pellissier, Roche. — (324) Ecole,
rue Vieille, 13, MM. Rougelet, Roland, petites souscriptions. — (328)
Ecole, 16, rue de l'Abbaye-d'Ainay, MM. Doutre, Devo, Mathieu,
Malsert, Perraud, Duret, Tholomet. — (330) Ecole, 21, rue Centrale,
MM. Ossedat, Chevillard, Sastre, Jalabert, Laverdure. — (332) Ecole,
13, place Carnot. — Mlles Y. Pruneyrac, G. Pruneyrac, Riondet, Nové,
Brochet, Boriche, Marthoud, Renault, Pouillier, Privat, Queyrel, Renault, Quintaut. — (333) Ecole, 5, rue Duhamel, Mlles Reynaud, Mins-
sieux, Bovier, Perreyon, Mazuel, Renault, Maud. — (335) Ecole, 31,

rue Aug.-Comte, Mlle Michel, M. Piquet, Mme Piquet, Mlle Piquet, M. Joaunard, Mme Joaunard, M. C. Joaunard, M. V. Joaunard, R. Joaunard. — (336) Ecole, 10, rue Fr.-Dauphin, Mlle Passérieux, Mlle Pegaz. — (337) Ecole, 11, rue d'Enghien, Mlle Callard. — (343) Ecole, 29, rue Sainte-Hélène, Mlles Guy, Perrier, M.-L. Perrier, A. Brun H. Brun, Beroud, Nodet. — (347) Ecole, 30, quai Saint-Antoine, MM. Gigenkrautz, Benoist, Blumenfeld, Cazaux. — (349) Ecole, 34, quai Saint-Antoine, Mlles Abry, Rouby. — (350) Mlle Lenoir. — (352) Ecole, 32, rue de la République, Mlles Petrier, Lelièvre, Bouillat, Thivel, Dufour, Ducrot, Coulaud, Vuagnat, Jacquemot, Plantin, Marin, Pernod, Yung. — (354) Ecole, 5, rue Grataloup, M. Fallot. — (355) Ecole, grande rue de la Croix-Rousse, MM. Louis Kobbe, Revel, Kobbe Jean. — (359) Ecole, 22, impasse de Serin, Mmes les employées. — (360) Ecole, 26, rue de Dijon. Un groupe d'écolières, un trio d'enfants. — (361) Ecole, 7, rue Hénon, MM. Richard, Maire, Tournaud, Rappet, Buisson, Lyet, Maire, Essertier, Girod, Cornet, Bonnamour. Guichard, Poty, Gacon, Borel, Bonhomme, Sallet. — (363) Ecole, rue du Manteau-Jaune, M. et Mme Réthoré, M. et Mme Crôze, M. et Mme Thomas, M. et Mme Verreaux, Mme Collard, Mme Parizet, M. et Mme Hontzer, M. P. Cuzin, Mlle Faidy. M. Thollon. — (365) Ecole place Bénédict-Teissier, M. Thillet. — (366) Ecole, 34, rue du Bœuf, MM. Bernard, Guyonnet, Lacroix, E. Paquier, P. Paquier, Faure, Verchère. — (367) Ecole, 11, rue Saint-Paul, Mme Carrier, Mlle Delpuech. — (371) Ecole, 9, montée des Anges, MM. Besson, Villard, Gathier, Roude, Lieut. Malsert, MM. Clairet, Vaugelas. — (374) Ecole, rue Saint-Alexandre, Mlle Dulaquais. — (377) Ecole, rue des Tuileries, une classe. — (382) Ecole, 10, chemin des Mûres, Mlles Boudot, Bonnet, Faure, Grolet. — (383) Ecole, 3, rue des Anges, MM. Clément, Chiroure, Mme Vve Thollin, M. le curé de Saint-Irénée, Mlle Pocachard. — (388) Ecole, 12, montée Saint-Barthélemy, Mlle Imbert, Mlle Launette, un groupe d'élèves. — (390) Ecole, 1, rue Constant, MM. Brossy, Méchin, Culine, Chaumeau, Fournier, Parrot, Badin, Combet, Larzillère, Gargat, Mathon, Gras, Bonnefond, Favre. — (391) Ecole, rue Garibaldi, 1re classe, 2e classe, 4e classe. — (399) Ecole, 259, rue Boileau, Mlles Allard, Bouchut, Alsobelli. — (400) Ecole, 273, rue Boileau, Mlle Archinet. — (401) Ecole rue de Bonnel, Mlles Dugit, Bayzelon, MM. Blanc, Senn. — (404) Ecole, rue Paul-Bert, Mlle Chaumette. — (408) Ecole, 33, rue Bugeaud, MM. Pichon, Guibert, Morel. — (411) Ecole, 17, rue Germain. — MM. Daniel, Chemin, Bertrand, Tréguer, Licutaud, Hautier, Folliet, Lamarche, Lorrain, Dellamonica, Serve. — (413) Orphelinat, rue Montbernard, Mlles Merle, Guillot, Longin, Durand, Lourtioz, Mercier, Echinard. — (414) Ecole, 9, rue Montgolfier, M. Jaquot. — (416) Ecole, rue Vauban, M. Gereste (curé), M. Bernard. — (42.) Ecole, 43, cours Morand, Mlles Bonnet, Berthaud, M. Pacotte, Mlle Vigneron,

M. Nevers, S. Nevers, Drevet, Rollin, Frey, Caval, Avot, Roux, Gruhier, Villedieu, Mlle Perrin, M. Villedieu. — (421) Ecole, 11, place Morand, MM. Diot, Dupont, Labastre, Pascal, Egraz, Montigu, Giraud, Isaac. — (423) Ecole, 56, rue d'Inkermann, Mlle la Directrice, Mlles Rébé, Roudil, Droguet, Dardaine, Briatta, Gojon, Charlin, Miguet, Bacconnier, Gillaud Foucelle. — (426) Ecole, 25, rue Malesherbes. Mlles Picot, Chapon. J. de Faletans, R. de Faletans, MM. Martin, Boucher, M. Jarrosson.

(427) Ecole, rue Masséna, Lyon, Mlle Cerbelon, MM. R. Biolay, A. Biolay, Mlles Ollier, Duperray, Fée. — (428) Ecole privée, rue Masséna, Mlles Deborde, Piot, Morel, d'Hennezel, Martin, Duvernay, Chaffal, Janin, Fougère, Bourron, Léthévé, Sterling, M. Morel, Mme Sotton, Mlles Gauthier, Tétaz. — (429) Ecole, 25, rue Montbernard, les élèves de 1re classe, de 2e classe, de 4e classe. — (430) Ecole, rue Pierre-Corneille, Mme Faudray, Mlles P. Faudray, H. Faudray, A. Faudray, M. Faudray, Mmes Roche, Bonparis. — (431) Ecole, rue Suchet, Mlles Elisabeth Félix, Giroud, Deschamps, Mazas, Raubois. — (434) Ecole, 132, rue Vendôme, Mlle Cot-Muller. — (437) Ecole, rte de Vienne, MM. Chollat, Jouret. — (440) Ecole, rue Pasteur. M. Veuillerot. — (441) Ecole, 46, rue Parmentier. MM. Frankkauser, Monigard, E. Thomas, Rave, G. Thomas, Monnier, Viviant, Montcharmant. — (442) Ecole, 26, rue St-Maurice, MM. Perrin, Roche. — (444) Ecole, avenue Berthelot, Mlles R. Meyer, M. Meyer, MM. Charpentier, Barriost, Jacquemet. — (445) Ecole, avenue de Saxe, Mlles Monier, Bayse, Rome, Berger, Billion du Plan, Boulant, M. Boulant. — (446) Ecole, route de Vienne, Mlles Jocteur, Rochet, Collet, Annelot, Simonel. — (447) Ecole, cours Gambetta, Mme Christin. — (448) Ecole, rue Clément-Marot, Mmes Picgad, Jonnet, Jost. — (451) Ecole, rue Saint-Gilbert, Mlles Alix, Athenoux, Baud, Boulade, Cesquino, Chaine, Chandioux, Chevreuil, Garon, Gillet, Goutagny, Jacquemet, Montiller, Patin. — (452) Ecole, rue Saint-Gilbert, Mmes Guichard, Viange, Coupard, Ramié, Mlles Chardon, Carel, Demangeat, Gabier, Hirstel, Jouve, Chervier, Napoly, Raffin. — (453) Ecole, rue Saint-Michel, Mlles Forat, Arnous, Hervier, Orlandi, Berger, Morel, Barthélemy. — (455) Ecole Montesquieu, Mlle Escalier — (456) Ecole, rue Pasteur, Mlles Martinetti, Sœur Supérieure, les Professeurs, Mlles Bellozeour, Jeannin, Griarche, Mme Griarche. — (457) Mlle Gabe. — (459) Ecole, rue de Marseille, Mlle Breuil. — (461) Ecole d'Anse, Mlles Rochette, Gobier, Beau, Greppo, Régipa, Bellot, Serre, Esparvier, Poncet, Bertrand. — (462) Ecole de Chazay (Rhône), MM. Descombes, Pouly. — (464) Ecole de La Chassagne, Mlles Laissu, Guillot, Paranier, Mulaton. — (466) Ecole, à Pommiers, Mlles J. Adenot, M. Adenot, Lacave, Branciord, famille Bouveron. — (474) Ecole de Fleurie, Mme Vadon. — (475) Ecole de Lantignié (Rhône), Mlles Descroix, Fargeot, Audin. — (477) Ecole, rue de Belleville, Mlles Achard, Woelffel,

Chalvidan, Lapierre, Duserre, Meyer, Humbert, Augris, Largent, Bourgeois, Subtil, Murgier, Martin, Charvet, Breese, Givors, Hænsenberger, Sornay, Félisaz. — (480) Ecole, à Charentay (Rhône), Mlle Duverger — (482) Ecole, de Saint-Georges-de-Reneins, Mmes les Institutrices. — (483) Ecole, Saint-Jean-d'Ardières, Mlle Collet. — (484 et 485), Ecole de Lamure, MM. Dérail, Descroix, Besson, Mlles Gonin, Besson, Butty, Legrandjacques, Cruzille, Lespinasse. — (487) Ecole privée de Grandris, Mlles L. Buffin, Mellet, Desbat, Barrié, — (488) Ecole de Poule, Mlle Rotheval. — (493) Ecole de Villefranche, MM. Sanlaville, Morin, Gros, Fayard, Sauzay. — (494) Ecole privée de Villefranche, MM. Buchetti, Delaye. — (495) Ecole, à Saint-Nizier, d'Azergues, Mme Lardon, Mlle Prothery. — (497) Ecole de Villefranche, MM. Duvermy, Favre.— (498) Ecole, rue Nationale, Villefranche, M. Carrel. — (499) Ecole, rue de Thizy, Villefranche, Mlles Marduel, Cotarel. — (de 825 à 834) Ecole, rue Masséna, Mlles Mollard, Comparat, Bourg, Rassen, Maudaron, Charmat, d'Hennezel, Duirat, François, G. Fougère, O. Fougère, Dupont, Huirot, Guigal. Mlles Serve, Bouillin, d'Hennezel, Féroldi, Goutte, G. Bousson, M.-L. Bousson, Châtre, Monin, Clémençon, Lecomte, Burtin, Favre, Mollard, Chaffal, Perreaud, Rousseau, Guillot, Pras, Arnoult, Clémençon, Germain-Serve, Tapissier. — Mlles Monin, Guérin, Fuchez, Fougère, Guillermain, Fayard, de Tarlé, Barberot, Roger-Dallert, Grange, Lacellaz, Mlles Meley, Barthélemy, J. Chol, S. Chol, Dubrat, Pizzcrat, Protat, Villaret, de Tarlé, Juron, Tiret, Rostagnat, M. Osio, Mlles Fuchez, Courtial, Gontre, Marlot, Bouchet de Fareins, Charpy, Boblet, Albertin, Grandjean, Didier, Mollard, Chirac, Picollet, Guillon, Briens, Mme Krass, Mlles Tiret, Grenier, Gauthier, H. Roger-Dalbert, Robert, Chautant, G. Tissot, Mlle Joannin. — (82) Ecole, rue des Jardiniers. à Villefranche, Ecole maternelle, Mme Cusset. — (176) Ecole, à Craponne, Mlles Rafloz, Giraud. — (471) Ecole, à Beaujeu, Mlles Goutte, Michalon, Migonney, Roudet.

(1501) MM. Marie-Joseph Chasselat, Magnin. — (1507) Mme Nicolas. — (1508) Mme Monnet. — (1509) Elèves de Montmelas. — (1511) MM. Debourg, Bois, Grasset, Seux, Lapalud, Royon, Mmes Vivier, Cotton, Monod, Mlle Bornarel. — (1512) MM. Ernest Vallet, Jean Delaye. — (1516) Mlle Teissier, Mmes Guibert, Roche, L. Bonnefond, Les Dames Névissas, M. Frizon-Maréchal, Mme Vve Marchon, MM. Pacalon, Pellecuer. — (1519) Mme Jouve. — (1521) MM. J. Bret, M. Darnon. — (1523) MM. Antoine Cézard, Joseph Marrone, Mlle Rose Cézard. — (1525) Mlle Louise Bonyol. — (1528) M. Granjean. — (1530) Mlle Colombat, Mme Berthier, Mlle Charmel, Mme Boiteux, Mlle Forisrier. — (1531) M. Idoux, MM. Emile Verzier, Alexandre Terret. — (1537) MM. Daniel, Sapin, Jannay. — (1538) MM. Morel, J. Barbarin, Guy, Ch. Juif. — (1540) M. Charles Bastien. — (1543) M. David-Nillet. —

(1545) Elèves de Saint-Andéol-le-Château, Mlle Vuillermoz, Mme Trichard. — (1551) Ecole de filles de Limonest. — (1552) M. Jean-Baptiste Vincent. — (1533) Mlles Simone Gailleton, Germaine Dumas. — (1554) M. Etienne Carra. — (1555) Mlle Jeanne Bouffard. — (1556) Mlle Rolland, Mme Vve Martin, M. Jean-Antoine Gourd. — (1557) MM. Chalmandrier, Bissuel. — (1558) MM. Fossemagne, Mlles Jeanne Perret, Claudia Perret, Marcelle Grandjean. — (1559) M. Henri Giriat, les élèves de Collonges-au-Mont-d'Or. — (1560) Mmes Paulet, Mayan, Rigaud, Marguerite Ayné, Nelly Maurin. — (1561) Mme Laborde — (1563) MM. Charles Janot, Ratheaux. — (1568) MM. Aujal, Chopin, Lardet, Terry, Martel, Roche, Robier. — (1569) Mlles Jeanne Guillot, Jeanne Lazary, Alice Hartmann, Joséphine Droin. — (1570) MM. Clavaron (Claude), Ant. Thévenin, Fritz Gfeller, Sœur Saint-Antoine, Pierre Mottet, Antoine Meunier, Claude Marcel, Mlle Buinet, M. Antoine Audenis, Mme Vve Arguillère, M. Joseph Buy, les élèves de Saint-Didier-au-Mont-d'Or. — (1571) MM. Meyer, Moulin, Gonet, Mlle Vaudray, les élèves de Saint-Didier-au-Mont-d'Or. — (1572) Mlle Gabet, M. et Mme Bourdelin. — (1573) MM. Georges Geoffray, Jean Delaye. — (1575) MM. Dufoux, Dalphin, Albert Veyrat. — (1580) MM. Jean Vindry, Pipon frères, Denis Vincent. — (1581) Mlles Guerrier, Pfister. — (1585) Elèves de Saint-André-la-Côte. — (1586) MM. Laurent Grataloup, Pierre Rambaud, Jean et Antoine Piégay. — (1587) Mlle Roustan. — (1592) Mlle Eugénie Bonnet, Mme Vve Sabatier, Mlle Francine Richard, M. Eugène Rivoire. — (1593) Les élèves de l'école de St-Maurice-sur-Dargoire. — (1594) Mlle Armande Proust. — (1595) M. Fournier. — (1596) MM. André Bois, Fournier, Raymond. — (1597) MM. Sigaud, Parizot, Hébert. — (1598) M. Giraud-Jordan. — (1604) MM. Forestaz, Perrier, Philippe, Mollaret. — (1605) M. Crétin. — (1606) Les Elèves de l'école de filles de Charly. — (1608) Mme Van Holebeck, Mmes Martin, Delhôpital, Pellerin. — (1611) MM. A. Vautrin, Alexandre Humbert-Droz. — (1613) M. Moreau. — (1614) MM. Antoine Bergeron, Charles Faure, Emile Jourry, Georges Bonnardot. — (1615) Les élèves d'Oullins, 5e classe, 3e classe, Mlle Marie Chessa, 4e classe, 6e classe, 1re classe, cours complémentaire. — (1616) M. Couston, à la Bachasse, Mme Mauléon. — (1617) MM. Vincent Bully, Weber. — (1621) Ecole de garçons de Sainte-Foy-lès-Lyon. — (1623) Elèves de l'école de garçons de Soucieu-en-Jarrest. — (1624) Elèves de l'école de filles de Soucieu-en-Jarrest. — (1626) MM. Henri Darracq, Maurice Charles. — (1632) MM. Escoffier, Brevet, Perrier. — (1633) Mme Chatelard, MM. Claude Chatelard, Claude Faure, François Rozier, Gondard, Jean Carré, Mmes Arnaud, Ratton, Joannon. — (1635) Mmes les Institutrices de Courzieu, MM. Ragot, Garin, Delorme, Jean-Pierre Ragot. — (1636) Mlle Guillet. — (1638) Mlle Jane Perrin. — (1639) MM. Lafabrègue, Lhôpital Girerd. — (1640) Mme Raphanel. — (1642),

MM. Le Bélichon, Jean Lapin, Jacquet, Mme Vve Lapine, M. Odon, Boudin, Ronjat. — (1643) MM. Antoine Vial, Manissoles, Gabriel Vialatoux, Baptiste Pauna, Mme Vve Poizat, MM. Jean-Pierre Molin, Benoît Mouvernay, Jean-Etienne Mouvernay, Jean Combet, Antoine Bouchard, Jean Philibert, Antoine Chavassieux, Guillaume Vessière, M. et Mme Aumiot. — (1644) Collecte faite à l'étude de Mre Bayzelon, notaire. — (1645) Enfants Muel. — (1648) MM. Rossignol, de la Rivoire, M. le Curé de Pollionnay. — (1648) MM. Thomas, Rossignol, Bessenay, Berthaud, Vidal. — (1649) M. Jean Véricel. — (1650) M. Rozier-Perrina. — (1652) Mlle Hausser, Ecole de Saint-Genis-les-Ollières. — (1653) Mme Kopp. — (1654) M. Montelier, Mmes Manhès, Morillon, Mlle Verjus. — (1655) M. E. Hesse, Mme Duperret, Mlle Paule Esplette. — (1657) Ecole de garçons de Thurins. — (1659) M. Méty, instituteur. — (1660) Mme Méty. — (1663) Ecole Berthelot. — (1667) MM. Saigne, Bérif, Quilici, Corniot, Riscaud, Nardin, Mansching, Grand-Clément, Pereyron, Pereyron, Dulac. — (1671) la 3e classe de l'école laïque de Croix-Luizet. — (1673) Mlles Marcelle Fleury, Germaine Giroud, Juliette Darnat. — (1674) M. Joseph Mordon. — (1676) Mme Toiron, Mlle Renard, M. Loizeau, MM. Commarat et Vernay, Mme Loizeau, Elèves de l'Institution des aveugles et sourds-muets, Mlles Frarier, Bouilloud. — (1676) MM. Bajard, Reynier, Bardet, Dupont, Elie Naccache, Mlle Louise Lafontaine, M. Marcel Lafontaine, Mme Faure, Mlle Chevallier. — (1677) M. Derbesse Louis. — (1680) Mme Voisin. — (1682) Classe enfantine Vaux-en-Velin. — (1683) MM. Durand, Poirier. — (1684) MM. Vallet, Chausson, Mlles Marie Christin, Marie Sotier. — (1685) Mmes Genina, Neyret, Chausson, M. F. Mercy, M. Ch. Guignon, les Garçons du Moulin-à-Vent. — 1686) MM. Brochier, Blanchon, Gumand. — (1688) Elèves de 2e classe, route de Vienne, élèves de 3e classe, élèves de 4e classe, élèves de 5e classe, élèves de 6e classe, MM. Grass, Vassel. — (1689) Mlle Bertrand. — (1690) Mlle Pfister. — (1693) Elèves de l'école av. F.-Faure, 1re classe, 2e classe, 3e classe, 4e classe, Mmes les Institutrices. — (1694) MM. Ségot (A.), A. Combe. — (1695) Mme Basset. — (1696) Mmes Vicherat, Jacquet, Felder, Morel, Lauvernier. — (1698) Mlle Jeanne Valet. — (1702) Les élèves de l'école de Givors. — (1704) Les enfants de l'école maternelle de Grigny. — (1706) Mmes Bertholy, Tallon, Weiss, Schmelin. — (1708) Mlle Renaud. — (1711) Les enfants de l'école mat^lle de La Mulatière. — (1712) Mlle Deydier, Mme Mazet, Mlles Mazet, Linossier, Mme Vermare. — (1713) Mme Proquez, M. Paul Gandillière, Petite Tite-Lène, Mme Barreaud. — (1716) Mme Ourson, Mlle Issoire. — (1718) Mlle Rose Boissel, une Directrice. — (1720) Quête faite à l'école primaire de filles, quête faite à l'école maternelle de Francheville. — (1722) MM. Gauthier, Radix. — (1726) Mlles Francine Lafaure, Germaine Renard, Renée Sénéclauze, Marie Blein, Marie Courbis, Louise Andriès, Paulette Collet, Claudia Sémanaz, Marguerite Seux-Favier. — (1728) Mlle Marie Roche.

(1729) Ecole maternelle de Villeurbanne, Mmes Deschamps, Chanay, Mlle Vassevierre. — (1734) M. Floutet, Mme Naquin, Mlle Gromollard, Mlle Lescur. — (1735) M. René Chauvel. — (1737) M. et Mme Momon, M. Jean Bouchardy. — (1739) MM. Bernon (frères), Pierre Andrault, Jean Bouricand, Antoine Baron, Camille Méon, Jean Vigué. — (1747) Mlle Emilienne Pigneret, Mlle Marguerite Vacheron, Jeanne Eggmann. — (1748) MM. Rignol, M. Folliet, P. Valette, M. Gramusset, L. Lambert. — (1749) MM. E. Rosenstein, J. Linage, A. Peillard. — (1750) M. Patard. — (1752) MM. Hachet, M. Charrin, Mme Boudillon, Mme Changeur Ecole rue Ant.-Rémond, 7e classe, et 3e classe. — (1753) MM. A. Peron, B. Peron, R. Peron, E. Gallet, P. Justin. — (1754) Ecole, rue Bossuet. — (1756) MM. J. Mingotti, R. Bresse. — (1757) M. Raybot. — (1758) Mme Pizzera, Mlle Doucet. — (1759) MM. P. Thomas, M. Durix, Mme Traquelet, MM. Robert, Allard, L. Tarmon°, Micoud, Lacombe, Moiroud, Ensteick. — (1760) M. et Mme Dumas. — (1762) Mlle Garrioud, Mme Chambard, Mlle Dannay. — (1766) Mmes Saflix, Jeanne Delune, Alexandrine Touquet, Ecole, rue de l'Ordre, MM. R. Cordéras, Et. Grollier, Elèves du cours supérieur. — (1767) MM. A. Machon, M. Poncet, Deroche, Weber, Greppo, Perroux, Mmes Rambot, Bon, Delaye, H. Billon. — (1768) M. Baudouin. — (1769) Mlle J. Perron, Mlle Alice Condevaux. — (1773) Mme Guérin. — (1774) M. Maréchal. — (1775) MM. O. Thomas, A. Dalbion, M. Beschi, J.-M. Romieu. — (1778) MM. Simon, Gualano. — (1779) MM. F. Armengot, R. Fayard. — (1781) MM. Dussuel, Prost, Babolat, Mme Dupasquier. — (1782) MM. Guyard, Guy. — (1784) Mme Paté, L'Aiguille scolaire. — (1785) MM. Lepin, Bouzon, J. Bouzon, A. Tribolet, J. Philippe, M.-L. Baudoz, A. Begot, H. Lescot, J. Vendrell, A. Muguin, C. Guichon, M. Revenant. — (1790) Ecole, rue Smith, 30. — (1792) M. Foulet. — (1793) M. A. Court. — (1794) MM. H. Messéant, E. Guillaud. — (1795) MM. P. Berthilliot, M. Pourchier, P. Viala, J. Pollet, A. Grandaud, V. Janton, L. Blum. — (1798) Mlle Plantier, Mme Calzan, Mmes Perrachon, Pascal, Mlle Moiret, Mlle Porte-Forie, Mme Perlet. — (1799) Mlle Vicard, Mlle Marg. Péchard, les Elèves de l'école, place des Jacobins, 8, Mlle Jeanne Falque, les Elèves de 2e classe, école de la place des Jacobins, 8, Mlle Val. Bachelet, Mlles L. Farragi, Rose Falque, L. Fayard, Simone Grumbach, Renée Loslier, Denise Gojon, Simone Jacquel, Suz. Chassagny, Gilberte Dufaud. — (1800) Ecole, rue de la Bourse, 33, Lyon, Mme Baugé, Mlle Brossard. — (1801) G. Vichy, Jacquignon, Mme Jeunhomme Mlle Tiphaine. — (1804) M. Dupeuble, Ecole place Com^t-Arnaud, Mlle Cuzin. — (1808) Ecole, rue de Dijon, Mme Perrot. — (1809) MM. Brachet, Escoffier, Riou, Royer, Châtanet, Guichard. — (1812) MM. Chaillet, Garapon, Guerre, Ecole au Point-du-Jour. — (1813) MM. Buisson, Ch. Tagand. — (1816) Mme Vve Renon. — (1817)Mme Tabard, Mme Vve Falgon, M. Emile Pauget. — (1818) M. Marmonier, Mme Marmonier, M. Victor Burnichon, Mme Besson. — (1819) Ecole, quai Fulchiron, M. Cuzin. — (1820) Mlles Magnin, Alexandra Zerbi, une maîtresse d'école. — (1821) M. Merland. — (1822) Ecole, rue du Bœuf, Mlles Suz. Bonnard, Jul. Innocenti, Marcelle Michaud, Antoinette Dutrieux, F^se Bolufer, Mme Chaillet. — (1830) Ecole d'Amplepuis. — (1831) MM. R. Demollière, Cl. Jall. — (1833) Mlle Agnès Kleppe, Ecole de Cublize. —(1835) Mme Plasse. — (1837) Ecole mixte de Ronno. —(1842) MM. Marchand, Paul Giroud, M. Chion, Paul Guichard, Ecole de Bessenay. — (1843) Ecole laïque de Bessenay. — (1846) M. Braillon. — (1847) Mlle Lucette Alix. — (1853) MM. F. Bayette, M. Métrat, Ecole laïque de Lentilly. — (1854) MM. L. Fayet, J. Pallatin. — (1863) Mme Barudio. — (1866) Mlle J. Bernard, A. Fenouillet, J.-P. Tatouh. — (1867) MM. Grillet, M. Corgier. — (1868) Mlle Patelouh. — (1869). Mme Raymond, M. F. Prost, Mme Jousselme, Mme Clavier, Mme Fayolle, Mme Pothier. —(1871) Mlle M. Charnay. —(1872) M. Gérard. —(1875) Mme Billet, Mlle Antonia Ray. — (1880) Ecole de garçons de Chamelet, Ecole de filles de Chamelet. — (1876) M. B. Giraud. — (1885) M. Cl. Reilleuh. — (1888) Mme Esparcieux. — (1892) MM. Joseph Biolay. Mme Vve Dupoizat, MM. Carron-Romier, Carron-Desmours. — (1897) Ecole de garçons de Saint-Laur^t-d'Oingt. — (1900) MM. Jean Alix, Louis Guillard, Fr. Cherpin, Jean Cherpin, Benoît Morel, Henri Villard, Benoît Chapon, Gabriel Dreux, Barth. Triboulet. — (1901) M. Cl. Chabert. — (1906) M. Ant. Thillardon, Mlle Leblanc. — (1907) Mme Vve Guillermain, MM.Billet, J.-M. Dugelay, Mlle Michaud,M.Jean Thévenet, MM. Pierre Soret, Pierre Jaffeu. — (1909) Mme Bordes. — (1910) Mlle Marie Vial. — (1915) M.Marcel Lotte, Mlle Ant^te Dupré, Mme Duthel. — (1925) M. F^is Bader. — (1926) Mlle Louise Berthaud. — (1927) Ecole mixte de Montrottier-Albigny. — (1929) Ecole de garçons de Saint-Clément-les-Places. — (1930) Ecole de filles de Saint-Clément-les-Places. — (1935) M. Joseph Bonnet, Mlles Buscaliany, Juliette Chazal. — (1936) Mlle Marie Bonnet, Classe enfantine de Souzy. — (1937) MM. Georges Gouget, Paul Bruyère, Marius Guerpillon. — (1939) Elèves de Saint-Symphorien. — (1940) Mlle-L^se Plagne, Mlle Jeanne Eymin. — (1942) Mlle-L^se Lornage, Mlle Mazeron. —(1947) MM. Pierre Thollet, M. Bouteille. — (1952) Mme Bromel. — (1954) M. L. Palix. — (1957) M. J. Bertrand, Mlle Grangier. — (1959) Ecole de Pomeys. — (1960) Ecole laïque de Pomeys. — (1962) Mme Réveil. — (1963) M. Savoye. — (1964) Mme Romagny, M. Buttin. — (1966) Mme Vermorel. — (1968) MM. Henri Allardet, Jacques Blanc, Pétrus Gaynon, Pierre Chervet, Joseph Dargère. — (1969) MM. Y.Le Meur, Corgier. — (1971) Mlle Laché. — (1973) Mlles Catherine Bachasse, Emilie Bachasse. — (1974) Mlle L. Berrard, Mme Berrard. — (1975) M. Fromentin — (1976) M. J.-C. Delorme, Mlle Chaduiron. — (1979) Mme Berthillot, Mlles Hélène Duperray, Odette Roche. — (1980) M. Thésillat. — (1982) Ecole de garçons de Saint-Forgeux, M. Suchet. — (1983) Ecole de filles de Saint-Forgeux. — (1984) Le Directeur de l'école de Saint-Loup. — (1987) Mlles Marie Tricol, F. Martinon. — — (1988) Mme Laurent. — (1993) Ecole laïque de Valsonne. — M. Ar- cuset, Mlle F. Bauirne. — (1995) Ecole laïque de Thizy.

(1998) Mme Lardet, M. Lardet. — (2000) Mlle J. Arnaud. — (2003) Une groupe d'enfants de l'école laïque de Cours. — (2005) Mme Brun, Mlle A. Fouilland, Mme Brun, Mlle A. Fouilland, Mme Mercier, Banque privée, Classe de Mlle Fayard, classe de Mlle Champalle, classe de Mlle Mazelpeux, Banque nationale, Mlle J. Vadon, Mme Monteiller, Mme Dubost. — (2007) M. Verrière. — (2008) MM. Gonichon, Guerry, Mme Michel. — (2011) M. Auguste Chaurier, Mlles Sirot, M. J. Bar- bouteau, MM. F. Lirot, Raoul Moncorgé, Ecole de filles de Pont- Trambouze, M. A. Linière, M. Jarroux, Mr Michelet, Mlle Rigot. — (2012) M. J. Burras. — (2013) Mlle Mouret. — (2016) M. Marchand. — Ecole de garçons d'Anse. — (2017) Ecole de filles d'Anse. — (2024) Mme Vial, M. Guillard, Mmes Faure. — (2025) Ecole mixte de Luchas- sagne, Mlle Malfroy. — (2027) M. Chassagnole. — (2030) MM. Nicolas Richard, Jean Mounet, Gaspard Ravet, Marcel Jaubert. — (2031) Mlles Mercier, Brun, Ecole de filles de Lucenay. — (2036) Ecole de filles de Pommiers. — (2042) Beaujeu, Cours élémentaire, classe enfan- tine. Mlle Dumas, Mlle M. Saint-Cyr. — (2044) Ecole de filles, Les Ardillats. — (2045) M. Duvet. — (2050) M. Lucien Pommier. — (2051) MM. B. Duperron, V. Nenot. — (2053) Mme Masson, Mme E. Crozy, Mlle Vermorel. — (2054) Mlle Marie Bernard, Enfants Jonchy, Mlle Ma- rie Pardon, M.-L^{se} Lacharme, Ecole publique de Juliénas, Mlles Triolet Vieillesse. — (2056) Ecole de filles de Jullié. — (2061) MM. André Jam- bon, Pierre Matray, , Marius Desprez, Georges Dumay. — (2062) Mlles Théodorine Duvernay, Madeleine Duvernay. — (2063) M. Le- bas. — (2065) Ecole de filles de Saint-Didier, M. et Mme Dumoulin, Ecole de garçons.—(2069) M. Victor Gagnaire, Mme Babolat. — (2074) Mlles Pelletier, Dalem, Ecole filles de Belleville. — (2077) Mlle Revel, M. et Mme Cl. Auray. — (2078) M. Jean Rosier. — (2079) MM. Jambon- Auray, J.-P. Palais. — (2083) MM. V. Balmont, M. Merle, Emile Lo- ron, Mme Vve Cousty, H. Rieux, MM. Jacquet-Raclet, Duffo. — (2084) Mme Gonnard, Mlle Bouvier, Mlles Jeanne Duffo, Marie Rotival, classe enfantine de Lancié, Mlle Jeanne Désvignes, un groupe d'élèves. — (2086) Ecole de filles d'Odenas. — (2088) Mlle Cécile Cimetière. — (2089) Mlles Jeanne Aujogue, Marie Forest, Antonia Vernus, Elisa Ovise, Marcelle Mathon, Marie Valette, Roberte Lamoureux, Jeanne Tillet, Benoîte Tillet, Louise Lamoureux, Maria Chignard. — (2090)

MM. Jean Romanet, Antoine Duchamp. — (2099) Marius Gaillard, Charles Bonnard, Claude Rabut, Ecole de garçons de Chambost. — (2100) Mlles M^{ie-}L^{se} Chardon, Marie Rampon, Philomène Rabut, Apprint. — (2102) MM. Pierre Chuzeville, Antoine Chuzeville, Albert Cinquin; Raymond Auray, M. Cizaire. — (2103) MM. Louis Cartiller, Maurice Morel. — (2104) M. J.-M. Béraudiat. — (2105) M. A. Fourquet. — (2106) M. Balmont. — (2107) Mme Giroud. — (2108) Mlle Petit, — (2111) M. Marcel Vernu, Mlle Adrienne Granger, M. Louis Granger, M. Emile Chuzeville, Mlle Rosalie Chuzeville, M. Pétrus Chuzeville, Mlle Yvonne Augagneur, M. Jean Clément, Les enfants Delaye. — (2114) Mmes Ollier, Léger. — (2115) M. Chanteur, Mme Chanteur, Mlle Chanteur, Mlle Alix. — (2116) Mlle Monnet, Mme Desfeuillet, Ecole de filles de Saint-Nizier-d'Azergues. — (2117) Ecole de garçons de Thel. — (2118) Mme Pélisson, Mlles Pélisson. — (2119) MM. Louis Jacquet, Joanny Braillin, Jehan Leyssenne, Mlle Gachet Mme Braillon. — (2121) M. J.-M. Bonnetain. — (2123) M. Marcel Briday. — (2125) Mlles Aillet, Rollandin. — (2126) Mlle Blanc. — (2129, Mme H. Vermard, Mlle F. Philibert. — (2130) Fr. Besson. — (2132) Mlle Marie Clément. — (2135) M. Jacquet. — (2136) Mme Jacquet, Mlles Ducroux, Dubuis. — (2137) Ecole laïque mixte de Saint-Jacques-des-Arrêts. — (2138) Ecole mixte de Saint-Mamert. — (2139) Mlles Irénée Combier, V. Dumoulin, Antonia Myard, Elise et Germaine Thévenet. — (2142) Villefranche, cours supérieur, M. J. Granjard. — (2144) Mlle Antonia Vère. — (2146) Mlle Grimonet, Mlles Bailly. — (2148) MM. Berlioz, H. Chauvet, Mme Crépier, M. Bacheville, Mmes Maltrejean, Rique, Dessales, Bonnerue. — (2147) M. Lapierre, Mme Picard, MM. Martin, Desvignes, Boisson, Mme Sourd. — (2151) Mlle Antoinette Cloux, Mlle Mayoux. — (2153) M. Branciard. — (2156) M. Camille Dutruge. — (2157) Mme Agaud. — (2161) M. Pittion. — (2162) M. A. Beauregard, Mme Berthaud. — (2164) Mlles Delorme, Enfants Geoffray, A. Germain. — (2165) MM. Jean Monternier, Benoît, Bize, Enfants Monnet, Enfants Béroujon, M. Roche, Mme Monnet, Mlle Biguenet. — (2168) Mme Tony Guerrier. — (2169) Mlles Jacques, Barathin, Jeanne Dessalle, Mme Marc Dumas, MM. Bronchot, M. Perraud. — (2170) Mme Mouloud. — (2171) Mmes Gojon, Guillon, M. Hébert, Mme Wissel, Mme Oppici, Mlle Croisé, MM. J. Saurioux, Chavanne, Vibert. — (2173) Mme Mathin. — (2176) MM. Champovère et Fontaine, — (2179) Mlle Déchanel. — (2180) M. Patton, Mlle Piot, Mme Magnat, Mlle Revol, Mlle Robin. — (2181) Mlle Marg^{te} Gaucher. — (2182) Mlle Jeanne Audin, Mme Rimet, — (2183) Mlle Jeanne Muschi. — (2184) Mlle Marie Verneret, Ecole de Vassieux. — (2185) Mme Ocksy, Mlle Fontaine, Mme Callet, M. et Mme Rochon, M. Beugnon, MM. Beynal fils, Collomb, Descours, Mme Vve Varraud, MM. A. Ducruix, M. Mouloud. — — (2186) M. A. Ducruix. — (2187) M. Perrin, Mme Vieard. — (2188)

Ecole de Fleurieu-sur-Saône. — (2192) MM. Julien Venet, Fossemagne, Camille Vermorel, Jean Leyssard, Paul Chevallier. — (2194) MM. Chomel-Cusset, Mme Jean Chomel. — (2195) MM. Cl. Chomel, Presle-Viollet. — (2196)M. Valet, Ecole de Quincieux. — (2200) Mme Suchet. — (2202) MM. Saunier, R. Cazabon, A. Déal, Magdinier, Péchauizet. — (2203) M. Cugnin, Mlles Dubessy, MM. C. Ferrière, L. Coqùard. — Y. Laurent, Mme Guillermin, M. L. Gadde. — (2204) MM. Deressy, Gardette, Favel) — (2208) MM. F. Ruffier, Cl. Pras, J. Leyra. — (2209) M. Consolin. — (2211) M. Dupont. — (2216) MM. Argoud, Martin, Mlle Georgette Cramon. — (2217) M. Jules Pachod, Mlle Bastien. — (2219) M. A. Katzman. — (2222) Mlles Marie Maillot, Jeanne Biessy. — (2224) Mlle Baudry — (2225) Mme Senocq. — (2227) M. Lamounette. — (2228) MM. Malègue, Granjard, Chasselay. — (2230) Mlle Alice Gervat. — (2233) MM. Alex. Bacot, Avon. — (2234) MM. Tronel, Pujol, Ch. Bosle, Roger Serve. — (2235) M. Jean Bret. — (2236) MM. Jean Rocher, Raymond Renard, Gustave Thoulouze. — (2240) Mmes Génina, Neyret, Dodart. — (2241) MM. Raynal, Berthaud, Perdrix, Bouchet. MM. Goddart, Lapalud, Bois, Chevrot, Monnot, Foujol.

(2244) Mme Georges, Mme Lacroix, Mme Chirat. — (2249) Mlle Marie Vanel. — (2250) Mlle Juliette Cussac, Mlle M^rie-Rose Didier. — (2253) MM. Chifflot, Bouchu, Piollat, Vernusse, Duperray. — (2254) MM. Versailles, Baudrand. — (2256) MM. J. Douillet, Charmillon, A. Roez, Mme L. Oberkampf. — (2260) Mlle Marie Bollery. — (2261) Mlles Marcelle Mongoin, Jeanne Jolivet, Jeanne Gouillon, Madeleine Granger, Lucette Dérail, Marie Chambru, Marie Roche, Louise Pizzetta, Lucie Lespinasse, Mlle-L^se Geoffray. — (2263) Mlles Elis. Auray, Andrée Chanrion, Jeanne Chanrion. — (2264) Mlle Fanjoux. — (2266) M. Poirier, M. Descombes. — (2279) M. Estevenon. — (2280) MM. Pataud, Moncel, Poncet. — (2282) Mlle Claudia Dargaud. — (2284) Mme Berger, MM. Biol, Lacoste. — (2285) M. J. Sandre. — (2286) MM. Revolin, Pagnon, Daumont. — (2289) MM. Antoine Arnaud, Benoît Dégus, Coillaud, Fr. Vapillon. — (2296) M. Pierre Charbonnel. — (2297) M. Ballandras. — (2304) MM. Greppo-Morel, F^ois Mathieu. — (2305) MM. J. Laverrière-Bernard, M. Bonnafay, — (2306) MM. Desgranges, Déal, A. Descours, M. Marion. — (2319) MM. L. Dalmas, J. Thuillier, M. Jaillard, Mme Gorand, M. C. Pilliard. — (2325) MM. J. Poulat, Fontaine, (2328) Mme Vve Trimolet, MM. Eug. Rivoire, M. Dauzat. — (2329) MM. l'abbé Vérot, Goddard, Valette, Berthier, Gentil, Ragon, Rascle, Blayon, Huot, Matillard, Goy, Perranon, Labrosse. — (2331) MM. Audigier, Mallaval, Moncorgé, Pilliard, Pommerol, Mandy, Perrot-Berton. — (2332) Mme Vallet, Mme F. Coindre. — (2336) Mme Vve Faure, M. Arsac. — (2338) Mme Bossy, Mme Vve Lacondemine, Mme Vve Accarie, MM. Beaurat, David. — (2339) MM. E. Besson, Pellet, Mme Vve Lacondemine, MM. Bussière, Roure, Couritas. — (2350) M. Pétrus

Dufour. — (2355) M. V. Charnay. — (2362) MM. Besson, Chassy. —
(2364) MM. Besson, Janaud. — (2365) M. Philibert. — (2366) M. Des-
perrier-Besson. — (2367) Mlle Faure. — (2368) Mlle Aubert. — (2370)
M. C. Bogadin, — (2371) Un officier M. Bussat, M. Odier. — (2372)
Hôpital, rue Boileau, M. E. Billion. — (2374) M. P. Lhôpital. — (2375,
Les enfants Blanc. — (2394) Mlles Suz. Dubois, Suz. Vial, A.-Marie
Bryon, Marguerite Reynaud, Marie-Louise Micolier, Emilie Quinson,
M.-L. et H. Pélanjon, D. et G. Gignoux, P. et R. Bryon. — (2395)
Mlles Renée Souchon, Alice Bouffier, Marguerite Dubois, Ga-
brielle Coupard, G. et I. de Lamothe, Mlles Madeleine Pont, Su-
zanne Martin. — (2396) MM. Jean Chavanne, Louis Chavanne,
M. et S. Jacquand, S. de la Vieuville. — (2397) MM. Cl. Amou-
dru, A. Avinin, Ch. Bailly, L. Berger, A. Boyer, Et. Boyrivent, H. Chaput, L. Decultieux, J. Dognon, A. Duc, R. Dupont, J. Gatier, J. Guillemin, A. Langénieux, E. Lanthelme. — (2398) MM. L. Mathieu,
J. Milliat, A. Morel, P. Murgier, A. Nicolas, J. Péronnet, J. Bel, Bren-
nier, J. Champion, S. Charroin, J. Crochat. — (2399) MM. L. Gonnetti,
L. Grivel, A. Langinieux, , P. Lorange, J. Millot, J. Murgier, M. Per-
drix, P. Bérard, H. Briatta, A. Brussieux, H. Brunel, F. Edouard,
Ch. Loron, P. Magnin. — (2400) MM. P. Perrin, A. Taillefer, L. Wec-
kerlin, G. Archirel, A. Berne, Th. Brouard, E. Droguet, Cl. Faroud,
H. Fouilleux, P. Michaud, G. Poncet, Al. Rosnoblet. — (2401) E. Vi-
gnal, V. Badel, Al. Barat, A. Bocon, A. Carrel, J. Chenevas, P. Desbat,
J. Dorier, F. Hautier, E. Marcourt, A. Péronnet, J. Ribes. — (2402)
MM. F. Carbon, F. Bouchaillard, P. Chapon, D. Chamel, Ch. Dravnoski,
L. Galle, St. Garnier, L. Grosgurin, H. Héritier, J. Simonet, H. Tau-
ran, L. Vauboin. — (2403) MM. Ch. Vittepond, F. Baudcrier, J. Colas,
P. Combret, Ph. Descotes, J. Gauthier, Ant. Hostache, Ad. Monin,
H. Caille. — (2404) MM. P. Rigollier, J. Thévenard, M. Balloffy, L. Bau-
doin, G. Bourguignon, G. Calzra, P. Carra, V. Comola, R. Demont,
Ad. Dumas, Ant. Goutourbe, Ed. Lafon, Alb. Meyselle, Ad. Perret. —
— (2405) MM. H. Ritaux, A. Rivière, J. Viret, E. Bernadet, P. Bou-
chet, L. Chambaretau, Em. Clément, Jean Clerc, And. Coutagne,
Ph. Duchamp, V. Duffner, Ch. Faroud, L. Gilbert, E. Goddard. —
(2406) MM. J. Mazoy, H. Molin, L. Piloix, G. Straetmans, A. Viti,
P. Brouchet, A. Caille, An. Duchamp, L. Guillot, J. Jouffray. — (2407)
MM. Al. Jacoby, H. Martin, L. Faget, R. Sonnier, L. Déchaud,
J.-M. Gaudin, C. Genevay, J. Gonot, E. Gourlat, Aug. Laurent,
F. Marey, M. Maurel, E. Merle, G. Montiller. — (2408) MM. L. Ra-
jot, J. Ligné. — (2409) MM. A. Chevallard, L. Chevalier, G. Eyraud,
V. Gleyvod, C. Guigon, P. Michel, A. Pétral. — (2410) Mme Molle,
Mlle Rosenstein, Mme Rosenstein, Mlle Tronchon, Mlle Hugel. (2412)
Ecole de filles, , 78, rue Rabelais. — (2416) Mlle Meyssonnier. — (2419)
Mlle P. Merle, MM. J. Lariguet, P. Llabrès, D. Pelisson. — (2421)

MM. G. Radisson, M.-L. Dupont, Gl. Ravel, Mlle Comte. — (2423) Mlle Jeanne Thiollier. — (2424) MM. Ratton, Mme Chippier, Mlle Mauvernay. — (2425) MM. J.-C. Ville, A. Lagier, M. Bador, Piégay, Dussud. — (2426) M. F. Chambe. — (2429) MM. Leistenschneider, Bornet, Mme Gauthier. — (2432) Mme l'Assistante à Saint-Martin-en-Haut. — (2435) Ecole de Thizy, 2e classe. — (2436) Ecole de Thizy, 3e classe. — (2437) Ecole de Thizy, 4e classe. — (2438) M. Molière, Mmes Ramier, Desgouttes. — (2439) Mlle J. Croidieu, Mlles J. Bret, J. Chollet, Antérion, J. Jacquet, Martenon, F. Larèpe, M. Petiot. — (2440) M^{les} J. Chatellier, S. Romeuf, R. Bouchet, M. Durand. — (2441) Mlle M. Charréard, Mme Charréard, M. et Mme Chevillot, Mlle L. Gros. (2442) Mlle Fournier, Mme Giroud, Mlle Chachuat, Mme Merlin. — (2443) MM. Gelas, Valet. — (2444) Mlles Cointet, Gueguen, M. Sandron, Mlle Pallard — (2445) Mlle Dullin, Mme Cartier, M. Trouillat, Mlle Guelfe Mlle Perret, Mlle Pallard, Mlle Liversain, Mlle Auber, Mme Durieux. — (2460) M. Vaudaine. — (2461) M. Deroche. — (2465) MM. Grange, Bouton, Ghisolfo. — (2466) M. Porte. — (2468) MM. H. Billon, Pochet, Siraud, Varvarange, Perron, Mme Noir, MM. Mageriat, G. Guichard, Majorelle, Gonel, Ch. Bastia.

(2469) M. Gualano. — (2472) Mlle Fayolle. — (2473) MM. Turpeau, Thévenin, Morin, Masson, S. Fayolle, Gillet, d'Hauteville. — (2474) MM. S. Mathieu O. Mathieu, Rossillon. — (2475) MM. M. Richard, Brulard, A. Vignal, Cuvillier. — (2476) MM. Jarre, Verchère, C. Gresse, A. Chartron. — (2479) Ecole laïque, Collonges-au-Mont-d'Or. — (2480) M. Garu. — (2482) M. J. Martin. — (2487) Mme Bellier. — (2488) M. Baunant. — (2496) M. Denis. — (2497) M. Deulle, Mme Deulle, Mlles Deulle, M. Jean Deulle, M. et Mme Tournus, Mlle Tournus, MM. Tournus fils, M. Vuillermoz, M. Buri, Mlle Taponier, Mlles Louise Petite, C. Petite, L. Gex. — (2498) Mmes Brachet, Fouilland, Mme Garnier, Mlles Garnier, M. Jean Romain, Mlle Ch. Romain, Mlle Madeleine Quinson. — (2499) Mmes Quinson, Lurin, M. Fouillet, Mme Fouillet, Mme Bouvier, Mlle A. Bouvier, MM. Bouvier, M. et Mme Simonet, Mlle G. Feyeux, M. Mondon. — (2500) M. Pancrazi, Mme Pancrazi, Mlle Pancrazi, M. Paoli. — (2503) Mlles Rajon, H. Janton, S. Tavernier, J. Digat, M. Collomb, A. Berthillet, S. Thiébaut. — (2504) Mlles M. Sangouard, J. Pascal, M. Minot, M. Antonia Blanc, A. Gouttenoire, S. Large, Suzette Sur, Sophie Coquet. — (2506) MM. P. Closcavet, L. Cotteret, Mlle Sabine Demont. — (2507) Mlles Madeleine Trillat, Germaine Berthillot. — (2512) MM. A. Bonneton, O. Blanchard, M. Boël. — (2518) Mlles Sophie Lévy, G. Déthieux. — (2519) Mlles Julietta Ripert, F. Pissard, M. Gelas, Rosette Mille, R. Verrière, El. Botton, Paulette Richard, M.-L^{se} Pairard. — (2520) MM. Meignet, H. Debernardy, S. Vinot, A. Décanis, A. Bourgade, M. Gallay. — (2525) MM. H. Barbaret, G. Millet F. Pey, Mme Dreveton, M. S. Mouchiroud.

— (2526) M.-L. Gudet. — (2529) MM. Aubrun, J. Buza, M. Levrat, M. Beneyton, B... — (2530) MM. J. Badin, Mme Badin, MM. Félix Vacher, Henri Barbier, Mme Louise Raffin. — 2536) M. Coste, Mme Chaput, MM. Fruton, Greff, Mme Galland, Mme Guichard. — (2537) MM. Porte, Veyrat. — (2541) Mlles Geneviève Pennard, Aimée Lavy, Suzanne Grenier. — (2542) Mlle Rosa Joly. — (2543) Le consul du Japon. — (2544) Mme Boulud. — (2545) Mme Barrioz, M. Renard. — (2547) M. Marius Veyre, Mme Vve Chénavier. — (2549) M. Louis Esmieu. — (2550) MM. E. Vessiller, A. Rumilly, J. Debourcieu. — (2551) M. Henri Bourdel. — (2555) MM. Marcel Nivon, Pierre Sauteret, Max Brunnet, René Chol. — (2556) MM. J. Guillermin. — (2562) Mlles Camille Chevallier, Charlotte Tréboul. — (2563) MM. R. Longepierre, Mlles Thérèse Chavannes, Rose Parent, Marg. Sarraguine. — (2565) Mlles Meillier, M.-L. Dumontet, Danthony, Bernard, Laval, Ressaire, Schwertz, Gontier, Trouiller. — (2566) Mlles Miraillet, Berthet, Robert, Nallet. — (2568) Mlles Guillermin, J. Despagneux, Cl. Mongoin, J. Depardon, J. Courdan. — (2573) M. Cécillon, MM. Lombard, Chemarin, Delorme. — (2574) M. Rouveyre. — (2588) M. Marcel Ricca. — (2594) MM. A. Humbert, R. Espérandieu, Jean Mauzé, J. Chopard. — (2595) Mlle H. Lucain, M. Revol, Ecole, rue Amédée-Bonnet. — (2601) Ecole de Givors, Mlles Rose Lavoule, Marie Rougier. — (2602) MM. Bignon, Henri Tracol, F. Valençot, Paul Caillot. — (2604) M. Mermet, Mme Vve Charpenne. — (2605) Mme Lemaire, Mme Uergne, M. Rozand. — (2610) M. Bernard, Mme S. Bernard, Mme Cottin, M. Cottin, Les enfants Cottin, Mlle Suz. Helmreich. — (2614) M. Vigouroux. — (2615) Mme Bogey. — (2616) MM. Béguin, Rousset. — (2617) M. Spindler. — (2620) M. Albert Martin. — (2621) MM. Adloff, Moréra. (2623) MM. André Guillot, F. Hubert, Pierre Davy, Emile Déroeles, Louis Carret.

(973) M. Henri Carrier. — (957) Mme Crozat, MM. Pomet, Ponat. — (958) MM. Clémencin, Durand, J. Boisdevésy. — (959) MM. Enjoleras, Roadier, Charbonnel. — (962) MM. Revol, Jaillier. — (967) M. Blanc, — (969) Manufacture de couronnes. — (981) MM. Bressand, Génat, Roméo, Nicolas, Eognat, Verrier, Fiquet, Jonnet. — (974) MM. Patty, Serlin, Mousset, Blanc, Bouvier. — (975) MM. Delesty, Mme Andieas, M. Revel. — (976) MM. Rochet, Bacconnier, Mme Vve Buturieu. — (978) Mme Vuillard. (960) Mme Laroche, Mlle Bruyat, Mme Guillard. — (963) Mme Durand. — (966) M. Gallard. — (1389) Mme Gloppe, Mme Laviolette, Mmes Michaud, Genin, Mlle Comte. — (1390) Mme Vernay, Mlles Badin, Linossier, M. Couté, Mme Nalon, Mlle Hubert. — (1396) Mmes Souchon, Bruyas, Arnaud, M. J.-C. Grange, Mme Bissardon, M. Georges Gonnet, Mme Dussurgey, M. Eugène Bénière, Mmes Grange, Rivoire, Mlles Néel. — (1398) Mmes Nové-Josserand-Souppat, Pierron-Clavier, M. Jean-Marie Clavier, Mlles Marie Poyet, Caville, Mmes Girard, Bonnet. — (1408) Mme Carant, Mme Peyrod, MM. Hilaire, Prost, Mme Lardière,

Mᵐᵉ de Clavière, M. Thibaudier. — (1411) MM. F. Beausoleil, M. Milan, Mᵐᵉ Vᵛᵉ Chambe, Ligue des Femmes Françaises, Mᵐᵉ Uselard. — (1423) La famille Fayard, MM. Antoine Ducros, Mauriaud, Jérémie Ducros. — (1425) Mᵐᵉ Goutelle. — (1430) Mᵐᵉ Joanny-Dugelay. — (6239) Mᵐᵉˢ Liaudet, Dailleron, Mˡˡᵉ Dailleron, M. Escudier, Mᵐᵉ Jean. — (6240) Mˡˡᵉ Marie Vessot, Mᵐᵉˢ Duvilland, Malaure. — (872-865-866) Mˡˡᵉˢ Antoinette Pradelle, Justine Pradelle, Champagnon, Mᵐᵉˢ Genest-Terrace, M. Paul Duveau, Mᵐᵉ Paul Duveau, Mˡˡᵉ Sylvestre, Mᵐᵉˢ Vincent, Bâton, Châtelus, Jeampierre, Volay, Mazallon, Métral, M. Comte, Mᵐᵉ Rostaing, Mˡˡᵉˢ les Institutrices de l'école libre de Chasselay. — (799) Quête à l'église de Montrottier. — (1373) MM. Lehman-Nathon, Arthur Lévy, Mᵐᵉˢ Castel, S. Wallich, Vᵛᵉ A. Hauser. — — (1374) MM. Gustave Dlum, Armand Kahn, Georges Kuhn, Gérard Lévy, Joseph Israël, Jacob Dadenheimer, Eskénazi (Jacques), Maurice Eskénazi, Mordo, Salomon Eskénazi, Mᵐᵉ Tobie Dlum, MM. Marco Alcabez, Albert Lehmann, Emmanuel Adler, Jarco, Nassi, Spira, Péresse, Charraf. — (1379) MM. Henri Couturier, Marguerite Couturier. — (1375) MM. Bloch-Cahen, Clément Dickert, Nathon Salomon, Daniel Drunswick, Eugène Bloch, Léon Sommer, René Dickert, Marc Dickert, Alphonse Dlum, Constant Bloch, Steinfeld, Teitelbaum Gestetner, Hecker, Goldschmidt, Job, Bismuth, Joseph Frandji, I. Sevilia, Robert Sarfati, Fernandy, Dardavid, Vidal Nahon, Israël Freuder, Counio, Salouf, Gabriel Hirtz, Robert Misrahi, Charles Déhi Matarasso, Heyman Stawski, Julien Ulmo, Lifschitz, Michel Lévi, Salmona, Michel Kohn, Albert Cahen, Marc Drunswick, Nessim Fernandez, Mˡˡᵉ Philippe, Mᵐᵉ Léon Lipmann, M. Nissim Meyohas. — (1378) Mˡˡᵉ Gabie Couturier, Mᵐᵉ Berlioz. — (1382) Mᵐᵉ Colomb, Mˡˡᵉ Colomb. — (1386) Mᵐᵉˢ Linossier, Bost, Mˡˡᵉ Bost, Mᵐᵉˢ Forestier, Orsat, de Giverdy, M. Gonnet, Mˡˡᵉ Massicot, Mᵐᵉ Vᵛᵉ Ferry, M. Naquin. — (1387) MM. Paviot, Magnillat, Mᵐᵉ Debeaune, Mᵐᵉ Place, Mᵐᵉ Vᵛᵉ Champion, Mˡˡᵉ E. Champion, Mˡˡᵉ M. Champion, M. Bourget, Mˡˡᵉ Grange, Mˡˡᵉ Arquillière, Mˡˡᵉ Jacquier, Mᵐᵉ Guillot, M. Place, M. Rousset, Mˡˡᵉ Guillot, M. et Mᵐᵉ Gorcé, Mᵐᵉ Rivier. — (1388) Famille Lux, M. Bouché, Mᵐᵉ Girard, Mᵐᵉ Vial, Mᵐᵉ Vᵛᵉ Schbatti, Mˡˡᵉ Talagrand, Mᵐᵉ Etienne, Mᵐᵉ Vᵛᵉ Peyron, Mᵐᵉ Michaud.

(1338) Nᵒ 6 de la Croix-Rousse, MM. L. Villard, Pernin. — (1339) Mᵐᵉ Pochard, M. Scholl, Mˡˡᵉˢ Chapelain, Arnaud, MM. C. Bojon, Hyvert, Moulin. — (1340) Mᵐᵉ Lornage. — (1341) MM. V. Lauvenstens, P. Pauchaud, Picard. — (1342) M. Henry Goyn. — (1343) MM. J. Aubry, N. Foressel, M. Moïse, Feugus, Manguin, Chatillon, Breved, Mᵐᵉ Bézard, M. J. Bourdin. — (1334) M. Malfroy. — (1350) M. A. Beniron, Mˡˡᵉ M. Mouret. — 1351 Mˡˡᵉ Juliette Fray, Mᵐᵉ Blanc-Dauphin, Mˡˡᵉˢ Bérahiena, Blanc, Mᵐᵉ Risler, Mᵐᵉ Bezaugon, M. le Dʳ Léon Bérard, Mᵐᵉˢ Bertrand, Hubert, Panut, M. du Closel, Mᵐᵉ Nicolas,

Mme Martinaud. — (1352) M. Roubier, M. Pusch. — (1353) MM. Picard, S. Bloch, J. Bloch, Mme Behard, Mlle Fournier, M. Zay. — (1354) M. Jailloux. — (1355) Mme Berthier. — (1356) M. Bonnier. — (1357) M. G. Létrévant. — (1358) M. Eugène Luthier, Mmes Buser, Guignard, Massot. — (1360) M. B. — (1365) P. T. R. — (1369) Mme Monod. — (1373) MM. Sèches, Pichard, Lucien Dickert, Mme Dickert, MM. Adrien Picard, Seligmann, L. Ulmo, Mme Vve Moyse Lévy, MM. Jacques Bloch, Adrien Picard, Abel Lévy, Jacques Lévy, Moyse Adler, Em. Wallich, Léon Gaston, Ernest Hauser, A. de Founès, Rubens, Lévy. Aenessmann, Félix Hauser, Mme Isidore Klein, MM. Galipaux, Valide, Bloch-Geismar, Léopold Lévy, Louis Ulmo, Léon Adler, Georges Brahm, (1264) MM. F. Recorbet, C.-M. Dumont, M. Recorbet, J. Duffey. — (1265) M. le curé Pollare. — (1266) Mlles Marie Callard, Julie Augagneur, Rose Jacquet, Marie Caret, MM. Louis Collard, Jean-Claude Colliard, Mme Schman. — (1272) Mme Longefay. — (1274) MM. Roche, Sanlaville, Désigaud, Granjean. — (1276) Mme Aucagne, Maison Roche, Mlle Romaine Carret. — (1278) M. Marc, M. Dumaret, Mme Margand, Mme Paigès, M. E. Vettard, Mmes Patissier, Biard. — (1289) M. Olagnier. — (1298) Mme Vve Dufour. — (1314) Famille Négri, Mlle Duplâtre, Mme Vve Vincent, Mme Chataillier, Mme Jean Vincent, Famille Ressicaud, Famille Thévenin. — (1315) M. F. Epitaux. — (1316) Mmes Hugaud, Martin, Mlle Martin. — (1317) MM. Monfray, Bourbon, Mme Bourbon. — (1318) Mme Vve Georges. — (1319) Mme de Longevialle. — (1321) MM. Auclair, Guelpa, Pierre Rivoire, Desaintjean, Mlles Desaintjean, Rivoire. — (1322) Mmes Guillermain, Descombes, M. Louis Charvon, Mlle Gaillard, M. Guillard, Mme Rampon, M. Thomas, Mme Gelay, MM. Troncy, Grollet, Sauquers, Claude Rabut. — (1323) M. Claude Botton. — (1324) M. Brun. — (1326) M. Bérerd, Mme Delhomme, Mme Joseph Benoît, Mme Berne. — (1327) MM. Bonjour, Fournier. — (1328) Mme Milliat, Mme Mazurat, M. Guillon. — (1331) Mmes Collomb, Rolland, Mathieu, M. Vindry, Mmes Vernay, Reygrobellet, Assadat, Garby. — (1332) MM. Antoine Murat, Blaise Murat, J.-Baptiste Fuchez, Mme Vve Pécollet, MM. P. Morellon, Michel Blay, Jean-Pierre Comte, Déquincieux. — (1194) Mme Vve Giraud. — (1202) Ecole privée de Chenelette, la Maîtresse d'école. — (1204) Les Religieuses de Saint-Joseph, Mmes Chaudier, Michon, Faussemagne, Michaudon, Jonchier, un orphelin. — (1205) Mlle Lacroix, M. Monternot. — Mlle Perrin, Mme Marie Jacquet, Mme Matillard, Une famille, M. Jean Clément. — (1206) Mme Dumoulin, Mmes Jonchier, Roux, Pardon, Durand. — (1207) MM. G. Odonard, Mlle Plasse, Mmes Michon, Barudio, Mlle Geoffray, Mme Larochette, Mme Vve Sarry, M. Sivignon. — (1208) M. Matray, Mlle A. Vallet. — (1221) MM. Fayolle, Joseph Piégay, Mlles Marie Piégay, Marie Pipon, M. Marret, M. Mallen. — (1224) M. Ollagnier. — (1227) M. Soulier. — (1228) Mme Chevalier,

MM. Palouchon, Rivoire, Choppaz, Charles, Mlle Francine Richard, MM. Rolland, Bénière. — (1229) Mme Rousset, M. Claudius Collonge, M. l'Abbé Chomette, M. et Mme Vernay, Mlle Antonia Vaux, MM. Gaudet, M. Lathuillère, Mmes Burgaud, Mme Oudet, Mlle Oudet. — (1237) Mmes Bouvard, Clément, Mlle Joffroy, Mmes Chizelle, Badole, Sandré, MM. Félicien Mermoz, François Barbet, Louis Sandré, Mme Petit-Barras, MM. Pierre Chiolat, Pétrus Ponchon, Mme Guichet. — (1239) M. Marius Bertholon, Mlles Fontaña, Quémard, MM. Roussillon, L. Badin, M. Badin, M. Braillon, G. Gadilhe, Claude Cottarel, Mme Aulas, M. Clovis Perrichon. — (1251) M. Pancrace Pélégrini. — (1251) Mme Vve Démurgé, MM. Pierre Grand, J.-M. Ferret, Jean Mongelas, Pierre Durand, Mme Chambard, Mlles Clotilde Laurent, Jeanne Bailly, Marie Bailly, M. Jean Botton, Mmes Charleux, Collonge, Mlle Marie Zolger. — (1256) MM. Baconnier, Perret, Jean Eymonet, Albert le Grand, Mme Boidart, MM. Girard, Bodevin, Mme Conte, M. Benoit. — (1260) Mlle Marie-Louise Chevalier, M. l'abbé Marteau. — (1118) M. l-Abbé J. Bergeron. — (1122) M. Denis Delorme, M. Larcher, Mlle Robert. — (1123) Mme de Uffredi, Mme Claude Bennier. — (1124) M. Audras Ivan, MM. L. Ganne, Brugeille, Mme et Mlle Megronni, Mme Jacquet, MM. Le Renaud, M.-L. Tête. — Mme J. Michard, Mme C. Cosse, « Nain Jaune ». — (1126) Mlles Mingiers, Benoit, Mme Garnier, Mme Lacroix. — (1127) Mme Palias, MM. Freydière, Dury, Mmes Blancard, Gourdon, MM. Garcin, Gabriel, Bruno, Gonu, Berland. — (1128) Mme Franck. — 1129) MM. F. Verrière, Brosse, C. Beau, Mme Ducottet, M. Ogier, Mme Vve Caillot, MM. Bouchard, Piatte. — (1130) Mme Bernard, Mme Proton, Mme Peylabouet. — (1131) M. et Mme Mermet, M. et Mme Bellon, M. et Mme Bégrim, M. et Mme Bertrand, M. L. Trolliet, Mme Buby. — (1133) Mme Rey, Mlles Pacotte. — (1135) MM. A.-M. Chambon, L^s Chambon, M. Chambon, B. Perrim, J. Delorme, Mme André, Mme Fillon, M. le curé de Francheville-le-Bas. — (1136) M. Benoit Charavay, Mme Vve Vautherin, Mme Vve Belichon, M. Nairabèze, M. l'Abbé, Mlle Perrine Charavay, MM. A. Jacqui, J. Guichard. — (1137) M. Soquet. — (1138) Mme Grosgurin-Châter, Mme Vve Perret, M. Jean Perret. — (1139) MM. Carrel-Billiard, M. Rambaud, E. Carrel-Billiard, Mlle Marie Rospide, P. L. Mme Dorier, M. Peillin. — (1140) M. et Mme Chirat, Mlle Chirat, Mme Michel Gay, M. et Mme Richard, M. Jean Richard. — (1150) Mme J. Vaganay, MM. Martinet, Eymin, Mlle Marie Rossignot, M. Eugène Richard, Mlle Ursule Christophle, MM. Rossignol, Dupuis, Fleury Querrat, Mlles Antonia Drevard, Marie-Louise Drevard, Mme Vve Vincent, M. Burlot. — (1151) MM. Dumas, Jean-Pierre Vaganay, Forest, Chaumartin. — (1153) MM. Maurice Louviot, Joseph Christophle, Mlle Aimée Vincent. — (1193) MM. J.-M. Montantème, Faussemagne.

(1066) Mlle J. Pichot, Mme Ruby, Mme Marcel Pichot, Mmes Gauthier,

Guivet, Mlle Clémencin, Mme Regaud. — (1067) M. et Mme Cornatou, Mme Dabin. — (1071) M. Ch. Kiemlé, Mlle Renée Kiemlé, M. et Mme Alex, M. Gérard et les enfants, Mme Prunier. — (1072) M. Gauthier fils, M. Bezet, M. Duprat, Mme Duprat, Mlle R. Orgeret, M. André Barriot, Mme Vve Drillon, Mme Marchal, M. Giraud, M. Jouve, Mlle Jouve, Mme Bidaud. — (1073) Mlle Monel, Mmes Monel, Tresseyre, Georges, Mlle Dufour, Mme Ma!oud, Mmes Paquelin, Canelle, M. Plautin, Mme Niéper, Mme Fauché, Mlle Fauché, Mlle Flamand. — (1074) Famille Calmard, Mme Poizat, M. Garcin, Mmes Rabatel, Mme Buisson, Mme Calagrand, Mme Vve Janin, Mlle Bolliet, Mlle Chataignon, Mme A. Deschamps. — (1086) M. Jérôme Gaujon, Mme Vve Chapoulet, M. Jean Bérerd. — (1090) MM. E. Desmeurs, J. Brossette, P. Brossette, C. Marduel, I. Charbonnel, A. Arnaud, L. Corbay, A. Greppo, Laurent Marduel, Mme Mellet, Mme A. Brossette. — (1091) MM. Berthinier, J. Gros, René Laverrière, Debilly-Delaye, Aurion-Debilly, Garlon, J. Garlon, E. Dorieux, M. Pin. — (1092) Mme Vve Debilly-Doit, Mme et Mlle Debilly Clément, M. Arnaud. — (1093) Mme Vve Robert, M. J. Debilly, M. F. Laverrière, Mmes Margand-Chatoux, M. Bonnefont. — (1094) MM. A. Solly, Faure, Fonbonne, M. Jean Brossette. — (1098) Mlle Danguin-Dubuyat, Mlle Tissot, Mlle Marie Guerry, Œuvre des Catéchismes, Mlle Anaïs Troccon. — (1099) Mme Chazat, Mme Reilleur, Mlle Carrier, Mlle Mugnier, M. Chanel, M. Danguin, Mlle Labaty, M. Bataille. — (1100) Mme P. Danguin, M. Collier, Mme Laverrière-Loyat. — (1101) Mme Delacolonge-Lasalle, M. Delacolonge-Arnaud, M. Vapillon-Fonbonne, Mme Danguin, Mme Mathelin, Mme Chatoux. — (1110) M. Pierre Fatton, Mme Fatton, La 1220e Section des Prévoyants de l'Avenir, Longes. — (1117) La Famille Roland, M. Colombier, la Famille Rey, (1026) Mme A. Amiet, Mme Bruchon. — (1028) M. Billiémaz, Mlles E. et P. Piégay, —Mme Chaumienne, Mme G. Bouteille, M. Antoine Grange, M. Benoît Grange, Mme A. Gonnet, Mme Moulin, M. Derfeuille, M. Joseph Chambeyron, M. Jean Guyot. — (1027) Mlle Besset, Mme Guyot, M. Jean-Marie Veillon, Les Religieuses de Saint-Joseph, Mme Vve Poulat, Mlle Françoise Crozier, Mme Vve Grataloup. — (1029) Mme Vve Montaland, MM. Laurent Poulat, Tony Vial, B. Grange, Mme Juthier, M. Bénière, Mme Thollat, Mme Félix Thollot, Mlle Y. Piégay, Mme Forissier, M. Mercier, Mlle Charvolin, Mlle Francine Barrot, Mlle Perrine Poyard. — (1032) Mlle Conception Féjoo, Mlle Louise Coursodon, MM. Emmanuel Verjus, E. Lamoureux, C. Guerre. — (1034) M. Marcellin Gras, La Famille Frasson, La Famille Girard, La Famille Giraudet, MM. Cl. Guyot, Bonniat, Bigeard, Blanc. — (1035) MM. Ch. Liger, H. Tomé, M. et Mme Périer, M. le Vicaire D.S. Ravera, M. L. Maillot, M. Charles Maillot. — (1052) Mlle Dauvergne, Mme André George. — (1053) Mlle Anne-Marie Curis, Mme Perret. — (1054) Mme Ferré, et sa famille, MM. A. Tronel, A.-M. Duteil. — (1055) Mmes Maréchal, Mlles

Berthier, MM. Chartres, Mme Rivoire, M. Forestier, Mme Muggiani, Mmes Francillon, Mme Charousut, MM. Blachier, Girardot, Mme Lacombe, Mme Sebellen, Mmes Berthet-Palud, M. Dusserre. — (1056) Mlle Rey, M. C. Rochet, Mme Ratut, Mme Motteroz, Mlle Chiésa, Mlle Chambard, Mlle Maissiez. — (1057) Mme G. Combet, Mme Breton, M. E. Duranson, Mlle Barbe, Mme Vve Ribun. — (1062) MM. Pont, Mmes Molin, Pardon, Perret, Joseph Traverse. — (1063) Mme Lacroix. — (1064) Mmes Saintet, Coulet, Coulon, Corsin, M. Dagaud, Mme Ginon, M. Philippe, Mlle Fléchon, Mme Martin, M. Eymonerie. — (1065) M. T. Escoffier, Mme E. Ramel, M. E. Ramel. — (1066) M. Bertillot, M. Henri Bertillot, M. Dupuis des Roches. — Mlle Lafond, Mlle Eugénie Batailly. — (1003) MM. Dupont, Gros. — (1004) Mme Bouvier, Mme G. Van Doren, Mlle Isabelle Gonon, Mlle Julie Campant, Mme Campant (Pierre), M. Montillard, Mlle Rivière, Mme Carrier. — (1005) Mme Labre, M. Th. de Fenoyl, Mlle Geneviève de Fenoyl, M. Maurice de Fenoyl, M. Raymond de Fenoyl. — (1006) Mme Gojan, Mme Mardellis, M. Chavanne. — (1007) Mmes Vibert, Paul Vibert, Grabinska, Ducreux, Léger, Clairnaud. — (1010) Mme Chassin. — (1011) Mme J. André, Mmes Lamothe, Volland, Moser, M. Roche, Mlle Louise Guépet, M. Doouvre, M. Meunier, Mme André Faure. — (1012) Mlle Duvillers, Famille Batten, M. Mallaval, Mlle Julie Douzet, M. Berne, Mme Vallet, M. Bouvant, Mme Cicéron. — (1013) Mme Vincent, Mlle Vincent, M. et Mme Chaléat, Mlle Cicéron, Mme Van Doren, Mlle J. Eyman, Mme Damien Cicéron, Mlle Vicard, M. et Mme Deuvre. — (1014) M. Paul Batezat, MM. J. Carré, F. Carré, L. Carré, Mme Nivette, Mme Trambouze, Mlle E. Lambert. — (1015) Mme Molette, M. Jean Lacombe. — (1016) Mme Martin. — (1017) Mme Vve Dubois, Mme Vve Trevel, MM. Duvernay, Fournier, Mlle Pauline Rosset, M. Denonfoux, Mme Louis Lauvernier. — (1019) Mmes Chaballier, Mme C. Eyssautier, Mme Couroneau, Mme Léon Chaballier. — (1021) M. Gonard, Les Enfants Salagnac, Mme Salagnac. — (1022) Mme Hély, Mlle Hély, Mme Monnet, Mlle Monnet, Mme la Supérieure de l'Hôpital de Neuville, Mlle Dubost, M. et Mlle Siéra, Mme Chol, Les malades civils de l'hôpital de Neuville, Mme Daujoux, Mme Michel. — (1023) Mlle Christiane Baud, Mlle Jauberd. — (1024) Mme Imbert, Mlle Béroud, Mme Chauviret. — (1025) Mlles Marie Vallier, Marie Revel, Jeanne Bonnefond, Mme Alban, Mme Campan, Mlle Henriette Sourioux, MM. Pélossier, Mme Perrin, Mlle Perrin, Mlle Lambert. — (943) M. le Curé de Saint-Marcel-l'Éclairé, M. le Curé Bonhomme. — (953) École libre de filles, route de Vienne, N° 103, M. Poncet. — (954) Mme Albert Carrier, Sœur Supérieure Ménard, MM. Faivre, Mesnier. — (955-957-958) École libre 103, route de Vienne, Mme Crozart, M. Poncet, M. A. Poncet, M. et Mme Raimbaux, MM. Clémencin, Durand, J. Boisdevésy. — (959 et 962) Le Directeur de l'école libre de garçons, 116 *bis*, route de Vienne, MM. Enjoloras,

Roudier, Revel, Jaillier. — (964) MM. Guérit, Revel, Andréas, Barry — (967) Ecole libre de garçons, 116, route de Vienne, M. Blanc. — (969) Ecole libre de garçons, Manufacture de couronnes. — (970) Ecole libre de filles, 103, route de Vienne. Mᵐᵉ Péronnet, M. le docteur Giraud. — (971) Ecole 103, route de Vienne. M. Vassel. — (972) MM. Nivon, Weens, Schwaller, Pfaadt, Mᵐᵉ Barault. — (974) MM. Patty. Serlin, Mousset, Blanc, Bouvier. — (975) Mᵐᵉ Marcelin, MM. Delesty, Andréas, Revel. — (976) MM. Rochet, Gonnand, Bacconnier, Mᵐᵉ Vᵛᵉ Buturieux. — (978) Mᵐᵉ Vuillard(980) MM. Marion, Mᵐᵉ Payan. — (960) Mᵐᵉ Laroche, M. A. Gilly, Mᵐᵉ Gaillard. — Ecole libre de garçons, 116 bis, route de Vienne, Mˡˡᵉˢ Gacon, Mᵐᵉ Durand, M. Gallard. — (973) Ecole libres de filles, 103, route de Vienne. Mᵐᵉ Henri Carrier.— (981) Ecole libre de garçons Saint-Vincent-de-Paul, MM. Nicolas, Bressand, Gervat, Roméas, Bailloud, Cognat, Guerrier, Fiquet, Jonet. — (984) Mˡˡᵉ M. Petit-Dessaris, MM. Chaffanjon, Calendras, Vincent, H. Beauregard. — (986) Mᵐᵉˢ les Religieuses de Cublize, Mˡˡᵉ Thoviste, Mᵐᵉ Longère-Dévarenne, M. Claude Beroud, Mᵐᵉ Dévarenne, Mᵐᵉ Pierrel, Mᵐᵉ Vᵛᵉ Desbat, Mᵐᵉ Louis Sanlaville, Mᵐᵉ Sanlaville Claude, Mˡˡᵉ Aline Pasquiez, M. Félix Sapin, Mˡˡᵉ Victorine Sapin, M. et Mᵐᵉ Lamblin, M. et Mᵐᵉ Cleppe. — (987) Mˡˡᵉ Ducroux, M. et Mᵐᵉ Côte, Mᵐᵉ Janny, Mᵐᵉ Debiesse-Melet, Mᵐᵉ Peroud, M. et Mᵐᵉ Pasquier, M. Vermorel, Mᵐᵉ Vᵛᵉ Debiesse. Mˡˡᵉ Villard, Mᵐᵉ David, M. Jamet.

(890) Mᵐᵉ Charassin, M. Charassin, M. Samin. — (891) MM. Paul Compte, Charreton, Dumas. — (893) M. A. Chapelle, Mᵐᵉ Chapelle, Mᵐᵉ Vᵛᵉ Planche, M. Pelletier. — (894) Mˡˡᵉ Guillemain, Mˡˡᵉˢ Andrée Dusserre, Marie Zacharie, Geneviève Rozet, Simone Rozet. — (899) Mˡˡᵉˢ Anne-Marie Meaussier, A. Larue, Clémence Marty, Besacier, Mˡˡᵉ Garon. — (903) MM. Désigaud, Jolivet. — (907) MM. Pierre Denis, Ferret, Perrin, M. Rollet, Fayard, Mᵐᵉ Babolat.—(908) M. Meunier, M. Jourdan, Mˡˡᵉ Jeanne Guillet, Mᵐᵉ Geoffrax. — (909) MM. Simon, Geoffray, Mᵐᵉ Geoffray. — (910) MM. Benoît Sollier, Delorme, Henri Peytel, Mˡˡᵉˢ Marie et Françoise Peytel. — (911) Mˡˡᵉ Clémence Nailler, Mᵐᵉ Musard, Mˡˡᵉ Elisa Vabre, M. Georges Chaballier, Mˡˡᵉ Marie Voisin.—(914) M. Perronnet, Mᵐᵉ Perronnet, M. Antoine Perronnet, M. Henry Peronnet.—(916) Mᵐᵉ J. Revol. — (917) Mᵐᵉ Courbière. — (918) M. le Curé de Saint-Laurent-d'Agny, Mᵐᵉ Poillet. Mᵐᵉ Seignol, Mˡˡᵉ Maria Palluy, Mᵐᵉ Léon, Mᵐᵉ Miodre. — (919) Mᵐᵉ J.-B. Virieu.—(923) MM. Daret, Jacques Grand, Mᵐᵉ Vᵛᵉ Bionnet, M. J.-M. Grand.— (924) MM. Benoît Bonny, Mᵐᵉ Peyssalon, Mᵐᵉ Geneviève, Mˡˡᵉ Malozon, M. Bionnet, Mˡˡᵉ Duchamp. — (933) Mˡˡᵉ Cattellat, Mᵐᵉˢ Maliquet, Porte. — (934) MM. Galle, Béras, Morin, Jarrosson, Dutel.—(035) MM. F. Meurer, M. H. Dussuc, Mᵐᵉ Dussuc, Mˡˡᵉ Dussuc, M. et Mᵐᵉ Vivien, Mˡˡᵉ M. Meurer. —(936) M. et Mᵐᵉ de Saint-Salvy,

Mlles Marie Franchet, Henriette Franchet, Germaine Franchet. —
937) Mme Rieuner, M. et Mme Bourdin, Mme Bourdin, M. et Mme Bordet, Mme et Mlle Desgrange, M. Gatier, Mlle Peissel, M. et Mme Baud, MM. Guillard-Buissardon, Mme Pascal, M. et Mme Durand, Mmes Martin, Mme Lameire, Mme Robert, Mme Bornarel. — (938) Ecole libre de Saint-Clair. — (857) MM. Giraud-Chazotier, Gros, Famille Champagnon, Mme Delorme-Terrace, Mlle M. Bastion. — (858) Mlle A. Roget. — (859) Mme Vve Mazallon, Mlle Thivillier, Mmes Berthier, Lhôpital, Mme Terrasse, M. Roget. — (860) M. Pierre Caillot, Mlle Barriot Colombe, M. Prosper Cherblanc, Mme Florin. — (861) Mlles Bador, Mme Bost-Fleury, M. Etienne Bost, Mme Delorme, Mme Françon, Mme Benoît Tabard, Mme Pierre Barriot, Mme Damiron. — (864) Famille Gresset. — (865) Mme Jeampierre, Mmes Volay, Mazallon, Maitrat. — (866) Mmes Desvaux-Laffon, M. Comte, Mme Rostaing, Mlles les Institutrices de l'Ecole libre de Lentilly. — (867) M. Soupat, Famille Marion, Famille François Royer, M. Reynaud. — (868) M. Salin. — (869) Famille Mazuyer, Famille Pradelle, Mlle Vinzent. — (870) Mme Cozona, Mme Silvestre, Mme Pansse, M. Lachard, M. et Mme Bost. — (872) Mlle Pradelle, Mmes Genet-Terrace, M. Sylvestre Duveau, Mme Reynaud. — (873) Mmes Hérard, Remillier, Mme Vve Guichard, M. Garon, Benoît, Mme Bernard, MM. Morin, Révon, Mlle Odette Dora, M. Jules Grange. — (874) Mlle Marie Joly, Mmes Giraud, Buffin, Forest, Mlles Forest, Buffin, Satre, Mme Mantel. — (875) M. Mantel, Mme Vve Bal. — (876) Mme Pouzet, Mme Berthier. — (877) M. J.-B. Gatet, Mme Vve Peyraud, M. Duvernay, Mme David, Mlle Bony, Enfants Reynaud. — (878) M. François Villard, Mlle Marie Villard. — (880) Mme Magnard, M. Manin, MM. Magnard, Cachet, Hérard-Ducros, Bonneton, Bonnefond, Mlle Paillat, M. Caillot. — (881) MM. Girardot, Caillot, Mlle Villard, Mme Mousset, Mme Jasmin, M. Dervieux, Mme Vve Colombet, Mlle Colombet, Mme Remilier. — (882) Mme Caillot, Mme Croizat, Mme Rivière, Mme Villard. — (883) Mme Vve Vanel, M. Vanel. — (884) M. Tixier, MM. Champinot, Lantillon, A. Priolet, Mlle Marin, Mlle Névissas, M. Fontaney, Mme Delay. (885) Mme Vanel, M. Villard, Mlle Antonia Jacquemet, Mme Joly. — (886) Mme Gallet, Mme Monnet, M. Bonneton.

(804) MM. De Saint-Jean (père), Antoine de Saint-Jean, Jacques Josserand, Cherpin, Mlles Maria Montaillier, Claude Montaillier. — (810) MM. Clément Terraillon, Pétrus Debourg, Tony Janin, Antoine Béroud, Joseph Tricaud, François Tricaud, Triomphe, Pétrus Janin, Joanny Démangé, Pétrus Demangé, Boloy, J. Durdilly, Jean Tricaud, Etienne Berchoux. — (811) Mme Sadot-Charmat, Mme Pasquier, Mme Vve Lagarde-Béras, Mmes Nové-Vercherin, Froget, Mme Vve Vanon, Famille Besset, Mme Giroud-Delorme. — (816) M. le Curé de la Chapelle-de-Mardore, M. Thivin, Mme Vve Dumoulin, M. Desseignés. — (822)

Mme Vve Etienne Martin, M. Ovize, Mlles Marie Gouttenoire, Céline Desseignet. — (835) Mme Duclos, Mme Bernelin, M. et Mme J.-B. Garnier. — (836) Mme Krafft, Mme A. Garnier, Mlle Pintner. — (838)Mme Condamin, Mlle A. Juffet, Mme J. Berger, Mme Radix, M. Mazuyer.— (839) Mmes Magniny, Durand, M. Nicolas, Mme Mathet, Mme la Supérieure des Religieuses de Saint-Charles de Charly. — (850) Mme Blanche Montgolfier, M. Chambardoud. — (851) Mmes Perrachon, Chambard, Tralet, Mme Alex et sa fille, Mme Fichet et sa fille, Mlles Pussiat et Brinjean, M. Ciancia, Mme Roury, M. Duborgel, Mme Varenne, Mlle Thély, Mmes Berboun. —(852)Mme Mosnat, Mlle Guttin, Mme Rotinel, Mme Montessuy, Mme Colon, Mme Rapatriée, Mlle Moulin, Mme de Gaubés, Mme Cybelle, Mme Grosbois, Mme Lyand, Mme Girin, MM. Limb, Fumat. — (854) Mmes Surin, Charmillon, Mmes Bonjour, Boissin, M. Boissin. —(855) Mme Pierre Dumas, Mme Foizat, Rativet, Mlle Marie Vincent, Mme Vincent. — (856) Mlle Poizat, M. Elie Jolay, Mme Dubut, Mme Colas. — (776) MM. Jolivet, Auray, Sivignon, Giraud,Matray, Mme Vve Chetail, MM. Carrie, Labrosse, Larager, Etienne Botton. — (787) M. le Curé d'Allières, M. J. Bourgey, MM. Veilloux, Amédée Rabut, Claude Rivoire, Mlle Devarenne, Mme Crozet, Mme Jomard-Foray, Mlle Dumoutet, Mme Maillet. — (788) MM. Pierre Deshayes, Jacques Guerry, Gilbert Deshayes, Péras, Marc Guerry, Mme Dugelay, MM. Pierre Deshayes, Paul Brouillard, Jacques Guerry, Sonnery, Mlles Chambru, Berthas, Mme François Dugelay, Mme Gilbert Deshayes Mme Thiòn, Mmes Péras, Chavanis, Gelay, MM. Dumas fils, Marc Guerry, Mme Dugelay, Mme Dufour, M. le Curé de Chambost, Mlle Dénéanne. — (789) Famille Eugène Rochard, M. Antoine Lavenir, Famille Gardette, Familles Vincent Pardon, Félix Montantème, MM. Mercier, Corgier, Mme Vve Chignier, Famille Gelin, Famille Vincent Auray, Famille Dumord, M. Antoine Forest, Famille Mayonson, Mme Vve Duthel, Famille Lacroix, MM. Sambardier, Claude Prothery. — (790) Mme Paquient, M. J. Valette, Mme Roux Postes. — (792) M. l'abbé Paret, MM. Ovise Comby, Berthinier-Aubonnet, Rampon, Guillermin, Mme Genevois, Mlle Marie Jarcellat, M. et Mme Kimerlé, Mlle Odobel, Mme Decloitre, M. Gromger, Mme Augay, Mme L'échavànne, Musset, Mlle Augay, Mme Roche, Mlle Chaize, Mme Michon, M. Berthinier, Mme J. Colin, Mlles Sauzon, Mme Darmizin, Mme Charnoy, Mme et Mlle Poloce, M. Depaix-Montgoin. — (795) Famille Auguste Eschallier, Mme Lièvre, M. et Mme Pétrus Plasse, Famille Coillard, Famille Derepierre, Mlle Auberger, M. Ballagny, Famille Charmette-Giraud. — (799) MM. François Pothier, Alexandre Chaverot, Marie Viannay. — (800) M. le Curé d'Ancy, Mme Saint-Lager. — (713) M. le Curé J. Berger, M. Charbon, MM. A. Rambaud, Augoyat, A. Namiand, Planus, Marion, Decotton, Mangon, P. Bernicat, Bail, Ph. Duray, Chaumaison, Picot, Delaye, Bine, Mme Guillaume, Mme Jerphanian, M. A. Maret. — (718) Mme Anna Branciard, Mme Félicien Guillot, M. Marcel, curé de Pommier. — (731) MM. Robin-Sarge, A.-M. Rampon, L. Robin. — (733) Mlle Anna Faudon, Chœur de chant, paroissial de Cercié, M. le curé de Cercié. — (734) Mme Vve Etienne Descombes, Mme Vve Crotte, MM. C. Farjot, P. Burdon. — (738) Mme Vve Lagardette, Mmes Blain, Marius Jonnery, Crozet, Mlle Oclet, Mme la Vicomtesse de Charpin, Mlle Liggenstorfer, Mme Blanc, Mme Mathon, Mme Trichard-Desthieux, Mme Vincent, Mme André Large, Mlle Piénoz, Mme Trichard-Perron. — (740) Mme Vernus, M. le Curé Rey, de Saint-Etienne-les-Oullières, Mme Large-Cartelier, Mme Crotte. — (743) M. Chaffaryon, Mme Baltagny, Mme Andrieux. — (744) M. le Curé Brulas, du Bois-d'Oingt. — (748) Mme Vve Barthélemy-Dupoizat, Mme Renaud, Mme Gambet-Chassagnolle, Mme Dupoizat-Veluire, Mme Sulpice, M. Chasselay, Mme Monteiller, Mlle Charbonnay, Mme Jeanne Berchoux, Mme Chavagnon-Gambet, M. l'abbé Sicre. — (749) M. le curé Nicollet, de Chessy. — (754) M. l'abbé Dumont. — (757) Mme Subrin-Pradel, Mme Maillet-Crozet, Mmes Jean Lafay, Claude Pradel, Mme Pierre Vissiou, Mme Vve Raffin, Mme Laurent-Perrin, Les Sœurs de Saint-Joseph de Saint-Véran, Mme Jean Balmon. — (759) M. le curé de Ternand, M. Chavagneux. — (760) M. P. Bacon, Mme Delaersonge-Lussale. — (769) Mme Jean-Pierre Dory, Mmes les Religieuses, MM. Jean-Marie Matray, Jacques Dory, M. et Mme Georges, M. le Curé de Chiroubles. — (772) Mme Duranton-Martray, Mme Vve Bonjean, Mme Vve Michel, Mme Claude Denoches, Mme Ducrozet, M. Jaffre. — MM. Chirat du Camard, M. Cottencin, M. le Curé d'Aigueperse, Mme Probst, M. Rose, M. Chirat (du Bonny), MM. Grataloup et Pichon. — (657) Mlle Poulat, MM. Fournel, Jean-Marie Poulat, Mlle Jeanne Piot, MM. Pierre Chambe, Michel Souchon, Mlle Antoinette Grange, M. Jean-Benoît Ville, Mlles Marguerite Guinand, Claudine Guinand, L. Charachon. — (658) MM. A. Petitjean, F. Thiollier, Chillat, Famille Besson, MM. Jean Grange, Antoine Bruyère, Mlle Marie Piégay, M. Claude Chollet, Mme Vve Harluison, Mme Bailly, M. Antoine Chaduiron. — (667) M. Louis Peisson, Mme Benat, Famille Goy, Famille Font, Famille Bruyas. — (674) MM. A. Laurent, M. Denys. — (683) M. le curé Cuisson d'Yzeron, Mme Bouteille, Mme Courbière, MM. Cognet, Grataloup, Badoil, Chantre, Mlle Claudie Thollot, MM. Brun, Badoil, Bador, M. Badoil (du Parc), M. Badoil (du Gilet), M. Badoil (de la Roche), Mme Rivoire. — (685) M. Auguste Gardette. — (686) M. Dupont, curé d'Arnas, et quelques paroissiens. — (688) M. le Curé de Chervinges, Doyère, Mlle Catherine Demaison, Mme Vve Berthaud, M. Louis Molatière, M. Blanc, Mme Melouzay, Mme Thivent, M. Mulatau, Mlle Thivent. — (960) MM. Chanrion, Morel, Lorras, Scheyder, Ecole libre de filles, Mlle Catherine Caillat, MM. Billet, de Vernisy. — (691) Mlle Cécile Martin, Mme Vve Colas, MM. Ferrier, Roche, Balvay, Claude Martin. — (693) MM. Trambouze, J.-B. Dupont, M. Balme, Mme Toinon, M. le curé Degraix, de Limas. — (694) Mme Jean de Chabannes. —(709 Mme Vve Joseph Papillon, Mme Guerry-Magat, Mme Francine Guerry. Mlle Marie Thiard. — (711) Mme Boisson, Mme Geron, M. Collignon, Mme Vial, Mlle Vial, MM. Perroud, Bélissent-Gros.

(626) Mme Sauvignet. — (627) MM. Croze, C. Jolyon. — (628) MM. A. Gérard, M. le Curé de Saint-Germain-au-Mont-d'Or. — (629) M. le curé Feuillet, de Saint-Romain-au-Mont-d'Or. Mme Babolat, Mme Vignat, Mme Vve Marchand, Mme Vve Revol, M. Jules Dodet, Mme Mallet, Mme Marie Lignieux. —(634) M. Alphonse Thibaudier, Mlle Bertholon, MM. C. Dumas, M. Delhopital, M. Bonnefoy, M. Revenu. — (637) MM. François Colin, Barthélemy Galloy, Alphonse Prévot, Félix Lac. — (639) M. le Curé de Pierre-Bénite, M. Pain, Mme Buthion, Mme Seguin, Mme Ferréol, M. l'abbé Pincanon, Mme Relachon, Mme Altmann, M. Cublier, Famille Loire, Famille Allen, Famille Genoud, Famille Bonnet, M. et Mme Marnet, Mme Vve Raimond, Famille Valencot, Mme Unchauen, M. et Mme Suraud, M. et Mme Langrost, M. et Mme Vivier, M. et M^{me}Courbis. — (641) Mme Fleury-Brally, Mme Périer, Mme Vindry-Burelier, Mmes Assada, Mlle Jenny Bernaud, Mme Chambey-Buy. — (643) M. l'Abbé Georges, MM. Jean-Antoine Paix, Clément Bessios, Jean-Benoît Pitiot, François Régnier, Mme Vve Célestin, M Poulessard, Mme Déclerieux, M. François Declérieux. — (648) Mlle Berger, MM. Bouchut, Benière, Gouget, Mlle Joubert, Mlle Devoux, Mlle Verpillat, M. Blanc. —(649) Famille Bonnamour, M. Jean Bretonnier, M. Goy. — (651) M. Denoyel, Mme Vve Durdilly, MM. Boinon, Jean Peyron, Chapiron, Joseph Duthel, Jean Chaverot, Mlle Benoîte Vernay, Mlle Mariette Poncet, MM. Ramel, Berland, Jean-Marie Thardy. — (654) M. Benoît Roussier, Mme la Marq^{se} douairière de Fenoyl, Mme la Vicomt^{sse} de Fenoyl, Mlle Louise Chaize, Mme Merle, Mme Cherblanc, Mme Roffat. — (655) Mlle Chirat du Vernay, Les Religieuses de Souzy, Mme Morel, — (578) Mme Henri Fiéron, M. Victor Lalouette, Mme Mantelier, Mme Manhès, M. le Curé de Tassin. — (583) MM. Jean-Et. Richard, Claudius Chanal, Mme Vve Drevet, M. Christophe Moyre, Mlle Marie Christophle, Mlle Philomène Christophle, M. Louviot, Mlle Amélie Drevet, Mlles Marie Christophle, Julie Rosier, MM. Bouvrin, Bertholet, Rollat, Christophle du Pétra, Bardien, Pacaly. — (587) M. Peillon, Mme Peillon, Mlle Madeleine Peillon, Mlle Maria Billon, M. Mme et Mlle Simon, M. Antoine Laurent, Famille Chavas, Famille Didier, Mme Joseph Satre.— (591) Familles Tournier-Pillet, Mme Paret, Mlle Marie Cuilleron, M. Cellard. —(598) M. P. Aurion, Mlle A. Sérèbe, M. Gaudin. —(600) L. Sylvoz. —(602) M. Caton, curé de Saint-Romain-en-Gier. — (610) MM. Jacques Ollagnier, Laurent Tandille, Félix Gandy, Jean-Marie Granjon, Jacques Sauron. — (613) Mme Vve Piégay, MM. Marius Gardon, Jean-Baptiste

Montagny, Rivollier, Mme Crozier, M. Jean Poyard, Mme Marie Michel, Mlle Antonine Veillon. — (615) M. Rozier, M. le capitaine Joly. — (618) Mme Dufot, Mme Sallignat, Mlle Marie Sallignat, M. et Mme Pierre Vondière, Mlle Lucie Sabatier, Les Religieuses de Saint-Joseph de Collonges, Mme Jacques Allard, M. et Mme Mercier-Chaize, Mme Antoine Gonat, Mme Damien Vallansot, Mlle Claudine Genevay, Mlle Bernard, Mme Chervet, Mme d'Allard, Mlle Joséphine Délain, Mme François Vibert, Mlles Labaume, Famille Morel, Mlles Lambert et Prénat, Mme Vve Guillot-Bernard, Famille Gauclère, M. Sarthier, Mme Vve Boudaud, Famille Martelet. — (620) M. l'abbé Chol, Mlle Claudia Chol, Mlle Marie Chol, Mlle Glady Chol, M. Jean Guillet, M. Julien Deroud, M. Louis Durand, MM. Perroud, Noyer, Mme Vessot, Mme Cl. Vessot. — (622) M. Ocerut. — (624) MM. Louis Monthias, Mlles Marie Font, Aimée Font, M. Maurice David, Mme Croze, M. et Mme Richard, Mlle Hélène Bonvalet, MM. Reille, Gonnard, M. Grange, curé de Fontaines-Saint-Martin, M. Defont. — (625) MM. Bullion, Presle-Viollet, A. Juttet. — (503) M. le Curé de Saint-Georges, MM. Malplin, Murry, Mme Michel, Mme Magnillat, M. Audon, Mme Perret, M. Ivolin, Mme Chany, MM. Faise, Courtois. — (509) M. Mulaton. — (510) Mme Charbin, Mmes Perreau, Clément, Mlle Lacroix. — (511) Mmes Astier, Bécheteille, Révol, L. Carrotin, Henri Cochaud, F. Romain. — (514) M. Joanny Larochelle, Mlles Buffet. — (521) M. l'abbé Chassagnon, M. l'abbé Vacher, Mme Chevallier, Mme J. Carret, M. Burel, Mme André Barriot, Mlle Fonséca, M. Maurice, Mlle Barriot, M. Burel, Mme Vve Crozet, Mme Marguerite Biétrix, Mme Bizet, M. J^{ce} Bizet, M. de Rivoyre, Mlle Carret, Mme Mlle Voiret. — (524) M. Gustave Drapier, Mlle Martel. — (527) MM. Lapalas, Rochon, Mlle Suzon, Mlle Olga Syssoyeff, Mlle J. K. Mme Gerlelot, Mlle Henrick, Mme Chofardet, Mlles Laurençon, Perrin. — (533) M. Deschamps, Mme Guigard, M. Rivier, Mme Guérin, Mlle Guérin, M. Clément Favre, Mlle Vacher, MM. Chardon, Challand, Famille Ronchard, Mme David, Mme Millet, M. Claudius Challand. — — (534) Mmes Marceau, Chessac, Chalayer, Perron, Carra, Broallier, Pouly, Mlle Vulat, Mme Richarme, Mme Biétrix, MM. Rambaud, Bacheré, Berthoud, Mlle Gaucher, M. Bauer. — (538) MM. Gonnant, Gumel. — (539) Mlle Cumet, Mme Rochet. — (541) Confrérie du Saint-Sacrement de Saint-Augustin, M. Marie-Robert Chuizière, Confrérie des Enfants de Marie, Mlles Augustine Liogier, Augustine Broyer, Confrérie des Mères St-Augustin, M. l'abbé Albert Guillonnet, Confrérie du Rosaire de Saint-Augustin, Confrérie du Sacré-Cœur de Saint-Augustin, M. H. Simonnet, Patronage de Saint-Augustin, M. l'abbé Triant, Mme Vetu, Enfants de chœur de Saint-Augustin. — (545) M. Sève, Mme Chapard, M. Thiollier, Mmes Jean Desoint, Famille Rambaud, Famille Praist. — (546) MM. L. Chollot, L. Chatelard. — (554) Mlle Chaize, Mme Tailherdier. — (555) M. et Mme Roujon, M. Lajeunesse. — (556) M. le Curé de Saint-Germain-sur-Arbresle, Mme Vve Charles Caillot, Mlle Maria Denis, Mme Emile Favre, Mme Anna-Marie Rambaud, Mlle Valette, Mme Vve Joanny Chanel, M. Josserand, Mme Cuissard, Mlle Devaux, Mme Subrin, Mme Chapoton, Association « Jeanne d'Arc », Mme Barret. — (558) Mme Rousset, Mlle Francine Côte, Mlle Chenevière, Mme la Supérieure des Religieuses des Mines de Saint-Gobain, Mme Salle, Communauté des Sœurs des Mines, Famille Bassard, Mlle Légal. — (559) Mme Mugelle, Mme Girin, M. Croyet, Mme Chamba, Mlle Chamba, Mme Chatard, Trois enfants André, Mme André, Mlle Distel. — (564) Une Parisienne, une Mère de famille, Mme Vve Berthelon, M. Charles Faud, Mlle Maria Sadou, et sa mère, M. et Mme Mathiau. — (565) Mme Cozana, Mlle Thérèse Cozana, M. Chapuis J.-François, M. Blanchon, M. le Curé de Civrieux-d'Azergues, M. Gorgeret, Mlle Teissier, Mme Demoustier. — (567) Famille Maier, Congrégation des Enfants de Marie, M. le curé de Limonest. — (568) Mme Vve Chaffange, Mme Chatillon, Mme Vve Thibaud. — (569) M. le Curé de Marcilly, Mlle Antoinette Lambert, M. Jean-Baptiste Minet, Mme Bunand, Mlle Alexandrine Lambert, M. Jean Ritton, Mme André Minet, Mme Durand, Mme Paviot, Mme Grégoire, Mme Clément, M. Favart, Mme Graille. — (571) Famille Royer, Ecole libre, Famille Bennier, Famille Raisin, Famille Lebreton-Geoffroy, M. Dominique Vincent, MM. Emery, Jean Buisson, Mme Guinamard, M. Jean Négri, Mme Guérin, Famille Chol-Gayet, Mlle Rouyer, Famille Chollet, Famille Dellevaux, Famille Gervais, Famille Ersfeld. — (577) M. le Curé de Saint-Rambert.

(5007) M. Charliet. — (5009) M. J. Dumilly. — (5015) M. Mortin. — (5013) Mmes Paquier, Pollassan. — (5016) Le Personnel de la Maison Moyne, Mme Moyne. — (5017) Mme Walch. — (5018) Mlle Aug. Berthet. — (5019) MM. Biétrix, Tregner, Venures, Mlle de la Croix-Laval, M. Pibouin, Mme Tregner, Mmes Cherra, Bussy, M. R.-L. Gilgentrantz Mme de la Verpillière, Mme de la Tourne, M. Liottard, Mlle Fournier. — (5020) MM. Richard, Roche. — (5021) « Pour qu'il revienne ». — (5023) Mme Blanc-Dupont. — (5026) MM. J. Blandeaux, C. Gaillard. — (5031) M. Foulumion, Mlle Pichon, Mme Gayté, Mmes Thévenet, Bonnet, de la Chapelle, M. Mollon, Mme A. Pascal, M. de Gasquet, Mme Drisner, Mlle Drisner. — (5029) Mlle Favre. — (5032) MM. Cuilleron, Bosson, Bar Américain, Café des Cordeliers, Café des Tramways. — (5033) Mlle Roche, Mme Mouvrat, Mlle Thurel, Mme Vergeat, M. Jean Guyot, M. Pané. — (5034) MM. Carrunto, Lang, Catenot, Pitiot. MM. A. Coru, « Au Camélia » Hôtel des Beaux-Arts, Magasins des Jacobins. — (5035) M. Henri Abéhare. — (5036) MM. Perret, Jandart, Maréchal, Mme Berthier, Café du Moulin-à-Vent. — M. O. Clément, Mlle Battut, Mme Vve Alix Garcin, Mlle Montélimard, MM. Jay, Creyssel et Cie, Mme Winger. — (5038) Mme Fayolle, Mlle S.

Fayolle, Mlle O. Fayolle. — (5039) Mlle Hélène Isaac, M. Louis Isaac.
— (5040) MM. Bourgue, Delou, Micol, Sebien, Muoz, Guy, Potet, Mi-
coud, Mme Rogay. — (5041) Mmes Cachaud, Sarrante, Grataloup. —
(5042) Mme Renol, Mme Boiron, Mlle Duplan. — (5043) Mlle Herard,
Mme Verrière, Mlle Péraud, Mme Dangès, Mlle Bise, Mme Massonnet,
Mlle Pinaroli, Mlles Colomb, Loyon, Imbert, de Villeneuve, Papillon,
Bogey, Culty, Mme Glenard, Mme Ménagé. — (5044) MM. Jacob-Jarrin,
— (5053) MM. Grollier, Germanoz, Kessicaut, Paret, Maurice, Madal,
Mme Morel, Mlle Crida. — (5059) M. Hager. — (5063) M. Odon, Mme Lagrange, Mmes Refeyton, Merlin, Farjal, Lallé, Bromet. — (5073)
MM. Donche, Emptaz, Terrambon, Gudion, Barruel, Grenier, C. Mi-
chel, H. Michel, Mercier, Mantignoux, Declérieux. — (5074) MM. Vi-
ment, Jouty, Dalleru, Iché, Abry. — (5075) M. Jond. — (5082) M. A.
Pertinax, M. P. Boy et sa famille, M. Serve, Mlle Goudard, Mlle Vil-
lard, M. David. — (5083) MM. Calandra, Perret, Chervet, Perrin. —
(5087) Mme Bonnard, Mlles Bonnard, Mlle Guidot. — (5088) MM. Bailly,
Berger, Deschamps, Durand, Escoffier, Envrard, Kuppfer, Malplat,
Rabut, Fuma, Geiger, Hamon, Pinaton, Bordillou, Mme Deschanel,
M. Gérard, Mlle Barbaret, M. Cuchout. — (5090) M. Baboz, MM. Dayné,
Mlle S. Duvivier, Mlle Terrier, M. et Mme Odet, Maison Guinand,
MM. Saunier, Weidlich, Triantafillis, Curty, Thomas, Comptoir Na-
tional d'Escompte de Paris. — (5092) V. M. — (5097) MM. G. Choisy,
A. Joliey, Duplan, Moulland, Bourgeois, Bourbon, Fallachon, Firi,
Favier, Drevel, Martin, Morge, Loirevez, F. Drevet, B. Drevet, Mil-
homme, Ruyet, Lanza, Cartallier, Falcan. — (5099) M. Grivoulat. —
(5101) MM. G. Cloud, J. Ract, Duefieux, Miroi, Schmesderer, Bourdix,
Champouret, Ribetti, Drey, Dupressoir, Maraby. — (5111) MM. Faure,
Bonard, Weber, Teyre, Majuyer, Chevandier, Gorret, Lambert. —
(5117) M. Louis Exbrayat. — (5121) M. A. Mailler. — (5133) MM. Glas,
Levet, Decourt, Ruet, Chafaroux, Normand, Pelin, Aubin, Hornez,
Piolat, Eliez, Westerlappe, Ranson, Mairesse, Guillemin, Piat, Martel,
Darpin, Bonnel, Chanal, Chartoire, Rochaz, Sibelle, Solera, Soulier,
Paillet, Joubard. — (5134) Mlles Mantelin, Seychal, Nier, Patay, MM.
Moret, Arnal, Pingeon, Foray Pommier. — (5137) MM. Margeraud, Ro-
berjot, Barry, Clermann, — (5139) M. Chanel, Mlles Devaux, Rue, MM.
Hauser, Janaud. — (5143) MM. J.-M. David, J.-B. Théodore. — (5416)
MM. Brumen, Grobet, Dejou, Koebel. — (5154) « La Parisienne »,
M. Estève. — (5156) MM. Martel, Dey, Georges, Sarcey, Callez, Gros,
Mlles Dupont, Laforest, Buttet, M. Pichon. — (5160) Belle Jardinière,
Atelier de dames. — (5163) MM. Hollinger, Rolland — (5164) Jac-
ques Simon, Claude Simon, Mlles France Simon, Odette Mossé-
Simon, M. Sauret-Polaud. — (5168) Mlle Brésard, M. J. Brésard,
MM. M. Brésard, P. Poli, Mlles Faujet, Valette, MM. Schmoll, Lecuelle,
Sivel, Rambaud. — (5172) Mlle Mantelin, MM. Condamin, Vincent

Robert, Mme Bouteille, Mlles Petit, Gualat. — (5177) Mme Lhôpital, Mlle Lhôpital. — (5179) MM. H. Cadot, R. Cadot, Mlle M. Cadot, Lamachère. — (5180) MM. C. Lafont, G. George, Chunard, Biou, Auger. — (5186) MM. Démule, Soux, Réveillard, Guillaumont, Genin, Busse. — (5189) MM. Guerry, Cailleux, Rivoire, Charrain, Larme, Combe, Revouy, Pithout. — (5192) Mlles M. Laurencin, L. Laurencin, Pérenon, MM. Granon, Mercier, Braide, Durbiano. — (5195) M. F. Lavirotte. — (5200) MM. C. Douault, Mazoyer, Pons et Ginot, Moreau. — (5212) MM. Morel, Labanque, Rouhier, Tremblet, Liverset, Faut, Bissarz, Chanteur, Garnier, Lacharme, Bonnet, Decotte, Garnier, Mariani, M. et Mme Salles, MM. Barry, Fantagol. W— (5217) MM. Barillot, Mlle Nardy, MM. Petreyrun, Roche, Lampereur, Garnier, Thollon, Abedou, Crozet, Thomas, Gilbert, Pantin, Goullard. — (5218) MM. Nicolas, P. Nicolas, Daviet, Humbert, Darraud, Bertet. — (5220) M. Tourut. — (5226) MM. Veuillet, Rosey, Perotto, Nillard, Dours, Meyel, Jenny, Ducarre, Roux, Verzy, Godard, Perréon, Belleville, Ménapace Vigneux. — (5241) MM. Eugène Berger, Chatel, Koch, Cornaton, Lethenet. — (5245) M. Ferrié. — (5247) Mmes Gamond, Coutin, Rétif, Souchon, Malossanne. — (5248) Mlles A, Lerot, Guillarme, MM. Zoppetti, Petit Gralide, Belanton. — (5253) MM. Mermet, Rainuz, Bataillon, Poulin, Condamin, Charnol, Chamouta, Regoudis, Cusin, Chenevier, Mlle Cayet, M. Michoud. —(5254) MM. Fontaine, Bernard, Martin, M. Terrier.

(5256) MM. Trumeau, A. Bonneville, Ponton, Gudet, Lalch, Roche, Rehspringer, J. Bonneville, Vve Rolet, Dormoy, Jaricot, Battu. — (5259) MM. Aconin, Savoye, Boirin, Chevillon, Jeandet. — (5260) M. Carron. — (5263) Service de la démarche de la Banque Privée, MM. Blanc, Portefeuille, MM. Ganeval, Dumas, Muguet, Clermont. —(5264) MM. Neetoux, Lutzuis, Derièze, Mélinand, Durand, — (5272) MM. Menoud, Charmet, Brossy, Bouvier, Mugniéry, Mollard, Berger, Pansu, Ravet. — (5273) Mlles Pipard, Bardey, Poncrozi. — (5275) Le Personnel du pétrole Hahn. — (5278) Mme Thiodéré. — (5281) Mme Charoin, Mlles Michard, Vervet. — (5286) MM. Jaillet, Gaillard, Mugnianoni, Mlle Gros. — (5287) MM. Marion, Bertton, Mlles Bertton, Gandot, Clercy, MM. Colomb, Houg, Prelonge, Bertholin, Weber. — (5291) M. Moncharmont. — (5293) Mme Testu, Mlle Dunoyer, MM. Mercier, Vigier, Méallier, Frédéric, Marchandise, Mathieu, Guy, Bernord, Pache, Ernest, Levrat, Neyraud, Abella, Gailloux, Clément, Mme Méallier. — (5316) Mme Vve Bellissen. — (5319) M. Vindry-Fleury. — (5322) Mme Beaumoit, Mme Mortamet, M. L. Mortamet. — (5331) M. Charmet. —(5335) Mlles Keck, Fayot, M. Krust, Une Alsacienne, Mlle Maria, Mme X. — (5338) MM. Michallet, Grenouiller, (5340) Mlle X..., Mme Richard, Mlles Munnier, Fanjac, Villard. —(5341) MM. Colombain, Pral, Garcin, Dumoulin. (5342) MM. Feydel. —(5345) M. Kohn. —

(5346) MM. F. Giraud, L. Giraud, Perret, Rousset, Sicard, Brouty, Sorenson, C. G. J. Deynuble, Mme Fetury, MM. Jame, Ruttiman, Monbon, Poinas. — (5353) MM. Rossillon Roth, Robert, Seux, Gras, Pral, Barbary, Giraud, Lazare-Drut, Marchand, Rémond, Pons et Ginot, Blain, Alberti, Chipier. — (5364) MM. Gérard, Caillet, Gaillard, Buissonnet, Réné. — (5368) MM. Croctaine, Sadin, Bernon, Peny, Grisard, Carret, Amiet. — (5369) Mmes Noilly, Mme Giraud, Mlles Giraud. — (5374) Mme Bené, M. Bené, Mlle Bené, Mme Lamure, Mme Delaye, MM. Balcet, Griot, Brachemi, Van Doren, Challier. — (5374) Mme Mazelpeux, MM. Gaydou, Ballot. — (5377) Le Personnel de la Maison Dorée, M. Laguetto, Mme Berthillier. — (5386) Le Capitaine Carour M. Bouvier. — (5387) MM. Claudinon, Roux, Bourganel, Mlle Charponet, Philippe, Auzande, Alice, Lucette, Un lapin, Réveillon. — (5390) M. Benoit Allemand. — (5395) MM. Arouin, A. Legg, Bonvin, Mlle Bonthoux, M. Alma. — (5397) MM. Aubert, Bouvet, Laforest, Carrillon, Muyer, Aroud, Cimon. — (5398) La Direction du Salut Public, la Direction de la Dépêche de Lyon. — (5402) MM. Pasquier, Dru, Simonet, Teillon. — (5414) MM. A. Guillot, Millet, Rivière, Guillot, Poncet, Morel, Mlle Peyron, Mlles Périer, Becconi, Mlles Memu, Leynaud, Mme Rey, Mlles Vignal, Guillon, MM. Grillet, Verney, Jogaud, Mativel, Bardo, Bozon, Flattard, Michon, Gimard. — (5416) MM. O. Gauthier, N. Gauthier, Michelland, Imbert, Faudan, Blang, Bonnard. — (5418) Mlle Falconnet, MM. Germauceau, Humbert, Clugnac, Frangopulo, M. et Mme Guy, MM. Giovanni, Marcelli, M. de la Garde. — (5421) M. Baugé. — (5422) MM. Berrier-Milliet. — (5425) Mme et M. Georges Paul, MM. Rousseau, Hereau, Mlle Anoblauer, Mme Gondard. — (5426) MM. Lassera, Thomasset, Mmes Celérier, Guillermin, Gattet, Speich, Delayhe, MM. Sage, Bert. — (5429) Mme X. Mmes Furley, Lizanne, J. Zacarie, C. Zacarie, Broliquet. — (5433) M. Rodet. — (5438) Mlles Richon, Michaud, MM. Christivet, Trépier, Lafont. — (5440) A. C., C. D., M. C., M. G. — (5441) M. Vionnet, Lambert Guigueliat, MM. Combes, Magnin. — (5442) MM. Maillot, Vérilhac Villard. — (5444) MM. Gonnelle, Bost, Teil, Richerand, Muguet, Trousset, Poncet. — (5448) M. Théodore. — (5450) M. Frelier, Mlle Pellat, M. Chiron, M. Berthéas. — (5454) MM. Frirdurck, Rapp, Vancorbeil. — (5458) M. Rolandez. — (5459) MM. Emiel, Brandon, Rolandez, Fagot, Dorel. — (5461) M. Mollard. — (5462) Mme Chillet, Mlle S. Juthier, Mlle R. Juthier, Mme Lalande, Mlle Brachet, MM. Bague, Juthier. — (5473) Mmes Beloud, M. Peyrard, Le Personnel de l'atelier échantillonage de la maison Dognin et Cie, Le Personnel de l'atelier Ressuivage de dentelle de la maison Dognin et Cie. — (5476) MM. Dama, Garnier, Perroncel, Fournier, Masson. — (5477) A. M. — (5485) MM. Cloix, M.-J. Peillon, F. Try, Mlle Dufêtra, Mlle Petit, MM. Richard, F. Charbonnier, Gaillard, Pernat. — (5486) Mlles Besson, Douine,

Beluze, Masson, Pélissier. —(5489) MM. Guillet, Léonard, Ferrier, Mal-
tradienne, Mlle Bruno. — (5493) MM. Ambert, Prady, Bigneurre,
Mlles Prady, Denjet. —(5500) MM. Griffon, Noyret, Colin, Châtel, Bazin
Reyne, Duval, Ferré, Sonnet, Guyat. — (5513) MM. Lacaton, Forat-
Dodelin, Genin, Mlles Genin, Pompeau, Stabel. — (5515) MM. Fructus
et Dulian. —(5519) MM. Laroche, Hermandez, Baudit, Pouzache,
Magny, Bonnern?. — (5524) MM. Chauvent, Desmaris, Pontadit, Be-
raud, Roussillon. — (5527) MM. Bailly, Demarle, Lacroix. — (5534)
MM. Cachard, Dehard, Mlle Perrichon. — (5536) Mlles Poisat, Char-
bonnel Mme Vve Mazuel, Mlles Gay, Perrot, Sassenet, Mercier, Chollet,
Chichizola, Jacotin, M. Annikiny. — (5537) M. Dadolle. M. Perrin,
Mlles Bourguignon, Buffet, Ducot, Perrin. — (5539) MM. Cotel, Pin,
Sandier, Un groupe d'employés de la Maison Turichot et Grassin,
MM. Couchoud, Humbert, Mollard, Mme Lescuyer, Mlle Degrange,
MM. Cusset, Barbier, Mme Chiesa, MM. Servonnet, Jonda, Ramel. —
(5540) MM. Laurent, Mlle Toye, MM. Danuron, Quatrecotte, Mlle Dé-
migea. — (5541) Mme Bonnetin, M. Pelloux. MM. Casanova, Crespin,
Mme Mousï r.

(5548) MM. Allardet, Mme Guerry, Mlles Perrin, Dandelot. Mme Rey,
M. Scbelin, Mme Grenier, Mlle Grenier, MM. Coquet, Prince, Staron. —
(5549) Mlle Cotte. — (5553) MM. Burdet, Bruel, Berthoud, Pupil, Ravet. — (5561) MM. Bovy, Bourg, Lévy Mlle Blanchard, MM. Strohle,
Wassner, Badet, Trichard. — (5614) MM. L. Vivier, Laurent. — (5618)
MM. Russell, Desseigne, Vignaud. — (5627) M. Gamel. — (5628) M. Pi-
gnol, M. Rock. — (5564) M. Jean — (5565) MM. Martin, Sapanet, Fre-
val, Folléa, Bidon. — (5567) Société des Carrières. — (5575) M. Louis
Girard. — (5579) M. Claudy, Mme Lacarrau, Mme Voisin, M. et Mme
E. Claudy. — (5584) M. A. Mathias. — (5590) M. Lecrenier, Mme Or-
donnaud, MM. Nebout, Estoubé, Brizard, Ferralin, Favre, Vechietti,
Rigoly, Albertoni. — (5591) M. Amblot. —(5593) M. Schmist, Mme Vve
Schmist, M. Philippe Schmist. — (5594) MM. O. Loras, L. Greppo. —
(5600) MM. Charlet, Gros. — (5601) Collecte faite parmi le personnel
de la maison Girel et Dalmais. — (5605) MM. Rollet, A. Perret. —
(5609) M. Moyroud. — (5612) MM. Jubien, Delfosse, Mme Delfos e. —
(5613) M. Naval. —(5676) Mme Diéthelm. — (5680) M. Civet. — (5681)
Mmes Rodde, Rampon, Tarlet, Gloppe, Landré. — (5682) Mlle Ma-
riscotte. — (5683) MM. A. Balin, Van den Abbeele. — (5684) Mme Clair.
— (5685) MM. Clément, Nallard, Barraud, Hannequau, Aguillon, Fos-
serie, Beurcier, Boÿquet, Monnerat. — (5686) Mme Vve Janon, M. J.
Henry. — (5687) MM. Brot, Sciton, Joly, M. X., Mme Gillet.— (5691)
MM. Vincent, Allsatti, Courbon, Ruchon, Mmes Payet, Bonnefond,
Pradel. — (5692) Mme Bonnefond, MM. Vallon, Borne. — (5696) M. Bacharach, M. Costa de Beauregard, M. et Mme Esfantin, MM. Bady,
M. Dreyfus. —(5697) Mmes Rochet, Bellemain.— (5699) M. et Mme Got.

— (5700) M. Collonge. — (5702) M. de Breux, MM. Beaume, Barrolle, Hammes, Griot, Chauvillard, Mayer, Mme Bouclier, Mmes Vacher, Proriol, Mazière, Rahm. — (5719) MM. Rodier, Rouget, Mlle Mochi, M. Valentini, Mme Deleuze, Mlle Jacquemier, M. Garampon. — (5720) M. Veyret René, M. Jean Veyret, Mlle Fournier. — (5724) M. Michaud. — (5727) MM. Jacquard. — (5728) MM. Raillon, Deplante, Gagnière, Grenier, Meunier. — (5730) Quête dans une usine, Désireux de persévérer, blessé de guerre. — (5735) M. A. Bastet. — (5744) M. Berger, M. Bailly, M. Dugas de Baudan, MM. Vernay, Janin, Franchi, Bonnand, Robelin. — (5745) MM. Chanard, Arnaud, Foret, Martin Sullac, Pelletier, Carion, Pouly, Cuzni, Salin, Jandard, Bayard, Gentel. — (5750) MM. Descours, Mmes Berne, Tissot, Chaverot, Jumeau, M. Girard. — (5751) Mmes Rolland, Berthet, Rambeau, Chazette, de Glahn, Chabert, M. Delisle. — (5752) M. Coupot, Mme Montaz, M. Regnault, Mme Guigue, MM. Mercier, Mauriat, Sambat, Mme d'Anferville, Mmes Bergé, Vermorel, Rame. — (5753) MM. Gaillard, Riboud, Dubreuil. — (5756) MM. Favre, Le François, Mmes Barrau, Bouchard. — (5759) MM. Gutenthal, Martel, Buer, Fuchez, Mme Vve Ménard, MM. du Marais, Beynier. — (5760) MM. Ferrapi, Crozet. — (5763) Mme Guculin, MM. Robert, Thion, Frantz, Melin, Kirentz, Puissant, Giguet Villermoz, Rassat, Wasnier, Vergoin, de Verna. — (5770) MM. Robert Hoffet, Mlle Germaine Hoffet. — (5773) M. Castagna. — (5781) Mlle Rougier. — (5782) MM. Sicard, Chatard, Gras, Mme Berloty, Mmes Mouterde, Buskard, Chamel, Bruyas, Givernaud, Paquier, Revolle, Hallot, Mme Bruyas, MM. Gimonin, Dalsol, Mme Glatard, M. Sevaz, Mlle Glatard, Mme Jarrosson. — (5789) Mmes Ollivier, Deschanel, M. Fouquet. — (5791) Mme Schille, Mlle Mauperin, Mme Gehret, M. Boudet, Mme Chassignol, MM. Cholle. — (5792) MM. Rochat, Damé, Tuset, Devay, Giraud, Muletier, Lévigne, Serlin, Vital, Bois. — (5793) MM. Servoz, M. Brasseur, Mme Allier, MM. Ruffieux, Géry, Mlle Trivist, Mme Escoffier. — (5794) MM. Girard, Podeux, Manessier, Mme Guyod, MM. Planté, Cahen, Mme Naton, M. Chavaney, Mme Barbarin, M. Duret, Mme Tagand, Mme Boulin. — (5795) Mlle Amagat, Mme Baume, Mmes Bergeron, Roussen, Giffard, Sauzey, Bruyas. — (5808) Mme Vial. — (5810) MM. Gabion, Eynard, Bonnard, Ballester, Beurrier, Fenet, Fallet. — (5818) Mme Vve Laurent Durand. — (5827) M. Ruby. — (5829) Mme Chambard. — (5830) Un groupe d'élèves de l'école Vve Roux, MM. Moulin, Clerc, Fousseux. — (3833) Mme Chevallier. — (5837) M. Dupeuble. — (5838) M. Astier. — (5840) M. C. Fourrichon. — (5842) Mlle Billandet. — (5844) M. Armand-Paffert. — (5845) Veuve et ses huit enfants. — (5847) Mme Jacques Revol. — (5850) M. Cellier. — (5853) M. J. Bissuel. — (5858) M. Burnoud. — (5861) M. Garel. — (5862) Mme Martel. — (5863) Mme Martène. — (5865) Mlle J. Egli. — (5867) Mlle Buisson. — (5871) M. Baras. — (5876) Mlle Donat.

Souscripteurs ayant effectué des versements de 1 franc.

(2326) M. Benoît Branche. — (2332) MM. Jean-Claude Gagnon, Jean Dumas, Pierre Cierdet, P. Goutte Gouarot, Salut, Blanc, Tavernier-Guynon, Pierre Benjamin. — (2339) MM. Callot, F. Laissus, An. Forest, Matray, Botton. — (2345) MM. Laurent Chatelard, Pierre Brodet, Barthélemy Blanc, Henri Pascolin, Pétrus Ogier, Alexis Subrin, Pierre Seyty, Jérôme Micaud. — (2347) MM. Maurin, Vapillon, Moufray, Fasamno. — (2348) MM. Alix, Gutty, Mme Biolay-Giraud, Mme Vve Monier, MM. Palud, Jumiling, Chervit, Mlle Marguerite Biolay. — (2354) MM. Bonnepart, cons. mun., Jacques Denis, J.-Cl. Mazard, Bador, Volay, Porte, Devaux, Jean Denis. — (2360) MM. J. Reissier, Philibert Perrand, Claude Gaudet, François Raclet, Pierre Soularille, Jean Grange, Berthelon. — (2369) MM. Joanny Coponat, Claudius Palandre, Antoine Leroyer, François Delemps, Antoine Thibaudier, Charles Olagnier. — (2379) MM. Duchamp, Nicolas Magnin, Laurent Bail, Tony Gourd, Jean-Claude Gourd, Claude Papillon, Berjon. — (2375) MM. Claude Baudoy, Conturier, Marie Zacharie, Maurice Baudoy, Reynard. — (2383) M. Perruis, Mlle Rose Faure, M. A. Crionnail. — (2384) MM. C. Gelay, Roche, Descroix, Soulaville, Mme Soulaville. — (2392) Mme Champion, MM. Proton, Just, Salagnac, Souchard, Rossi, Berthet, Ferrière, Gorrel, Cochet, Glatoud, Boriès, Boffert, Eugène Tupinier, Thouzet, Julie Henri, Louis Tomasset, Dufresne, Flaud, Chardon, Louis Bernardin. — (2399) M. François Sonnery. — (2406) MM. Louis Despardon, Claude Mélinand, Mme Vve Aucaigne, Mlle Marguerite Mélinand, Mlle Aimée Desroche, M. Antoine Aubuis. — (2407) M. Bancillon. — (2420) MM. Georges Puzin, Lucien Collion, Barthélemy Blanchard, Joseph Bonnard, Jules Barrier, Louis Imbert — (2421) MM. François Poulat, Jean-Claude Champallier, Pierre Journoud, Jean-Marie Perrin, Pierre Brosson, J.-Pierre Brochet, Louis Tranchand, Mme Vve Cavalier. — (2425) MM. Farlay, Vernay, Claudia Labi, Mlles Cécile Côte, Clémence Milay, MM. Charlay, Milan-Buisson, Côte-Charmat, Jornard, Parrochia. — (2425) M. le Maire de Jarnioux, MM. Pétrus Cabut, Antonin Vernu, Barthélemy Granger, Mme Vve Montmain, MM. Gelay (Jean), Claude Poitrasson, Goy père, Chabert, Laverrière, Jacques Bothier, Benoît Biolay. — (2426) M. Georges Bost. — (2427) Mlles Marguerite Coindard, Henriette Porcon, MM. Sangouard, Descombes, Aujas, Briday, Laisset, Simonet, Pierre Perrachon. — (2428) MM. Métrat Georges, Joanny Lamarche, Louis Merle, Henry Denis. — (2434) MM. Gendre, Faure, Grange, Fayolle, Bonnard. — (2445) M. Frissonay. — (2453) MM. J.-Bte Girin, Julien Cortey, Pierre Rolin, Claudius Sapin, Ferdinand Sapin, Claudius Rollin, Léon

— 92 —

Chevallard, J.-C. Callandry. — (2455) MM. J.-Claude Venet, J.-Claude
Pupier, Antoine Bertholon, Jean Gouthe. — (2458) MM. Monfort, Biez.
— (2462) MM. Thivel, Tricaud, Garel, Dupeuble. — (2478) MM. Pierre
Flachard, Louis Flachard, Mᴸˡᵉ Marie Flachard, M. Dubœuf, Mᵐᵉ Vᵛᵉ
Véricel, M. Pierre Odin, Mᴸˡᵉ Ant. Chillet, MM. Benoît Côte, Chirat,
Mᴸˡᵉ Joséphine Besson, MM. Venet, J.-Marie Giraud, J.-Bᵗᵉ Giraud,
Guichard, J.-Marie Ferlay, Blanchon, Jean Véricel, Mᵐᵉ Vᵛᵉ Piégay,
Mᵐᵉ Véricel, MM. Grataloup, Claude Giraud, Ogier, Mᵐᵉ Vᵛᵉ Pupier,
Mᵐᵉ Odin, MM. Jean Goutagny, Michel Rageys, Chanin, J.-Marie
Vernay, Mᴸˡᵉ Claudine Séon, MM. Antoine Gerin, François Serraille, —
(2484) Mᴸˡᵉ Marie Crozet, M. Emile Perras, Mᴸˡᵉˢ Elise Vermorel, Elise
Lavenir, Francine Lavenir, Marie Perrat, Rose Chetaille, MM. Bor-
thelier, Pierre Benethinllère, Mᴸˡᵉˢ Marie Réalite, Alice Réalite,
Alice Morel, Florentine Morel. — (2486) MM. Jean Lardet, Claude
Large, Benoit Matray, Louis Carra, Jean Duvernay, Eugène Cimetière,
Philibert Morillon, Fougeras, Mᴸˡᵉ Pélagie Duthieux, MM. Benoît
Crozy, Robert Lafond, Jean Augogne, François Perraud, Joseph Du-
moulin, Arnaud-Coffin, Mᵐᵉ Vᵛᵉ Pierre Versaud. — (2492) M Bissuel.
— (2498) M. Philibert Augros. — (2502) Mᴸˡᵉ Claudia Chavand,
MM. P.-M. Bertholon, P.-Marie Blein, J. Létra, Barthélemy Bertho-
lon, Mᴸˡᵉ Marie Blanc, M. P.-M. Bras. — (2503) MM. Claude Dumas,
Jean Prost, Lièvre, Joseph Truche, Claudius Perrin. — (2509) MM. Jean
Montant, J. Malcour, J. Vernay, Mᵐᵉ Vᵛᵉ Bonnefond, E. Bonnefond,
Mᵐᵉ Vᵛᵉ F. Montant, M. L. Guigal. — (2514) MM. Methon Jean, Ca-
mille Baritel, Claudius Baritel, Jean Desprat, Michel Sardot, Noël Ver-
morel, Mᵐᵉ A. Peter, MM. Marius Lacroix, J.-Pierre Laroche, Louis
Thévenot. — (2516) MM. François Barjot, Marius Gouthier. — (2527)
MM. Botton, Juvanon, Barjat, Moraud, Violet, Perret, Descombes,
Michon. — (2528) MM. Henri Goutenoire, Mᴸˡᵉ Clémentine Boissé. —
(2531) M. Chazot. — (2532) MM. Lepin, Deylabaud, Lilet, Duthel,
Devaux, Beylachon, Pinet, Peyrain, Coquard. — (2542) MM. Fleury
Boiron, Jacques Boiron. — (2546) MM. J.-Claude Girin, J. Raf-
fin, E. Sapin, G. Bouchez, Mᵐᵉ Vᵛᵉ Bouchez, M. Blaise Vouillon,
Mᵐᵉ Vᵛᵉ Lachal, Mᵐᵉ Vᵛᵉ Dury, M. Clément Vermorel, Mᵐᵉ Vᵛᵉ Cha-
pelain, MM. Marduel Tony, Claude Vermorel, Stéphane Sapin, Gon-
nachon, J.-Cl. Durdolly. — (2550) MM. Georges Paret, Etienne Pitiot,
Pacaly, Mᵐᵉ Vᵛᵉ Raton, MM. Claudius Peillon, Pétrus Peillon, Colom-
bet, J.-M. Charmy. — (2558) M. Bailly. — (2570) M. Jean Longeur,
Mᴸˡᵉ Eugénie Ponteret. — (2571) M. Jean Depierre, Mᴸˡᵉˢ Deville, Louise
Delorme. — (2575) MM. Félix Paulet, François Plasson, J.-Claude
Forest, J.-Claude Palluy, Antoine Palluy, François Bret, Guyenon,
J. Forest, L. Corday. — (2570) MM. Pellet, Saunier, Romatier. —
(2580) M. Claude Gardette. — (2587) M. Nétri, Mᴸˡᵉ Goujet, Mᵐᵉ Goujet,
MM. Bernard Foyet, Magdinier, Boiron, Dallerieux, Gourioud, Renoud.

(2599) MM. Guien, Fabre, Maurice Tissot, Masse, Chenavard, Poncet, Terrasse. — (6601) MM. Ozier, Billaud, Gros, Doudin, Doridon, Mme Vve Duzin, Mme Vve Durix. — (6606) MM. J.-Marie Glas, Sicaud, Dupasquier, Combarmond, Moussy, Choiron. — (6607) MM. Boulud, Renaud, Perret. — (6611) MM. Molines, Blanc, Fayard, Mlle Georgette Molines, MM. Boudon, Tolonias, Commarmond, Gagneux, Thomas, Noël, Mme Vve Guerrin, M. Morin. — (6612) M. Bazat. — (6613) M. Vernière, — (6615) MM. Chaize, Revol, Noël, Roure, Grobembert, Grand, Jeannin, Louhat. — (6616) M. Maitrejean, Mme Maitrejean, MM. Lutruge, Fayelle, Pitiot. — (6618) MM. Graven, Faure. — (6621) MM. Simon, Collomb, Comte, Verzier, Berthier, Berger, Tolonias, Mme Vve Perret. — (6622) MM. Gaden, Cornu-Brochet, Chanvot, Golfard, M. Bourbon, Mlle Marg. Bourbon, MM. Louis Bourbon, Henry Bourbon. — (6623) MM. Sartel, de Varax, Millon, Mollon. Radisson, Bellet, Roillet, Mermet, Gros, Noël Bourbon, Cinquin, Cléchet, Laffont. — — (6624) M. Arthur Prévost, rapatrié d'Allemagne, MM. Cativer, Bret, Marque, Riesse, Bicot, Bayot, Monteillard. — (6625) MM. Joux, Grandoux, — (6626) MM. Bruyère, Balouzet, — (6627) MM. Frénéa, Pujier, — (6071) MM. Siros, — (6072) MM. Boisset, Ducray, M. Ducray, Billet, Mme Fontamp mère, MM. Buffin, Bretton, Moncorgé, Vallas, Lauriot. Bajas, Gay. — (6083) MM. Dumas, Lapierre. — (6086) MM. Deloire, Corger, Demulsant, Goutenoire, Michel, Dufy, Prast, Albert Deloire. — (6087) MM. Vermorel, Besson, Vermorel, Besson. — (6089) MM. Patay, Cortay, Aucagne. — (6010) MM. Billet, Prast, Mme Vve Comby, MM. Legros, Barberet, Canesse. — (6091) MM. Vallier, Philibert Prast, J.-B^{te} Pothier, Desseigné-Vallet, Pierre Petit. — (6093) MM. Murard, Tisserand, Chalumet, Pontille. — (6094) MM. Fayot, Moncorgé, Pothier, Lacombe. — (6095) MM. Bérérd, Fabre, Antoine Debade, Jules Prast, Fleury Debade, Millaud, Montégu, Perzier, Champalle, Delorme. — (6121) MM. Caillot, Defeuillet, Plasse, Poupy, Mme Vve Lièvre, MM. Raffin, Verchère, Faucheu, Berthier. — (6122) MM. Butty, Poitel, Longère, Chatelard, Lafery, Pouper. — (6125) MM. Delorme, Chalon, Charrondière, Verne. — (6124) MM. Trambouze, Dumas, Murat, Simon. — (6134) MM. Joly, Rochard, Goine, Liogier. — (6144) MM. Honard, Deloux, Lervould, Poitel, Gagnon, Vermorel, Morel, Lagel, Primpied, Monthelier, Manilly, Ducret. — (6145) MM. Devret, Vironda, Patay, Diot, Berthier, Aublanc, Planc, Hayot, Chapeau, Demichel. — (6146) MM. Peloux, Antoine Labrosse, Mlle Eugénie Labrosse, MM. Voitel, Faure, Marpand, Desornière, Tachon, Grapeloup, Berthier, Gagnon, Acary, Fontenille, Gagnon, Fabre, Déméchel, Girin, Bannet. — (6147) MM. Philippe, Thivent, Bussy, Chanelière, Vouillon, — (6154) MM. Guillaume, Joannès Junet, Adam, Charnay, Channelière, Mme Vve Verne, Mme Vve Doucet, MM. A. Laurent, Sobatin, Murard, Philippe, Vallet, Mlles Marie Moncorger, Jeanne Moncor-

ger, MM. Prost, Junet, Oudin, Marpaud, Sivignon. — (6155) Mlle Alice
Debray, MM. Aucourt, Cartel, Desseigne, Bouru, Faure, Carle, Aug.
Oudin, Peuble, Desfemme, Sabatin, Berthier, Irène Marpaud, M. Gaidon, MM. Poissant, Oudin Bertrand, Mlle Jeanne Oudin, Mme Vve Piou.
— (6156) MM. Billet, Mouger, Place, Lapeyre, Demurge, Bernard, Dulac, Gagnon, Mlle Marie Vermorel, MM. Lager, Berthier, Miguay, Mme
Vve Fillon. — (6157) MM. Ménard, Bernard, Boisset, Dubuis, Chevreton, Dessaud, Minard, Butet, Larras, Pierrefeu, Lièvre, Buffir, Batisse. — (6158) MM. Bamiet, Boland, Delroy, Verchère, Lager, Jury,
Montibert, Perroudon. — (6159) MM. Desseigne, Plassard, Fargeton,
Charnay, Depierre, Joseph Lager, Victor Troncy, Francisque Troncy,
Mlle Marie Bercière, MM. Lacroix, Fouillaud. — (6160) MM. Girin,
Ferrier, Bourbon, Berthier, Sotton, Naton. — (6170) MM. Verchère,
Gouget, Boisset, Guérin. — (6224) MM. Collomb, Descollonges, Delorme, Saint-Lager, Devoux, Mme Vve Brun, Molière, Poncet, Lardet.
— (6226) MM. Deleusto de Vincent, Nuporque, Lapoussière, Gilibert,
Farge, Cazenave, Vouillon, Déal, Montibert, Corsano, Saint-Cyr. —
— (6227) MM. Fournet, Boyer, Auroux, Bothier, Rivière, Descombes,
Vincent, Cinquin, Gay, Jagaille, Brunel, Mme Vve Bothier, Jeselon,
Granger. — (6228) Mme Vve Laudre, MM. Lapoussière, Chometon,
Arnaud Suchet, Claude Arnaud, Benoît Lénard, Courtois-Lénard,
Benoît Laurent, Bonillard, Benoît Degrange, Mme Vve Degrange. —
(6229) Mlle Marie Dost, Mme Vve Bottet, MM. Minet, Fontaine, Jambon. — (6230) MM. Jean Courtois, Larochette, Larret, Granger, Geoffray. — (6241) MM. Etienne Carra, Théophile Puvillant, J.-Etienne
Bail, Mme de Thy, Mlle de Jouffrey, M. J.-C. Vapillon, J.-L. Colas,
J.-M. Fontaine, J. Marier, Philibert Giroud. — (6242) MM. Garcin,
Gourd, Bergeret, Chamontet, Boulon, Gautier, Saignant, Mme Vve Rivière. — (6243) MM. Jambon, Reyssier, Mme Vve Primpied, MM. Vapillon, Massu, Décrand, Bail, Barriot, Burnier, Pichon, Mme Vve Mothier. — (6244) Mlle Marie Lespinasse, MM. Jambon, Montellier, Gallois, Colas, Mme Vve Penet, Mlle L^{se} Lespinasse. — (6246) MM. Toyelle,
Sangier, Plasse, Duduc, Palliasson. — (6248) MM. Fréchet, Chartière.
— (6249) MM. Gelas, Vacher, Latta, Jusseline, Perrier-Pierrefeu, Bardonnet, Mme Vve Pontille. — (6257) M. le Directeur de l'école privée
de Thizy, MM. Beluze, Lafond, Boiset, Dougnac, Brun, Berchoux,
Champalle, Jean Desseigne, Victor Desseigne, Lagrange, Musel, Champommier, Troncy, Berchoux, Fargeat, Muguet, Francisque Rochard,
Jean Poissant. — (6258) Mme Vve Christophe, MM. Laforest, Joseph
Petiot, Mlle Antoinette Petiot. — (6259) MM. Rivaud, Déchavanne.
— (6261) M. Champalle. — (6276) M. Eug. Lacroix. — (6278) M. Benoît
Préhaut. — (6280) MM. Olas, Forest, Ducrozet, Gustave Charnay, Grobot, Bouillard, Jomain, Mme Claudius Charnay. — (6292) MM. Sicoud,
Logen, Brevet, Guillard, Ducrout, Foutin, Ovise, Burdet, Aurel. —

(6293) MM. Bertrand, Ducrot, Patoud, Charlet, Auroy, Mouloux, Mme Vve Boulliard, M. Girin, Mme Vve Cottet, MM. Ovise, Angelié. — — (6297) M. Auguste Brivet. — (6298) MM. Louis Couty, Soubeyrand, Guigonnand, Mme Vve Champalle, MM. Léon Couty, Mme Vve Deschamps. — (6299) MM. Perroudon, G. Gagnière, Mme Vve Servandon. — (6300) M. Beroud-Blanc, Mlle Marie Perroudon, MM. Marius Magnin, Porthier, Damet, Fouillat, Claude Maguin, Mlles Marie Burnichon, Léonie Magnen, MM. Burnichon-Gonin, Alex. Perroudon, Rodet, Mme Vve Rocher. — (6301) M. Claude Perras. — (6307) Mlle Claudia Pirouelle, MM. Jean Dumas, J.-Claude de Saint-Jean, Noël Gaspard. — (6308) MM. François Chaverot, Claude de Saint-Jean. — (6309) Toussaint de Saint-Jean, Claude Saint-Lager, Joanny de Saint-Jean, Mme Goutto, M. Prosper Saint-Lager. — (6310) MM. M. Gerboud, Perrin, Goujat, Claude Saint-Lager. — (6311) MM. Laurent, Chaverot-Mme Vve Laurent. — (6312) MM. Perret, Vallat, Escudiot, Demon, Detton, Giroud, Serrand. — (6313) MM. Randon, Ballandras, Sanza, Geay, Pin, Nesme, Perrin. — (6315) MM. Sornay, Fray. — (6318) MM. Larochette, Tolier, Thivel, Duperrey, Guerrin. — (6319) MM. Reynard, Coudert, Pré, Angelus, Popard, Doures, Pisay, Pluvy, Sougy, Ducreux. — (6321) MM. Dulers, Fargeous, Cochonat, Pichaud, Picard, Gillier, Girardier. — (6324) MM. Rampon, Portier, Luzy. — (6327) Mme Vve Fougeras, MM. Guelin, Descombes, Durand, Dupré, Claude Gaze, Geoffray, Durand, Mlle Clotilde Gaze, MM. Aulas, Matray, Labarge, Pardon, Cartillier, Callot, Cinquin, Vaux. — (6328) Mme Vve Dupré, Mme Vve Fayard, MM. Plassard, Debise, Auray, Callot, Michaudon, Plasse, Jolivet, Aulas, Nesme, Jacquet, Chuciez, Valette. — (6329) MM. Perraud, Tribolet, Mehaudon, Jambon, Etienne Sivignon, MM. Joseph Sivignon, Augros, Fayard, Chassignol. — (6330) M. Bronche. — (6331) MM. Claude Gandard, Mlle Marie Gandard, MM. Démulle, Binet, Depérié, Mme Vve Dulau, M. Lacroix, MM. Triboulet, Durand, Trichard, Gaillard, Vouillon, MM. Trouillet, Auclair, Mme Vve Chagny, MM. Ducruix, Montantême, Bénétuillère. — (6347) MM. Pouly, Bajard, Bonneton, Berthelot, Ballandras. — (6348) MM. Grosselin, Tabillon, Chuzeville, Ducrot, Mlle Marie Bajard. — (6362) MM. Malicot, Delours, Murar. — (6365) MM. Maurisson, Galbioty, Despras, Revillet, Rignier, Sargnon, Roussillon, Goussy, Collonge, Bessy, Descombes. — (6354) MM. M. Dessalle, E. Dessalle, Méras. — (6353) MM. Boucher, Descroix, Bachelard, Louy, Lotou, Ducarre, Ducreux, Descombes, Gerin, Dumoulin. — (6355) MM. Magneud, Rillet, Juvanon, Murgier, Cartillier, Folghéra, Chaintreuil, Guillon, Garnier, Devigny. — (2356) MM. Robin, Joby, Raymond Tondre, Garnier, Gerin, Durnirin, Rivoire, Mélinon, Amet, Perretier, Bachelu, Jambon, Lestaevel, Camus, Gelet. — (6357) MM. Roux, Hugues, Ordan, Bointon, Robin, Descombes. — (6358) MM. Mélinon, Lafond, Juvanon, Pignard. — (6359) MM. Nesme, Chevallier, Chassagne, Ducroux, Masson, Barudio, Dessalle, Béchet, Moyet, Philippon, Martin, Mandi, Laplace, Blégny, Griveaux, Berthoud, Mlle J. Bertoud. — (6361) MM. Ravier, Lapalus, Clémençon, Dumoulin fils, Bleuet, Pélisson, Mme Dumoulin, MM. Jourdan, Giraud, Blanchot, Jaimbon, Cabut, Millet, Dailloux, Carrichon, Machurse, Ducroux, Matré. — (6364) MM. Nesme, Lorin, Thévenon, Favre. — (6377) M. Badet. — (6378) MM. Prost, Desmonceaux, Raquillard, Sanlaville. — (6379) MM. Balandras, Michel, Govet, Laurent, Lanier, Rotival, Lairazin, Méasson, Rampon, Aujoing, Dargand. — (638.) MM. Trichard, Chaneyre, Vernay, Blaon, Mlle Louise Lachize. — (6381) M. Farjas. — (6382) Mme Vve Rivoire, MM. Chavant, Pourasson. — (6383) Mme Vve Germain. — (6387) Mlle Perroncel. — (6400) MM. Brossard, Germain, Braillon, Bleton, Poggi, Bacot, Botton. — (6401) MM. Large, Guerry, Collier. — (6403) Mlle Colette Duplat, M. Vernay, Goyard, Mlle Jeanne Lafay. — (6404) MM. Borel, Geoffray.

(6407) MM. Desaintjean, Chuzeville. — (6408) MM. Chardon, Sapin, Duperray, Andrillat, Sapaly, Dolain, Besacier, Bost, Joyet, Laurent, J. Pradel, A. Pradel, Crépiat. — (6409) MM. Merlin, Fuillard, Thivin. — (6410) MM. Bonnet, Teste, Mme Vve Curtil, MM. Chaut, Poitrasson, Sotison, Bouillard, Bourgeay, Délestra, Chermette, Baldy, Asmaquer, Duffez, Mlle Marie Asmasquer, MM. Marduel, Soret, Clavier. — (6422) M. Chatellet. — (6424) MM. Ville, Alafort, Roland, Dumas, Gadant, Ferra, Chaillon, Matrais, Bonnet, Gaypellier. — (6425) MM. Lalisse, Déphanix. — (6457) MM. Duc, Chavallier. — (6462) MM. Chuzeville, Barnay, Rampon, Fonteret, Mme Vve Descombes. — (6491) M. Gonet. — (6493) MM. Reynaud, Champin, Gaudin. — (6499) M. Véricel. — (6497) MM. Chambe, J.-M. Tisseur, Marius Tisseur. — (6522) MM. Rosier, Coutelle, Derrad, Large, Berillon, Martin, Crassard, Mme Vve Perras. MM. Cognard, Descombe, Fandon. — (6536) MM. Sollut, Bidon, Gonard, Louis, Ant. Dugelay, Pierre Dugelay, Grataloup, Montimaud, Guillaume, Méziat-Burdin. — (6561) MM. Desmurger, Rochard, Duvernay, Angoyat, Gauthier, Mme Georges, Mme Vve Trichard-Duvernay, MM. Dumont, Denis, Dufaître, Monnery, Claisse-Trichard, Sauvers, Longeron-Charrion, Ménichon, Dumas. — (6565) MM. Didier, Monnery, Landoin-Rey, Péroncel, Dubost, Cinquin-Manin, Mme Vve Manin, MM. Dubecq, Chaintreuil, Sapin-Claitte, Laneyrie, Bacot, Cinquin-Sapin, Gouillon, Chataigner-Cussinet, Dupont, Augagneur, Baizet, Desroches, Cinquin, Mathon, Duplant, Dupré, Montantême, Désigaud, Lapalu, Perras, Renaud, Mme Vve Perron, MM. Aucagne, Colonge, Geoffray, Large. — (6571) MM. Coupain, Faye, Ant. Brevet. — (6575) M. Maréchal. — (6593) MM. Claude Gobet, J. Trichard. — (6595) Mme Vve Aufroud, MM. Et. Bacot, Chambru, Gonnet, Despèrriès, Large, Montel, Gauthier. — (6594) MM. Brugne, Tusseau, Dufour.

Matray, Voland, M^{mo} V^{vo} Desperrier, M^{mo} V^{vo} Dumoulin, M. Boudarel, — (6622) M. Terraillon. — (6623) M. Coppin. — (6625) MM. Noboly, Alboud, Bruyère, Dupeuble, Meyer, Pierron, Martinon, Guillard, La-brosse, Nopoly, Lespinasse, Perret. — (6641) M^{mo} V^{vo} Perres, MM. Jou-bert, Granjent, Jolive, Benetuillère, Rajand, Dayoux, Mounoy. — (6642) MM. Morel, Aulas, Jobert, M^{mo} Giraud-Aulas, M. Giraud-Ver-morel, M^{mo} V^{vo} Berthelier, MM. J.-L. Dubost, E. Dubost, Forest, Mo-rel, Gouillon. — (6643) MM. J. Gouillon, Benetuillier. — (6644) M^{mo} V^{vo} Peloux, Enfants Simonet, M^{llo} Marie Simonet, M. Millet, M^{llo} Mélina Millet, MM. Dussauge, Giraud, Jugnet, Forest. — (6645) MM. Claude Mathieu, Francisque Mathieu, M^{llo} Elise Mathieu. — M^{mo} V^{vo} Peloux, MM. Garnier, Lapalus, Auroy, Mauriaud, Delaye, M^{mo} V^{vo} Passot, M^{llo} Victorine Passot, M. Delaye. — (6655) MM. Rol-let, Depardon, Pardon, Claude Renaud, M^{mo} V^{vo} Gaspard Renaud, MM. Jambon, Nesme, M^{llo} Anna Auray, M. Antoine Auray, M. Des-combes, M. Louis Aulas, MM. Lhéritier, Dupost, M^{mo} V^{vo} Claude Aulas, M. Carrier, M. Descombes. — (6657) M. Gonnet, M. Laffay. — (6665) M^{mo} Veuve Renaud. — (6662) M. Baizot, MM. Aulas, Méni-chon. — (6664) M. Dagaud, M. Dumoulin. — (6691) M. Granjon. — (6696) M. Clavel. — (6706) M^{mo} V^{vo} Courtois, M. Crozier, M. Guichard, MM. Duperrier, Vouillon. — (6707) M. James, M. Rotival. MM. Fargent, Labruyère, Fayard, Besson. — (6708) MM. Perrin, Lescaillot, Fayard, Suchet, Buart, Chevenet, Besson, Dailly. — (6709) MM. Teillard, Char-nay, Besson, Ouroux, Matray, Vacheron, Dubuit, Bouillard, Bénas, Chevind, Lapalus, — (6710) MM. Dubost, Vouillon, Besson, P. Clé-ment, Vuellin, M^{mo} V^{vo} Terrier, MM. Clément, V^{vo} Clément, Violet, Jandard, Gaze, Gautier, Descaillot, Bertillier. — (6744) MM. Mardore, Julien Aucour, — (6745) MM. Passet, Guillermin, M^{llo} Julie Buffard, MM. Simon, M.-L. Buffard. — (6765) MM. Butin, Granjon. — (6791) MM. Bourra, Fustin, Girardon, Bonnet, Triomphe, Voyon, Bibet. — (6792) MM. Jourdan, Guiot, Brun. — (6794) MM. Caffau, Terrat, Dril-lard, Sazy, Grosmolard, Dumas, Marmonnier. — (6795) M. Fragnet. — (6821) MM. Jules Baudoy, Claude Baudoy, Berger, Guyot, Pierre Rey-nard, Peyzaret, Tony Reynard, Rambaud, Reynard, Revol, Morreton. — (6822) MM. Couturier, Privas, Ch. Baudoy, Jacques Gaudin, Joanny Gaudin, Ant. Baudoy, Reynard, Chevalier. — (6846) M. Genin. (6866) MM. Auray, Bergeron. — (6885) M. Duplay. — (6898) MM. Colliard, Au-maître, Janot. — (6906) MM. Planus, Sivelle, Derognard, Desbache, Roberjot. — (6907) MM. Gonnachon, Thomas, Reverchon, Guillermain, Dufin, Germain, Danguin-Dalbepierre, Billet, Beauvent, Velay. — (6908) MM. Ant. Marietton, Chavand, Girin, Peignaud, Verrière, Pei-gnaux, Goutard, Burgard, Steprat, Pignard, Farge, Chavanis, Dénéanne, Gathier, François Rivier, Joseph Rivier, Combet, Rivier, M^{mo} V^{vo} Bur-gard. — (6909) MM. Laurent, Rotivel. — (6921) MM. J.-M. Sozan, Gi-

7

raud, Ferlay, Véricel, Thouilleur, Ragey, Néel, Gayot, Thizy, Jaiger. — (6922) MM. Olard, Bouchut, Guyot, Fayolle, Jouban. — (6923) Mlle Marie Couronne, Mlle Irma Piérié, MM. Bordet, Mommain, Guangeon, Fayolle. — (6924) MM. Poulat, Bordet, Granjon. — (6925) MM. Grange, Couturier, Sire, Pitaval, Thizy, Bruyas, Bouchut, Chorel, Ruillet, Montmain, Claude Véricel, Fléchet, Imbert, Rivoire, Ant. Chillet, J.-M. Chillet. — (6927) MM. Thévenet, Pignard, Duthel, Jambon. — (6926) MM. Jean Thévenet, Pignard, Philippe Collonge, Jambon, Pierre Collonge, Guillian. — (6928) M. Fontenat. — (6929) M. Vermorel. — (6930) Mme Fontenat. Mlle Lagrange. — (6936) MM. Bellot, Décloitre, Lacroix, Bouquet, Corgier, Desmoneaux, Boidin, Roche. — (6940) MM. Clérié, Durbet, Reynaud, Andriollo. — (6947) MM. Blanc, Labaty, Lagrange. — (6957) MM. Julliard, Chernet, Terrier, Bénas, Ollorme, Crozet, Bon, Issalon, Buchet, Larochette, Chernet. — (6960) MM. Molard, Perrachon, Dailly, Barrat, Lacharme, Chevillon, Duthel, Mazoyer, Chernet, Chavanne, Dennelle, Granger, Burrier, Bénillon. — (6968) MM. Vaucary, Nizière, Guillard, Tauffy. — (6969) MM. Brunet, Savet, Besson, Boulud, Lombard. — (6970) MM. Rajer, Bœuf, Buisson, Delemps, Guinet, Givord, Buissonnet, Savigny, Bertoche, Mouron, Page, Simon. — (7030) MM. Arnould, Mlle Alphonsine Condemine, M. Laurent, Mme Rotivel mère, MM. J.-M. Depardon, Manin, Condeminé, Large, MM. Dally, Gandelin, Sadot, Zanoli, Bacot, Després, Litlane, Descombes, Coulle, Canard. — (7031) M. Cinquin, MM. Janin, J.-M. Descombe. — (7034) Mme Veuve Miraud, M. Cartet, M. Descombes, MM. Berthoud, Seguin, Demulle, D.fétre, M. Cinquin. — (7035) M. Champly. — (7038) M. Durette, M. J.-M. Cartet. — (7053) M. Demurger, M. Richard. — (7055) M. Vignon, M. Cortey, M. Déchelette, MM. Manager père et fils, M. Landescher, Despierre. — (7056) M. Vignon. — (7057) MM. Berras, Gouittard, Magnin, Giraud, Merle, Fouillat, Gagnère. — (7059) M. Carrier. — (7062) MM. Marchand, Larouère. — (7069) M. Soulier. — (7070) M. Javy. — (7075) MM. Pacalin, Druet, Tenaiye, Poutrobert, Goy, Bron. — (7076) M. Celle. — (7077) M. Bottex. — (7079) Mme Michaud. — (7081) M. Brun, — (7082) Mlle Thérèse Ribout. — (7083) M. Mercier, Mme Vve Mercier, MM. Margerit, Mortier, Thiers, Pitre, Ballandras, Mlle Peyret, Mme Peyret, Mme Brupbacher, M. Bardet, MM. Chanay, Lorton, Mme Chanay. — (7084) M. C. Guichard. — (7085) MM. Ferregutte, Gaudillet, Sambert, Rotti, Alméras, Besnon, Chosson, Brégaud, Pardon, Duperret, Fond. — (7086) MM. Sandemoulle, Marcel, Giraud, Filhol, Poutet, Mlle T. Berne. — (7087) MM. Laguenille, Bernard, Fond, Gaston, Cambon, Pouget, Grasset, Vigier, Dupas. — (7088) Mme Aubespin, Mlle Claudie Aubespin, MM. Chebane, Perroncel, Cataud, Arnould, Chatanay, Talagrand, Favre, Passion, Seine, Dubost, Guillin, Mathieu, Vincent. (7091) MM. Pelay, Louis, Mme Vve Achard. — (7092) MM. Bouillon,

Delpigno, Reveillac, Gonnet, Diot, Favre, Roux, Fenouillon, Tavernou. — (7093) Une Française. — (7094) M. Sidoit. — (7097) MM. Picat, Bonnevoy, Vicard, Mme Vicard. — (7099) M. Gidon. — (7101) Mlle E. Tonnerieux. — (7102) MM. Brissard, Gruneisen, Gillas, Gullien, Molin, Berge, Raynaud. — (7103) MM. Bornarelle, Guolterain, Nicolas, Vacher, Paquy. — (7104) Mlle Letournel, Mlle Marthe Letournel. — (7105) MM. F. Breuil, Carpentier, Augagneur. — (7106) MM. Galopiny, Léaudre, Mlles Anaïs Dumoulin, Fanny Dumoulin. — (7110) M. Curtet. — (7111) MM. Midor, Garampon. — (7112) MM. Boutray, Court, Chambre, Mme Vve Ferrier. — (7113) MM. Sastre, Mora, Rossello. — (7114) M. Petouvrand. — (7115) MM. Aimé Richarme, Antoine Richarme, Gotteland, Mme Richarme. — (7116) M. Janin. — (7117) M. Dubos. — (7119) MM. Payebien, Bossy, Mme Bovagne, Mlles Bovagne, J. Bovagne. — (7120) M. Eug. Chevalier. — (7121) MM. Ramaud, Cladière, Michallet, Terret, Crozier, Gerenin, Rostang, Cothonay, Champetier, Kemler. — (7122) Mlle Dublanchet, MM. Gatinet. — (7123) Mlle Pellin, Mme Pellin. — (7141) MM. Thévenet, Goutte, Charvien.

(7143) MM. Eug. Oysellet, Parisier, Varin, Monnet, Faure. — (7144) MM. Cabus, Parpillon, Conchaud, Plana, Champalle. — (7145) MM. Dupra, Mazeyrat, Fouck, Merle. — (7146) Mlle Madeleine Vacher, MM. Jacquin, Faissolle, Chazal, Mermet, Genneret, Bouhoux, Bache, Santoul. — (7153) M. Blachier. — (7154) MM. Michaud, Huvenne. — (7155) Mlles Mad. et Lucie Lattier, M. Honegger. — (7156) M. Andrieu. — (7168) MM. P. Montagne, Mure, Martin. — (7174) MM. Paul Pesson, Jean Genevoux, J.-Cl. Bernard, Dumonteil, Balmont, Pin. — (7176) M. J.-M. Guéret. — (7177) M. Bigallet. — (7178) MM. Mazoyer, Besson, Griot. — (7179) MM. Quinon, Montangrand, Valentin, Lettan, Fournier, Laforgue, Cuissard. — (7180) MM. Mosser, Alexandre, Duperrai, M. Clerc. — (7182) MM. Gunleux, C. Jay, Lourglois, Félisaz, Gibily, Grille-Voisse, Bichet, Richard, Viorrn. — (7183) MM. Gaillard, Chatanay, Petit, Guélin, Fournier, Desportes, Merlin. — (7185) M. Camus, MM. Bordet, Bataille, Arnaud, Kahn, Meissimilly, Mlle Bastide. — (7186) M. Bonard. — (7187) MM. Gay, Mermet, Soulyon, Allinien. — (7188) MM. Guerpillon, Favier, A. Favier, V. Chomer, Sinet, Mlles Goutard et Zerger, MM. Horstel, Thivaur, Avarawos, Chenay, Michel, Francès, Bachelard, Vuillermoz, Billard, Thomas. — (7191) M. P. Barella. — (7193) MM. Giraud, M. Chef, Mme Chef, Mme Vve Béal, MM. Mailliet, Dié, Quinon, Cuzin, Vernaz, Crépiez, Trojr, Prefol, Bense, Laperrière, Brunet, Larue, Simon, Pincillon, Magdeleine. — (7194) M. Deleuvre. — (7195) MM. Duchêne, Thomas, Roux, Varvier, Guyot, Wasnier, Machazaud, Eroind, Rulland, Martel, Favre. — (7197) MM. Gutty, Malod, Choux, Tissot, Ferret. — (7198) MM. Faviet, Dartayre, Ant. Guéraud, Buis, Deschanel, Baun, Bertrand, Passons, Chatri, Clément, Javellot, Burtin. — (7199) MM. Pras, Billoud, Weiller, Varin, Aubrun, Beillard, Quilechin, Romeu, Simon. — (7200) M. S. — (7201) MM. Julias, Andoux, Verdet, Trumel. — (7202) M. Forest, MM. Baud, Machard, Dumorsier, Lagniez. — (7204) Maltrejean. — (7205) MM. Vallet, Giroud, Falquet, Richelny. — (7207) M. Coroud, MM. Martinon, Broinsard, Bureau, Guimet, Gagnaire. — (7208) Mⁱˡᵉ Crozier. — (7209) MM. Michel, Eiggimen, Maires, Tabard. — (7210) M. Veyrard. — (7211) MM. Le Docteur, Le Patron, Rullau, Rive, Perrin, Bernet, Bodine, Deville, Tardy, Moissin, Buisson, Brun, Laborderie, Chaloin, Curtelin, Sutriel. — (7213) MM. Bouche, Durant, Fombon?. — (7214) MM. Fougelas, Potier, Berlioz, Dufour, Rohler, Antoine, Plumel, Doublier, Hôpital. — (7215) Mⁱˡᵉ Eliette Block, Mⁱˡᵉ A. Block. — (7219) MM. Dechanaim, Raviart, Peinet, Chapotier, Kimmerlé, Tronchon, Russo, Duffaud, Galleted, Alix, Bossu, Gonon. — — (7220) MM. Fournier, Toccanier, Bonnard, Vitrey, Hugue, Cicé, Maurette. — (7221) Johanny, Ravier, Johanny. — (7223) MM. Soulier, Bournat, Joux, Pazat, X..., Abel, Juppel, Fontaine. — (7224) M. Lombard, MM. Rajon, Raveau, Christophe, Bourquet, Barral, Deschaume, Delaviet. — (7225) MM. Steinegeon, Dalaix, M. C., Choleirt, Jandard, Vouillon, Cloret, Moiron, Régulateur, Merle, Morel. — (7226) MM. Debize, Péchard, Mᵐᵉ Vᵛᵉ Barraud, MM. Caujas, Pelletier, Laneyrie, Condemine. — (7227) MM. Lefert, Pâtissier, Laneysie, Condemine, Luquet, Mⁱˡᵉ Marie Luquet. — (7231) M. Sarrazin. — (7234) M. Gacon.

(4) Le Collège de Villefranche, MM. Raoul Richeler, Jean Ballandras, G. Braillon, Paul Cesmat, Buchailles, André Commarmont, Saint-Cyr, Survᵗ, Janin, Survᵗ, Prosper Lombard, Mᵐᵉ Habrant, M. Gauthier. — (5) M. L. Debiesse, profʳ, M. Angenot, profʳ, M. Valmi, profʳ. — (9) Mᵐᵉ M. Camplie, Mᵐᵉ Giffet, Mᵐᵉˢ Millaud, Weil, Mⁱˡᵉˢ Bauerfeld, Routledge, Mᵐᵉ Manson, Mⁱˡᵉˢ Leschi, Boyer, Thomay, Guillet. — (11) M. Fernand Guérin, MM. Lucien Bavu, Lucien Ciret, Jean Chazard, Albert Dailloux, Marius Dutel, Laurent Goutelle, Charles Maréchallot, Pierre Papillon, Charles Sadol, John Schofield. — (13) Mⁱˡᵉ Clément, Mᵐᵉ Briaud, Mᵐᵉˢ Périssel, Pignet, Violay, Cottael, Philippe. — (15) Mᵐᵉ Grangier, Les femmes de service du Collège de Villefranche, MM. Albert Eytard, Georges Rossigneux, Louis Delalande, Claudius Joubert, Jean Billet Mⁱˡᵉ Marie Tormoz. — (15) M. Aldo Ferrini, Mⁱˡᵉ Marthe Livet. — (16) MM. Constant Dubois, Mⁱˡᵉ Lucienne Dalmais, MM. Auguste Gesse, Henri Michel, Mⁱˡᵉ Marcelle Morel, MM. Albert Cornet, Léon Chanel, Mⁱˡᵉˢ Marie-Louise Gayot, Germaine Guyot, Antoinette Vallette, Jeanne Cochet. — (17) Mⁱˡᵉˢ Journet, Brunet, Charlin, La classe enfantine du Collège de Villefranche, l'asile du Collège de Villefranche. — (18) Ecole maternˡˡᵉ, cours Charlemagne, Mᵐᵉ Cottin, Mᵐᵉˢ Roche, Leca, Bonnet. — (21) Ecole matˡˡᵉ, rue Jarente, Mᵐᵉ Néfussi, Mᵐᵉ Prave, M. C. Terry, Mⁱˡᵉ Dubi, Mⁱˡᵉ Noélie Perraud. — (22)

Ecole maternelle, rue des Marronniers, Mme Humbert, Mme Vve Trincoid, M. Dupinoy, M. Mostes. — (26) Ecole maternelle, rue Boissac, Mlle Grand, Mme Lintier, M. A. Tissot, M. F. Camus, Mme Combet, Mme Villard. — (27) Ecole maternelle, rue de la Charité, M. Marsanoux, M. Lançon. — (27) Mlle Larbanet. — (28) Ecole maternelle, boulevard de la Croix-Rousse, Mlle Brillat, Mlle Benech. — (29) Ecole maternelle, place du Commandant-Arnaud, Mlle Fond, Mlle Marcelle Lacray. — (31) Ecole mat^{lle}, rue Jacquard, M. Emile Chaix. — — (33) Ecole mat^{lle}, rue Dijon, M. Marcel Guinaud. — (34) Ecole mat^{lle} rue Hénon, MM. Ferlay, Aubert, Desfonds, Perrin, A. Gonon, M. Hild. — (35) Ecole mat^{lle}, rue Saint-Georges, Mlle Chanal, Mme Couturier. — (36) Ecole mat^{lle}, rue de la Favorite, Mmes Tomasi, Maliverney. — (38) Ecole mat^{lle}, montée des Carmes, M. Charles Chapus, Mlle Louise Rochette, M. Clément Dumont, Mlle Simone Marduel, MM. Camille et René Mouche. — (40) Ecole mat^{lle}, rue Saint-Pierre-de-Vaise, Mme Lebeau, Mmes Nesme, Reynaud. — (41) Ecole mat^{lle}, quai de Jayr, Mmes Desfarges, Pellot, Robert, Mlles Maître, Morateur, Mme Jarry. — — (42) Ecole mat^{lle}, rue des Docks, MM. J. Coiron, R. Coiron, M. Bouvier. — (45) Ecole mat^{lle}, rue des Anges, Mlle Borrel, Mme Nioloux. — (49) Ecole mat^{lle}, rue de la Buire, Mme Epry, Mmes Donzé, Chirac, Mlle Suzanne Chapuis. — (52) Ecole mat^{lle}, rue de la Part-Dieu, Mme Picot, Mmes Berthier, Sutty. — (53) Ecole mat^{lle}, rue Vendôme, Mme Ruet, Mlle Gaucher. — (54) Ecole mat^{lle}, rue Meynis, Mmes Thery, Blanc, Mlle Berger. — (57) Ecole mat^{lle}, rue Antoine-Rémond, MM. Charnay, L. Vérot, D. Peronnet, Mlle Rivet, Mme Roux. — (58) Ecole mat^{lle}, rue de Créqui, Mlle Marcelle Falconnet, M. Maurice Falconnet, Mme Signoret, Mmes Joly, Chovin, MM. Blanc, Ressicaud, P. Dupuis, C. Malser, H. Ollier, Mme Amy. — (66) Ecole mat^{lle}, rue Molière, Mme Berthier, Mlle Bourgès, MM. Bourgès, Capiaux, Bouiller, Bernigaud, Mlle Sury. — (61) Ecole mat^{lle}, rue Montgolfier, Mmes Baud, Bichler — (62) Ecole mat^{lle}, rue Tête-d'Or, M. Ginet, Mme Gauthier, M. Noël Biard, Mlle Pauline Touron. — (63) Ecole mat^{lle}, avenue Berthelot, M. Alfred Marion. — (68) Ecole mat^{lle}, chemin des Culattes, Mme Dupeuble, Mlle Michard, Mmes Monnet, Perrot, Etienne, Charroin, Marmonnier. — (71) Ecole mat^{lle}, route d'Heyrieu, Mmes Millon, Morieras, Jacquet. — (72) Ecole maternelle, rue Chevreul. Mme Mina Manouillat, Mlles France Coffarel, Pierrette Revol, Jeannine Frugier, M. Marius Ribes, MM. René Revol, André Pons, Pierre Branton, Mlle Simone Pelin, Mlle Marie-Louise Dalmont, Mlle Marie-Louise Piquemond, M. Georges Lyon, Mlle Paulette Bousquenaud, Mlle Marie-Jeanne Bory, M. Albert Taïlra, Mlle Simone Marchand, Mlle Cécile Hybert, M. François Pélissier, M. Raymond Nelvout, M. Antonin Rambaud. — (75) Ecole maternelle, rue des Trois-Pierres, M. Ferdinand Lauret, M. Paul Derache, Mme Lautier, Mme Gonnard, Mme Charnay. — (78) Ecole ma^{lle}, rue Pasteur, Mme A. Martinet, Mme la Directrice, Mlle Jacquet, Mmes Marquet, Aleugrin, Bathilde, Uberti, Armel, Nicolas, Françoise, Lafleurdespois, Mlles Denise Ducret, Germaine Ducret. — (80) Ecole boulev. Gambetta, à Villefranche, Mlle Roux, Mme Roux. — (83) Ecole boul. Bardeau, Villefranche, Mmes Collin, Sutty, Mlle Brun, Mme Villemet. — (84) Ecole, rue Lefevre, Neuville, Mlles Mallaval, Argoud, M. André Faure. — (86) Ecole mat^{lle} de Caluire, Mlles Claudine Touly, Germaine Dubreuil, Carmen Fournier, Suzanne Marrel. — (87) Ecole mat^{lle} de Belleville, Mlle Bordes, Mmes Vautrin, Tondre. — (88) Ecole privée de Chazay, Mlle Emilie Ceschino, Mlle Clotilde Siméand, Mme Greppo. — (94) Ecole mat^{lle} de Thizy, Mlles Antonini, Bernard.

(97) Ecole mat^{lle}, à Tarare, Mme Vargoz. — (100) Ecole de filles, Cours, Mlle Plasse, Mme Lager, Mlles Déchavanne, Suzanne Duron, M.-Louise Ovize, Mme Clairet, Mme Moncorger, MM. Emile Morof, Ansoud. — (101) Ecole de Condrieu, Mlles Elisabeth Rouyer, Marcelle Viollet, Hélène Rollet, Angèle Dupuis, Françoise Montagnier, Aimée Rouzaud, Madeleine Rangheart, Jeanne Rangheart, Victorine Berne, Eugénie Charles, M.-Louise Vanel, Marie Traynard, Rose Gabert. — (102) Ecole d'Ampuis, Mlles Joséphine Manin, Marie Manet, Marie Maillavin. — (105) Ecole de Saint-Romain-en-Gal, MM. L. Pegon, L. Léchappé. — (106) Ecole de Givors, MM. Joannès Delzoncle, Marcel Dupont. — (106) Mme Schillers, M. Georges Lang, M. Prudent, Mme Chaumet, MM. E. Place, Gontier, Bougniol, J. Roux, Fructus, J. Pointe, H. Badinaud, Bailly, L. Jios, P.-Blettry, M. Bouchet, M. Picgay, Pierre Terby, Vincent. — (107) Ecole privée, Givors, MM. G. Védrine, J. de Negraval, L. de Negraval, A. Gombert, C. Sauzion, M. Piobellet, J. Sanonino, J. Bailly, M.-L. Chaize, M. Mina, A. Joubard, L. Duclaux. — (110) Ecole de Grigny, M.-L. Marchand, M. Courvoisier, J. Grenouillat, A. Thomas, J. Berger, H. Laurençan, H. Durand, C. Dejoint, J. Martin, G. Sépulchre, J. Fayard, S. Chenu. — (111) Ecole de Millery, MM. C. Souvy, P. Descôtes. — (113) Ecole de Limonest, M. Clément, inst^r, MM. Claudius Baj. Ferréol, L. Fleureton, A. Burnier, M. Cochet, L. Clapisson. — (115) Ecole de Chasselay, Mmes Lacombe, Vapillon, Mlle Russie. — (116) Ecole de Civrieux-d'Azergues, MM. A. Lambolez. — (117) Ecole de Collonges, MM. Durand, Bellet, L. Galland, T. Deprez, A. Vincent, A. Chevallez, M.-L. Chomette, J. Gagnieur, J. Prud'homme, S. Chomette, Y. Peronnet, M. Gagnieur, M.-L. Labrosse. — (124) Ecole de Saint-Cyr-au-Mont-d'Or, MM. G. Salles, L. Salles, M. Chevalier, J. Lissé, C. Contamin, M. Robert, M. Forêt, G. Erny, M. Avondet, F. Granjon, M.-A. François, E. Morel, H. Boyet, M. Duchet, L. Galibert, P. Goy. — (126) Ecole de Saint-Didier-au-Mont-d'Or, MM. G. Wottling, A. Moulin, M. Thevenin, T. Gigandon, A. Verchery, B. Virey, M.-L. Morateur, E. Monnien. — (127) Ecole de

Mornant, MM. Joseph Zacharie, Joseph Condamin, Esparcieux, Ch. Vanesche, J.-B^{te} Reynard. — (128) Ecole libre de Mornant, Mlles Elise Rossat, Hélène Pitiot, Elise Delorme, Eugénie Fléchet, Cladie Champ. — (132) Ecole de Riverie, Mlles Perrine Chambeyron, Claudia Chambeyron, Jeanne Bernollin. — (133) Ecole à Sainte-Cathérine-sous-Riverie, Mlles Anne-Marie Mavel, Francine Guyot, Anaïs Gey, Constance Villemagne, Perrine Martinière, Lucienne Derain, Maria Rivoire, Jeanne Gerin, Jeanne Piégay, Louise Plovy, Jeanne Colomban, Marie Bouteille, Cécile Sablière, Claudia Benière, Marie Thizat. — (134) Ecole de Saint-Didier-sous-Riverie, Mme Vve Brouillet, M. le Curé, M. Condamin. — (137) Ecole de Saint-Maurice-sur-Dargoire, Mlles Joséphine Chappaz, Maria Fayolle, Marthe Fayolle, Maria Merle, Hélène Dubreuil, Marie Girard, Jeanne Reynaud, Marie Condamin, L^{se} Forest, Marie Bourchany, Marie Ollagnier, Nénette Billand, Jeanne Déplaude, Ant^{tte} Lachat, Jeanne Mussioux. — (140) Ecole de Taluyers. — (141) Ecole de St-Genis-Laval, MM. Benoît Féraud, Bouteille, Louis Bourbon, René Ogier, Ernest Deyrieux, Eugène Marmonnier, Maurice Privel. — (144) Ecole de Chaponost, MM. Claudius Bernard, Louis Clavel, Marius Marignier, J.-Marie Teilhol, Marcel Journet, Jean Patural, Joannès Granjon, Camille Gailleton, Alphonse Dutel — (147) Ecole privée de Chaponost, Mlles Antoinette Villard, Jeanne Paire, Hélène Clavel, Antoinette Crayton, Claudia Durand, Jeanne Crayton, Jeanne Chanvillard, Catherine Chevrolat, Césarine Gailleton, Gabrielle Labonne, Madeleine Paire. — (148) Ecole d'Irigny, Mmes Picollet, Laroue, Mlles Catherine Chardon, Louise Brunet, Fanny Couturier, Jeanne Goujet, Jeanne Poyet, Marguerite Cambray, Claudia Déborde, Alice Girard, Simone Pourrot, Virginie Duruai, Jeanne Lattaud, Etiennette Andrieux, Claudia Chaîne, Marcelle Favre, Madeleine Favre, Hélène Jourlin, Gilberte Billon, Marie Cardinal, Louise Bonnet, Claudia Jourlin. — (150) Ecole privée La Mulatière, Mlles Jeanne Bazin, Isabelle Goutte-Gatlal, Stéphanie Lebayle, Eugénie Giroud, Madeleine Signol. — (151) Ecole de la Mulatière, Mme Saint-Martin, MM. Edouard Tremblet, Louis Fournier, Jean Soldat, Georges Reynaud, Pierre Oullier, Pierre Tourte, Henri Dussert, Joannès Chirat, Lucien Savey, Dufournel, Pitiot.— (152) Ecole d'Oullins, MM. Jean Chenelat, Marcel Catelas, Pierre Dubot, Joseph Michelon, Louis Nesme, Marius Proud, Elie Biollet, Julien Perge, Alphonse Schreck, Claudius Devilaine, Jean Charlet, Louis Davi, Albert Manchon, Germain Charles, Marcel Caillat, Georges Guerry, Paul Bosselut, Joannès, Ferlay, Marius Plassard, (153) Pensionnat d'Oullins, Mlle Marguerite Gobet, Joséphine Guyot, Ant^{tte} Beaudoux, Germaine Lafond, Jeanne Pellerin, Amélie Digonnet, Cécile Pagot, Justine Pradelle, Ant^{tte} Blanc, Joséphine Daret, Odette Blayac, Suzanne Pioch, Joséphine Guinand, André Delange, Juliette Vernière, Yvonne

Goliard, Marg^te Darfeuille, M.-L. Grosjean, Marg^te Mussier, Germaine Mounier, Anna Gauthier, Marie Couturier. — (154) Ecole, rue du Buisset, Oullins, MM. Mayot, Chapon, Dubois, Harmignies. — (156) Ecole, rue de la Sarra, Oullins, Mlles Simone Gondin, Alice Goyne. — (158) Ecole privée d'Oullins, Mlle Julia Bréjot. — (159) Ecole de Pierre-Bénite, M. Henri Jairoux. — (160) Ecole privée, Sainte-Foy-lès-Lyon, M. Lang, M. Dubuis, M. Martin, M. Laurent, M. Antonin Mur. — (161) Ecole privée, Sainte-Foy-lès-Lyon, MM. Pierre Hustache, Louis Courbouleix. — (163) Mlle Michaud, Mlles Cochon, Lyart, Pariot, Chassigneux, Delange, Cascone, Piot. — (164) Ecole de Soucieu-en-Jarez, MM. Jh. Bret, Antoine Tholy, Aug. Veillan, Joannès Assada. — (165) Ecole de Soucieu-en-Jarez, Mlles Claudia Raton, Noémie Durand, Marguerite Vernay, Simone Gouillon. — (166) Ecole de Vernaison, MM. Claudius Bourdin, Joseph Revollat, Paul-Antoine Revollat, Joseph Lhermitte, Georges Revel, Etienne Philippe, Jean Brivot. — (167) Ecole de Vernaison, Mlles Minie, Piolat, Poizat, Pralas, Aubry. — (168) Ecole de Vaugneray, MM. Léonard Champ, Claudius Collomb, Georges Perrigault, Marcel Simonet, Pierre Odin, Claude Viard, Jean Bouchard, Antoine Sève, Jean Charretier, Louis Bouchard. — (171) Ecole privée de Brindas, Mlles Joséphine Mathieu, Juliette Steidel, Marinette Desmolières, Marie Assadat, Florence Assadat, Mme Bost, Mlles Marthe Boucher, Marie Collomb, Francia Thollet, Claudine Thollet, M.-L. Bertholon. — (173) Ecole de Charbonnières, Mlles Denise Benier, Germaine Chauffard, Angèle Fargeot. — (177) Ecole privée à Francheville, M. Theulière.—(181) Ecole privée à Saint-Genis-les-Ollières. — Mlles Charretier, Dumortier, M. Dumortier, Mlles Lacour, Bergeron, Burnichon, Faurel, Mme Refoublet, Mlle Morel, Mme Crétin, Mme Dupuis. — (185) Ecole de Tassin-la-Demi-Lune, MM. André Savel, Gustave Rose, Adrien Siricis, Paul Martel, Jean Dümm, Joannès David, Unternähr, Jean Rivet, Fernand Ligonnet, Claude Maldent, Joseph Auguste, Jean Lamure, Alphonse Grolimond, Paul Sivignon, J.-Marie Subrin, Louis Farché, Georges Bériaud, Robert Briens, Edmond Teyton, Paul Champelay.—(187) Ecole privée, Tassin-la-Demi-Lune, Mlles Thérèse Carrot, Marie Carrot, Germaine Nicod, F. Proust, Marguerite Tolliard, Madeleine Tolliard, Suzanne Grand, Andrée Ravel.—(191-192-199) Ecole de Villeurbanne, M.C. Vacheron, MM. J. Champromis, C. Clouzeau, P. Confavreux, R. Pratx, A. Deviego, P. Kohler, M. Ribail, G. Vireton, R. Bouvier, A. Pontet, E. Pradès, M.Gros, J.Chambost, H.Mercier, L. Saint-Genis, H. Amard, C. Goujon, P. Alix, A. Denonfoux. R. Delauney, Mlles Germaine Barol, Gilberte Mallet, Denise Champromis, Marcelle Thiébaut, Germaine Chamouton, Georgette Noailly, Geneviève Parant, Gabrielle Rondet, Rachelle Besassier, Lucienne Meige. — M. Eugène Rodet, Mlles Lucie Rodet, Joséphine Rodet, MM. Jean Buzaudoul, Alfred Kohard, Louis

Colon, Antonin Evêque, Pierre Couty, Pierre Tacchella, — (200)
Ecole rue Neuve-des-Charpennes, Villeurbanne, MM. J. Pichon, L. Pichon, J. Degal, A. Billon, E. Garrel, P. Gallard, Mollard, Gramelle,
Para. — (202) Ecole route de Vaulx, Villeurbanne, Mlles Juliette Co-
pin, Léa Copin, Lucienne Tollot, Eugène Chaumény, Simone Confort.
— (203) Ecole route de Genas, Bron, MM. Louis Esterle, Louis Four-
rier, René Lançon, André Torrens, Antoine Pellet, Georges Payaud,
Alexis Juillard Joseph Robert, Joannès Fournend, Guy Coutel, Michel
Quenin, Pierre Guillermain, Lucien Beurrier, Louis Caméro. — (204 et
205) Ecole de Saint-Fons, Mlles Fournet, Sage, MM. Delorme, Gallifet,
Fournier, Santin, Ségerol, Dumas, Mayençon, Fournet. — Gustave
Janin, Henri Jusseaume, Pierre Gourdon, Paul Fourot, Henri Liver-
set, Joseph Blanc. — (207) Ecole de Neuville, M.-L. Mallaval, A. Rol-
land, M. Jacquemin, Simone Abry, M.-L. Vincent. — (209 Ecole privée
de Cailloux, Mlles Suzanne Bouché, Louise Morel, Jeanne Baubilleux,
Marguerite Morel, Marie Milleron, Marie Barrel. — (24) Ecole rue
Saint-Clair, Caluire, MM. Alexandre Couillaudeau, Max Trouiller,
Fr. Lafont, Gabriel Pichollet, Marius Fontaine.

(214) Ecole privée, Caluire, MM. Paul Murat, Marcel Cœur, France
Lalande, Adrien Chetaud, Camille Perrin, Gustave Perrin, Joseph
Perrousse, Pierre Groslambert, Joseph Bonin, Paul Plagnat, Eugène
Chasseray. — (215) Ecole, avenue de la Gare, Caluire, MM. J. Legat,
L. Chausson, M. Ailloud, M. Aigueperse, M. Mulatier, Lebet. — (216)
Ecole, grande rue de Cuire, à Cuire, Mlles A. Julliard, Jeanne Léger,
Jeanne Théeson. — (218) Ecole privée, Caluire, MM. Suzy Fromés,
Jean Pontille, Valérien Hayette, André Hayette. — (221) Ecole montée
du Petit-Versailles, Caluire, Mlles M.-L. Ducré, Marcelle Richard, Gla-
die Martin. — (224) Ecole privée de Couzon, M. Noël. — (225) Ecole de
Couzon, Mlle Marie Guitat, M. Jandart, Mme Goyard, M. Beraud,
Mmes Ivaldi, Chalmel, Mlles Henriette Chalmel, Patin, Louise Rey-
mond. — (26) Ecole de Curis, MM. Joseph Gaget, Paul Chavand, René
Pivet, Jean Michon, L^s Durand, Joseph Durand, Antonin Tournier,
— (227) Ecole de Curis, Mlles Marie Michon, Elisa Lafforest, M.-L. Fo-
restier, Jeanne Forestier, Francine Denis, M.-L. Bouzard, Germaine
Durand, Francine Reynard, Marie Michel, Marie Reynard. — (230)
Ecole Saint-Romain-au-Mont-d'Or, Mlles Bouteille, Jeanne Bouchard,
Louise Julien, Lucie Vincent. — (231) Ecole privée Saint-Germain-au-
Mont-d'Or, Mme Legrand, Mme Branche, MM. E. Rat, Moreau, Char-
vat M.-T., M. Minguet, C. Ragot, B. Charvet, M. Poussaint. — (238)
Ecole privée, rue du Château, l'Arbresle, MM. Bouvier, J. Pelletier,
Désigaud, A. Lieure. — (239) Ecole privée m. St-Germain, l'Arbresle,
Mlles Marguerite Ravier, Marthe Delas, Marthe Charbonnier, Jeanne
Villard, Claudia Delorme, Alice Rochette, Juliette Christophe, Clo-
tilde Subrin, Célestine Vial, Madeleine Villard, Joséphine Fontaine,

Marie Augagneur, M.-Thérèse Berçot, Marcelle Bragard, Clotilde Rochet, Madeleine Jourlin, Anne-Marie Terlon. — (245) Ecole de Sain-Bel, Mlles Pierrette Faisant, Inès Vivier, Louise Roux, Juliette Grimonpont, Berthe Cinquin. — (247) Ecole privée de Savigny, Mlles Joséphine Vial, Marie Pincanon, Jeanne Pincanon, Jeanne Boichon, Antonia Brossard, Francine Lambert, Marie Riboulet, Jeanne Baton, Simone Antoine, Perrina Giraud, Mélanie Lepin, M.-L. Lepin, Péroline Gigandon, Jeanne Bérerd. — (249) Ecole du Bois-d'Oingt, Mme Theyrier, MM. S. Pivot, M. Chagny, N. Bel, M.-A. Riondelet, J. Marsault, L. Châtre, Cl. Rivier, J. Laurent, M. Dupuis, Th. Germain, Ch. Rocca, Serra, J. Laverrière, M.-A. Pegehon. — (252) Ecole St-Just-d'Avray, Mlles Marcelle Bourgeay, M.-L. Nonfoux. — (253) Ecole à St-Vérand (Rhône), Mlles C. Martinol, M. Ducrouzet, J. Chatard, J. Terrasse, M.-L. Biguet, E. Brossette, M. Rodet, A. Bissuel, B. Labouré, C. Andrillat. — (254) Ecole à St-Laurent-de-Chamousset, MM. Jean Michaud, Pierre Bador, Joseph Rol, Claudius Dupré, Claudius Toinet, Paul Sangnieux, Charles Mazard, Jean Chalandon, Claudius Negret, Claudius Blein, Marius Chevant, Claudius Blanc, Henri Blanc. — (255) Ecole de Saint-Laurent (Rhône), Mlles F. Fontrobert, F. Revol, L. Revol, H. Promonet, M. Lagier, M. Bourcet. — (258) Ecole privée, Haute-Rivoire (Rhône), Mlle Lucie Odin. — (259) Ecole de Longessaigne, Mlle Marie Favard, Mlles M.-L. Poncet, Vial, Blanc, M.-L. Vial, Césarine Poulard, Dupeuble, Debrosse. — (260-261) Ecole de Montrottier, M. J.-M. Chatelard, Mlles Madeleine Fourchet, Jeanne Piraton, Anna Frenay, M.-L. Duthel, Francine Tardy, Antonia Blanc, Angèle Morel, Hélène Pozetto, Marie Bonnet, Jeanne Laurent, Perrine Maudairon, Marie Bonnet, Marie Mandairon, Perrine Eymain, Mélanie Legrain, Claudia Delorme, Marie Lornage, Angèle Duthel, Jeanne Seyty, Francine Mazard, Marie Coquard, Justine Joyet, Jeanne Frenay, Francine Chapiron, Louis Bastion. — (264) Ecole Villechenève, Mlles Anne Perroton, Philomène Quive, Antoinette Lugnier, Marie Dussud, Rosine Coquard. — (265) Ecole Saint-Symphorien-sur-Coise, MM. Pierre Thizy, Dalandre. — (267) Ecole d'Aveize, hameau de Largentière, MM. Georges Boachon, Famille Thivart. — (268 et 269) Ecole de Coise (Rhône), M. Pierre Vérien, Mme Barcet, Mme Hospital, Mlle M. Lalande, Mlle J. Lalande, M. C. Blanchard, M. M. Blanchard, Mlle M. Blanchard, — (271) Ecole de Grézieu-le-Marché (Rhône), M. Vacher. — (273) Ecole de Larajasse, MM. Sylvain Teyssier, Antonin Colomb, Jean Goutagny, Lucien Granjon, Pierre Pélisson. — (274) Ecole de Meys, Mlles Marie Blanchon, Elise Bruyat, Antonia Protière, Maria Tisseur, Adèle Aubert, Alice Nalin, Julie Fontanière, Maria Néel, Céline Néel, Baptistine Néel, Antonia Decoray, Marie Néel, Odette Chapal, Antoinette Bazin, Antoinette Coquard, Claire Aubert, Pauline Besson, Antoinette Thomas, Louise Venet, Jeanne Morel, M.-L. Vignessoule, Jeanne Simon, Marthe

Perret, Marie Thiollier. — (275) Ecole de Pomeys, Mlles Antonia Thizy, Bénédicte Véricel, Louise Giraud, Antonia Durand. — (276 et 277) Ecole de Saint-Martin-en-Haut, MM. Fontanel, J. Flori, Louis Faliy, Chantre, Benoît Dumortier, P. Chambe, J. Courbière, Mlles Dussud, Cloupet, Mmes Joannin, Dussud, Mlle Lallemand, Mme Garby, M. Rivoire. — (278 et 280) Ecole privée, Tarare, MM. André, Faury, Antoine Etaix, Jean Bonhomme, Louis Chambost, Victor Naton, Léon Content, Joseph Ferrier, Alexis Chenal, Jean Quiquet, Gabrielle Liberal, Pierre Desfemmes, Adrien Durand, Claudius Faury, Michel Bérard, Geoges Dubessy, Pierre Meunier, Raymond Balmont, Edmond Perroton, Louis Fonsalas, Paul Danve, Claudius Vermare, Paul Jourlin, Joannès Petel, François Carret, Marius Laurent, Pierre Vermare, Antoine Giraud, Hippolyte Ferraud, Alphonse Roche, Mlle Edith Force, MM. Joseph Rebatet, Georges Gobba, Jean Gobba, Joseph Lepain, Antoine Puthier, René Blanc, Albert Thivin, Paul Chauchart, Joannès Perrin, André Giraud, Pétrus Vermare, Louis Reynard, Jean Schreider, Marcel Philippon, Paul Raffin. — (281) Ecole rue Et.-Dolet, Tarare, Mlles Chirat, Leyra, Goutagny, Bernard, Livet, Barviot, Dutel, Peillot, Goyard. — (282) Ecole, rue de la Providence, Tarare, Mlles Basset, Rambaud, Fon alas, J. Morellet, L. Morellet. — (286) Ecole des Olmes (Rhône), Mlle Claudia Planus. — (287) Ecole de Pontcharra, MM. Chassaingne, Mosoni, Bourdillon. — (288) Ecole privée, à Pontcharra, Mlles Bernicat, Caillot, Giraud, Lagoutte, Soly, Perrin, Mlles Morgon, Malleval, Bourdillon, Pierron, Chambry, M. Malleval, M. Granjard, M. Maisonneuve. — (290) Ecole à Saint-Forgeux, Mme Lagoutte. — (291-292) Ecole des Sauvages, MM. Louis Gaspard, Jean Cherblanc, Francisque Vially, René Morin, Francisque Junet, Joannès Subtil, Joseph Peillon, Claude Thimonier. — Mlles Maire, Duperron, Chignet, Vidier, Bognaux, Thimonier, Tournebize, Jusselme, Brulas, Devarenne, Passinge, Feugère, C. Laurent, P. Laurent, M. Vially, H. Soulas. — (293) Ecole à Valsonne, MM. Joseph Sonnery, Paul Perrin, Jean Sauvageon, Fr. Pardon. — 294) Ecole rue Saint-Roch, Thizy, MM. Vaginay, Bognaux, Longère, Dézalaise, Trambouze, Roche, Charnay, Buffard, Chassagne, Bouzique, E. Montet, M. Montet, Perrad, Boucaud, Musel. — (295) Ecole, rue du Château, Thizy, Mlles Suzanne Melon, Berthe Bauzique, M.-L. Perche, Thérèse Scheider, Mlles Emilie Coutagne, Jeanne Baron, Jeanne Dallery, Michelle Dallery, Anaïs Rébé, Renée Biolay, Andrée Girerd, Gabrielle Crétin, Mlle Antoinette Porchat, Mlle Andrée Desseigne, Mlle Marcelle Tuimel, Mlle Marie Lechère, Mlle Camille Dinet, Mlle Julie Letrève, Mlle Lucie Duriez, Mlles Lucienne Duriez, Suzanne Grivolla, Marthe Champalle, Claudia Damez, Suzanne Auroux, Irène Depaix, Suzanne Lambard, Georgette Berthaud, Marinette Gelay, Anne-Marie Germignany, Marguerite Coquet, Andréa Voyant, Marie Varillot, Thérèse

Lauriot. — (296) Ecole, à Bourg-de-Thizy, M. Dance, Mlles Badel, Grange, MM. Claudius Lafay, Georges Bussy, Bernard Lafond, Henri Lager, Georges Fauchery; Louis Poizat, Léon Billet, Jean Billet, Etienne Longère, Jean Danière, Raymond Chavany, Joannès Chevreton, Marcel Pierrefeu, Pierre Gateau. — (299) Ecole de Cours, Yvonne Champalle, Antoinette Reverchon, Marie Morel, Angèle Marel, Marie Dufour, M.-L. Giraud, Claudia Vallet, Juliette Montibert, Claudia Champalle, Jeanne Thivend, Marie Billon, Jeanne Verne, Claire Allemand, Germaine Chetail, Juliette Deal, Marie Cinquin. — (300) Ecole de Mardore, Emilia Brun. — (303) Ecole rue de Crimée, 40, Lyon. MM. F. Monier, F. Barou, Parfait de la Faverge. — (312) Ecole, rue Vieille-Monnaie, Mlles Blanche Ducharne, Marie Crochet, M.-L. Perouze, Marguerite Bastide, Jeanne Laborie, Thérèse Gontard, Jeanne Guyot, M.-A. Birken, Henriette Birken, M.-L. Palluet. — (305) Ecole, rue des Chartreux. MM. Marcel Riffat, Félix Antonini, Lucien Bezacier, Jean Debever, Joseph Durand, Lucien Debrand, Joannès Vacher. — (307) Ecole, rue Paul-Chenavard, MM. Pierre Regairaz, Antoine Audras, Pierre Martin, Willy Eyriard, André Moulaire, Joannès Regairaz, Louis Monier, Louis Chevallier, Emile Morel, Félix Gelin, Claudius Arod.

(308) Ecole place Croix-Paquet, MM. Antoine Lassalette, Pierre Guillet, René Gaillard, Joannès Clerc, Charles Reynaud, Jean Grumel, Félix Tabouriet, René Masse, Marcel Brotel, Emilien Desrieux, André Desrieux, Georges Grivot, Félix Rame, Alex^{re} Rame, Ch. Baptissard, Charles Quinson.— (317) Ecole, 1, montée Nevret, Mlles Augustine Mounier, Gilberte Daubian, Agnès Nallet, Marg^{te} Ravinet, M. Condamin.— (318) Ecole, 7, rue Mulet, Mlles Dyant, Chevalier, Morvan, Maoggi, Perroud, Cœur, Catella, Ribes, Perrachon. — (320) Ecole, 38, rue Pierre-Dupont. MM. A. Ladons, J. Bardin, S. Heran, L. Royanet, R. Genève, M. Solvielse, Haon, Diano, E. Laganier, A. Damiron, H. Fléchet, M.-L. Martinod, G. Diano, H. Pilliand, M.-L. Grassy, L. Dance.—(322) Ecole, 2, rue d'Algérie, Mlles Marie Buaton, Reine Buchet, Constance Audra, Germaine Lacroix, Georgette Cipière, Béatrix Bérard, Camille Marly, Georgette Fillard, Paulette Delmas, Henri Delmas. — (324) Ecole, 13, rue de la Vieille, MM. H. Vivier, M. Mélisse, A. Rioublant, G. Goutessoulard, G. Boutteville, F. Nioche. — (328) Ecole, 16, rue de l'Abbaye-d'Ainay, MM. Robert Bostdechez, Henri Martin, Georges Rebuffat, Auguste Bersier, Fernand Guillermet, Marc Lambert, Paul Fichet, Henri Vivier, Jules Perret, Marius Bonnetain, Antoine Garampon, Jean Alardon, Lucien L'Arnaud, Joanny Bel, Francisque Boccard, Robert Brouchet, Henri Burtin, Louis Cécillon, Georges Damiron, Michel Desmichel, René Doladilhe, Louis Dumas, Louis Fillet, Guillaume Gatner, Louis Lapalu, Jean Rustant, André Verchet, Armand Thomas. — (330) Ecole, 21, rue Centrale, MM. Jean Marlin,

Joannès Ripert, Léon Chevillard, Albert Rustand, Marc Rouchon, Barthélemy Vacher, Louis Vial, Camille Malosse, Mathis Jeune, Georges Paillasson, Alexandre Plassard, Henri Duchemin, René Comte, Abel Vettard, Alexandre Bizet. — (332) Ecole, 13, place Carnot, Mlles Marie Marbou, Hélène Desrippes, Cécile Vérité, Georges Vray, Noré-Josserand, Henriette Charrier. — (333) Ecole, 5, rue Duhamel, Mlles Alberte Clerc, Marcelle Morel, Jeanne Pouillier, Antoinette Raulin, Marinette Canibet, F. Rochet, Mlle Masbou. — (335) Ecole, 31, rue Aug.-Comte, Mlles A. Maire, A. Frejeux, A. Vaffier, G. Vaffier, Mlles A. Quintou, P. Quintou, M. Allouard, S. Bernard. — (336) Ecole, 10, rue François-Dauphin, Mlles Anaïs Donat, Noélie Chevalier, Aline Péronnier, Suzanne Asquiedje, Germaine Meilland, Louise Gonod, Maurice Martin, Maurice Villard. — (337) Ecole, 11, rue d'Enghien, Mlles Marguerite Sibille, Alice Sibille, Elisabeth Pretet, M. Gavand, Lucette Villet, Thérèse Pretet, Jeanne Vaganay, A. Douce de la Salle, M. E. Douce de la Salle, Germaine Brondel, Germaine Moulin, Simone Moulin, Sabine Doncieux. — (343) Ecole, 29, rue Sainte-Hélène, Mlles Claire de Petichet, Marie de Petichet, Irène Sérullaz, Johanne Sérullaz, Renée Delporte, Cécile Delporte, Paulette Lemerle, Jeanne Lemerle, Germaine Lemerle, MM. Pierre Jalon, Ennemond Charvériat, Mlle Math. Tavernier, MM. Philippe Villard, Henri Bernard, Fr. Pallasse, Mlle El. Delore, M. André Delore. — (347) Ecole, 30, quai Saint-Antoine, MM. Fulchiron, James, Dugas, Morins, Girier, Breton, Tronel, Carbone, Bally. — (349) Ecole, 34, quai Saint-Antoine Mlles J. Villet, A. Brondelle, G. Rey, C. Ferrand, M. Fayen, M.-L. Perrier, R. Jarrige, L. Décrand, F. Germain, Y. Billard, C. Mélinon, J. Laverdure, A. Laverdure, J. Duchemin. — (350 Ecole, 8, quai de l'Hôpital, — (354) Ecole, 5, rue Grataloup, MM. Lucien Marthoud, Louis Maurin, Georges Mollard, Joseph Laperrière, André Hueber, Maurice Bruyère, Camille Martel, Paul Bordet, Emmanuel Poligny, Albert Richardon, André Chapuis, Henri Germain, Louis Thomas. — (355) Ecole, 77, rue de la Croix-Rousse, MM. Joseph Chevaleyre, Aimé Amiel, Francisque Moyat, Maurice Mathon, Jules Perrotin, Auguste Janet, Georges Malsert, Pierre Devin, Albert Casset, Pierre Paget, Paul Moyat, Victor Chapiron, Marcel Perthuisot. — (360) Ecole, 26, rue de Dijon, Mlles G. Gache, M. Vidal. — (361) Ecole, 7, rue Hénon, MM. Dufour, Mingeolet, Huguet, Blanc, Delorme, Brun-Baronnat, Bouvier, Dumas, Crès, Perrin, Gruget, Thiévon, Pinat, Besson, Servet, Morellon, Perroud, Germain, Guêpe, Garraude, Chapot, Geoffray, Rieublanc, Saquet, Bouchard, Barbier, Magnin, Loretti, Four, Laresse, Mollon, Danye, Meuret, MM. David, Martenon, Brugère, Janet, Paquet, Notin, Michel, MM. Gayraus, Chapiron. — (363) Ecole, rue du Manteau-Jaune, M. Félicien David, M. Glénat, M. L.-J. Pellissier, M. Paul Château. — (364) Ecole, rue des Farges, Mlle Augustine Badiou, M. Antoine Néel, M. Jean Fancuillotte, M. Bécard, M. Laurent Durand, M. Georges Paillet, M. Paul Rabilloud, M. Paul Bardou, M. Léon Devillard. — (365) Ecole, 3 *bis*, place Bénédict-Teissier, M. Jean Thinot, M. Maurice Loire, M. Georges Cayot, M. Georges Sangouard, M. Stéphane Besson, M. Louis Morel, M. Claudius Dorier, M. Maurice Rustant, Roger Matton, Charles Swalfs. — (366) Ecole, 34, rue du Boeuf, MM. Nicodème, François, Bertrand, Jacquier, Guyonnet, Sérignat, Glaudas, Lapicorey, Chevalier, Glaudas, Néel, Champion, Chol, Denailly, Besacier, Duperdu, Petit, Matray, Carnet, Garin, Mollard, Birr, Lamagat. — (367) Ecole, rue Saint-Paul, M. Favre, Mme de Poncharra, MM. Duhamel, Lyonnet. — (371) Ecole, 9, montée des Anges, MM. Rombuisson, Revil, Ponsonnet, Degano, Marion, Vernay, Rajhanelli, Doerner, Lenom, Dauvergne, Perrier, Tanzelli, Manent, Paleyron, Dutel, Rouveur, Quillon, Dubost, Salamand. — (374) Ecole, 14, rue St-Alexandre, MM. Chantelot, Mme Chantelot, Mlles Chantelot, Genoulaz, Cathelin, Maupin, Cruzille, Depassio. — (382) Ecole, 10, chemin des Mûres, Mlles Gonon, Champagnon, Fourrel, Pratta, Mathon, Perroncel, Chevassu, J. Colin, G. Colin, Grillat. — (385) Ecole, 3, rue des Anges, Mlles Delorme, Perroncel, Serronut, Tourasse, M. Desseigne, M.-L. Desseigne, Vézine, Girault, A. Julliard, L. Julliard, J. Girard, L. Girard. — (388) Ecole, 12, montée Saint-Barthélemy, Mlles Maisonneuve, Ferré, Chamousset, Duhamel, Bouffaud, Volay, Bajard, Galland. — (390) Ecole privée, 1, rue Constantine, M. René Mallet, M. Berthon, M. Maurice Fabre, M. Roger Faure. — (399) Ecole privée, 259, rue Boileau, Mme Laurençon, Mlle Butavaud, Mlle Teillard. — (400) Ecole privée, 273, rue Boileau, Mlle Vial, Mlle Biland, Mlle Comte, Mlle Nehanne, Mlles Bertin, Collomb, Marin, Chanel-Place. — (401) Ecole privée, rue de Bonnel, 2, Mlle Geneviève Ture, M. Antoine Tommet, Mlle Simone Rivoire, M. Jean Gaby, Mlles Marguerite Defond, Raymonde Masson, MM. Pierre Sapin, de Shaken, Cadot, Rousseau, Perrin, Gardat, Bertioal, Moyne. — (404) Ecole, 239, rue Paul-Bert, Mlles Juliette Rosset, Marguerite Cézanne, A. Rurer, MM. M. Ducreux, Mlle G. Coudurier. — (408) M. Raoul Sibour, M. Jean Mouillet, M. André Moreaux, M. Marcel Giroud, M. Marius Mourier, M. Louis Randy, M. Noël Gutton, M. Raymond Dupuis, M. Georges Catheland, M. Fernand Dury, MM. Gilbert Tissot, Jean Gachon, Jean Goutorbe, Louis Luquet, Pierre Rigaudière, Jean Balpêtre. — (411) Ecole privée, 17, rue Germain, MM. Pierre Legrand, Lucien Mercier, Louis Foncelle, Hector Ferket, Jean Mouterde, Albert Guénard, Jean Deroudille, René Gillan, Jules Trompier, Pierre Bayard, Jean Jury, Francisque Vauthier, Alexandre Layat, Léon Binder, Michel Gutenthal, Raymond Layat, Maurice Meaco, Maurice Girard, Marcel Gros, Jean Thibaudier, Charles Chevillat, Aimé Vantajol. — (413) Orphelinat, rue Montbernard, MM. M.-L. Cretin, Mlles Rosalie Pinatel, Antonia Pinatel,

Berthe Delvallée, Césarine Parent, Madeleine Hector, Marie Broc, Antoinette Barathon, Lucie Bovet. — (414) École, 9, rue Montgolfier, M. Louis David. — (416) École, 117, rue Vauban, MM. Oswald Grunthaler, Jean Maza, Auguste Villemagne, Henri Vernaison, Maurice Prat, Mlle Anna Venetier, M. Rouvet. — (420) École, 43, cours Morand, Mlles G. Allez, R. Allez, H. Allez, B. Mathieu. — (423) École, 11, place Morand, MM. Mouissel, Virjus. — (421) MM. Diot, Cottin, Plantin, Dubourg, Isaac, Voiturier, Lavirotte, Perrot. — (425) École, 56, rue Inkermann, Mlles Chervet, Hugnet, Huguet, Planchon, Guillard, Déroudille. — (426) École, 25, rue Malesherbes, Mlle d'Arbaumont, Mlle Richard, Mlle Girardet, Mlle Richard, Mlle Vincent, Mlle Qurielle. — (427) École, 5, rue Masséna, Mlle Besson, Mlle Perrin, Mlles Demeure, Charretton, Tissot, Bertrand, Guyot, Ruivard, Coly, Tolon, Gonnet, Charles Ferlat, Vincent Audy, Mlle Marguerite Pflieger, Mlle Renée Testut, MM. M.-L. Aynard, Jean Collavet, Mlles Amélie Robin, Marie Golliat, Augustine Audi, Aug. Bertrand, Louise Faucherand, Marcelle Thierry, Gabrielle Ast, Ant^{lle} Besacier, Aline Didier, Olive Gauchon, Louise Dellacasa, Ant^{lle} Trith, Mlle Berthier.

428) École, 19, rue Masséna, Mlles Bazin, Abraham, Mme Rey, Mlle Espach. — (431) École, 36, rue Suchet, Mlles Guérin, Henriette Barboyon, Madeleine Rosset, Isabelle Dor, Solange Biesse, Louise Martin, Germaine Rosset, Louise Fourchet, M.-Rose Grimonet. — Henriette Anthonioz, Albertine Anthonioz. — (436) École, rue Clément-Marot, MM. Edmond Prost, André Ferro. — (437) École, 116 bis, route de Vienne, MM. Louis Teppe, Garraud, Francisqua Amevet, Chevallier, Marius Buttard. — (438) École, rue du Béguin, MM. Lucien Badinant, André Badinant, Léonce Descombes, Félix Descombes, Jérôme Cattanéo, Gaspard Davat, Georges Biessy, Georges Bourrette, Jean Beltrami, Jean Guillaud, Joseph Jambon, Léon Travers, Stéphane Tillet, Jean Tillet, André Montmaneix, Claudius Bachelet, Henri Garde, André Renaudin, Fernand Maillet. — (440) Joseph Reynard, Antoine Gelas, Georges Thomas, André Rodary, Laurent Buffevant, René Bordelier, Jean Paoon, Jean Berger, Antoine Berger, Charles Bret, Charles Chevalier, Jean Beauquis, Raymond Ricard, Albert Vorel, Joseph Surand, Pierre Gerber, René Ferrand, Georges Bonnard. — (441) École, 46, rue Parmentier, MM. Firmin Moissonnier, Paul Dueret, Louis Bieud, Louis Lombard, René Burkhart, Marius Tricot, Edmond Pupier, Antoine Coulomb, Louis Cleret, Jean Grillet, René Farlier, Georges Dauphin, Jean Lamy, Georges Grillet, Paul Boissy, Georges Bault, Marcel Noblet. — (442) École, 26, rue Saint-Maurice, MM. Joannès Quentin, Jean Simon, Marius Vald, Paul Gaillard, Henri Moulin. — (444) École, 7, avenue Berthelot, MM. Charles Martel, Edmond Chevillard, Pierre Babolier, Fr. Gandion. — (445) École, 278, avenue de Saxe, Mlles Bénédicte Guillet,

André Gros, Mlle Yvonne Fourney, MM. Henri Jovet, Robert Blettel, Mlles Marguerite Charmet, Henriette Graisely, Jeanne Rivet, M. André Gassend; Mlles Marie Janton, Raymonde Terramorsi, Aimée Perrin, M. Charles Traeger, Mlle Fernande Robert. — (446) Ecole, 103, r^{te} de Vienne, Mmes Vray, Billon, MM. Fournier Chauvet, Pagès, Mlles Marie Collet, Madeleine Annelot, Madeleine Simonel, Mignot, Mmes Rebellet, Turc, Mlles Rose Turc, Giraud, Marcelle Coche, Billon. — (447) Ecole, 26, cours Gambetta, Mmes Lebrun, Dagneau, Misse. — (448) Ecole, rue Clément-Marot, Mmes Pinat, Deschavannes, MM. Blondeau, Beaunistarle, Rochat, Marmelat, Deschamps, Goyon, Clément, Durantel, Large. — (451) Ecole, rue Saint-Gilbert, Mlle Marcelle Jacquet, Yvonne Pouyaud. — (452) Ecole, rue Saint-Gilbert, Mlle Thérèse Delorme, Mlles Berthe Faure, Madeleine Glénat, Aimée Maudoux, Odette Théret, Antoinette Blanc. — (453) Ecole, rue Saint-Michel, N° 62, Mlle Marie Bault, Mlles Thérèse Rousseau, Marie Sapin, Mlles Germaine Pralus, Edmée Robert, Rose Martinaud, Paule Chasson, Louise Winghard, Antoinette Tillet, Eugénie Janet. — (456) Ecole, 43, rue Pasteur, Mlles Bernachot, Dumas, Vadot, Solaz, Faure. — (457) Ecole rue Parmentier, Mlles Lambert, Robert. — (459) Ecole, rue de Marseille, 51, Mlle Mathieu. — (461) Ecole d'Anse, MM. Carrie, Chomard, Farghin. — (462) Ecole de Chazay (Rhône), MM. Michel Latour, Louis Fourrichon, Yves Mesnier, Antoine Duperray, Benoît Pouly, Joseph Fargère, Antonin Baizet, Pierre Chazotier. — (464) Ecole de Lachassagne, Mlles Rose Bouche, Claudia Melin, Marie Mignard. — (466) Ecole de Pommiers, Mlles Barral, Maraudon, Mmes Bouchard, Teyssier, M. Vincent, Mme Denuelle. — (467) Ecole de Pouilly-le-Monial, Mlles Cholton, Raffin, Grange, Raphanel, Bresse, Perret, Vanel, Bordac, Renaud. — (468) Ecole de Régnié, Mlles Jourdan, Roche, Murat, Mmes Durand, Lagneau, Chetail, Mlles Genevois, Geoffray, Mme Jambon, Mlles Jambon, Sambardier, Delacolonge, A. Descombes, M. Descombes. — (469) Ecole à Saint-Didier, Mlles Poizat, Chossonnerie, Berthelon, Perrin, Collonge. — (470) Ecole de Saint-Joseph, Villié-Morgon, MM. Gauthier, Laguette, Passot, Lachullère, Despras, Viallon, Gauthier, Desvignes, Branche, Trichard, P. Collonge, C. Lathuillière, J. Collonge, A. Lathuillière, Gonin, Desvignes. — (475) Ecole de Lantignié, Mlles Laissus, G. Geoffray, J. Geoffray. — (476) Ecole privée, rue Dr-Duplant, MM. Gaze, Murgier, Gibaud. — (477) Ecole, à Belleville, Mlle Berthe Colin, M. Mercier. — (478) Ecole Saint-Joseph, Villié-Morgon, Mlles Dory, Gonin, Bleton, Vulliez, Vernay, Vaux, Debise, Marin, Gauthier. — (480) Ecole de Charentay, Mlles Rose Chatillon, P. Sapin, J. Sapin, Gladis Verger, Dumoulin, Ducôte, Berthillier, Ogier, Ravachot, Pronchery. — (482) Ecole, Saint-Georges-de-Reneins, Mlles Lavenir, M. Geoffray, Mlles Mathieu, Morel. — (484) Ecole privée de Lamure, MM. Derail, Darmezin,

Roche, Espitallier, Jomard, Chambru. — (485) Ecole de Lamure, Mlles Dulac, Granger. — (487) Ecole de Grandris, MM. A. Carret, A. Durix, M. Lavigne, F. Farge, M. Girin, M. Longère, M. Debise, M. Longin. — (488) Ecole de Poule, Mlles Dufour, Auray. — (490) Ecole de Monsols, MM. Michaudon, Triboulet. — (493-494) Ecole de Villefranche, MM. Verchère, Descaillot, Mandy, Chabert, Perret, Legros, Boutry, Guillermet, Plçetout, Thevenoud, Trambouze. — MM. Martin Delbé, Antony, Briche, J. Legros, P. Legros, Lagaron, Perret, Hotbrand, Sommereux, Seguin, Molimard, Louisgrand. — (495) Ecole, Saint-Nizier-d'Azergues. — (497) Ecole privée de Villefranche, MM. Marius Thomas, Joseph Camoz, Antoine Perroux, Mana Simon. — (499) Ecole de Villefranche, Mlles Jeanne Pont, Marie Moyne, M.-L. Assade, M.-L. Lanayrie, Petit, Ovise, Noailles, Dupont, Aubonnet, Giraud. — (825) Ecole, rue Masséna, 19, Mlles Mercier, Durand, Berger, Rampon, Perge, Armanet, Gannier, Basset. — (826) M. Pillion. — (827) Ecole rue Masséna 19, MM. G. Tissot, M. Pichon, J. Poizat, Allet-Coche, S. Gresset, M.-A. Brunet, L. Bazin, M. Fournier, M. Gelpi, II. Mottet. — (828-829-830-831-832-833 et 834), Ecole, 19, rue Masséna, M. J. Fuchez, M. A. Loubet, M. S. Martel, M. M.-A. Escoffier, M. E. Gresset, M. A. Bussillet, M. Bosse-Platière, M. Mermet, M. G. Roland. — Mlle Duffy, Mlle Goineau, Mlle Lautour, Mlle Perret, Mlles Dumas, Fougère, Delmont, R. Fougère, I. Duffy, Ibrass, Ducret, Brunel, Clerre, Têtefort, Favre, Janin, Lenoir, Barberot, V. Bressaud, M.-L. Bressaud. — Mlles Bury, Hyvernat, Noguès, Fuchez, Duffy, Baud. — Mlles Clerre, Bourdeau, Roure, Poizat. — (155) Ecole d'Oullins, MM. Stefani, J. Chereau, Baud, Beauvivre, Colonna, Servanin, Borne, Dury, Plassard, Venin, Charasson, Guttin, Dubois, Malton, Long, Mazuir, Quenouille, Nicaise, Malacourt, Desperrier, Benoît, Deveaux, Michel, Gay, Garnier, Canard, Crivel, Pouzol, Maurin, Durand, Tanazac, Jalabert, Dupont. — (82) Ecole, à Villefranche, MM. Besse, Godart, Garnier, Dumoulin, Mme Bernardin Fays. — (176) Ecole à Craponne, Mlles Jullien, Bonjour, Deverrière, Clevenat, Vernay, Deverrière. — (471) Ecole à Beaujeu, MM. Lamure, Laforest, Large, Sambardier, Lafay, S. Laforest, A. Lamure, Monnery.

(1501) Mlle Claudine Burnichon, Mlles Valézy, F.-M. Magnin, M.-P. Jomard. — (1503) Mlles Anna Desperrier, Marie-Ant^te Lagrange, Georgette Pontus, Pauline Poitrasson, Marie Debret, Eugénie Puillat, Marguerite Lagoutte, Renée Duchamp, Benoîte Châtelet, Ant. Catheland. — (1507) Mlle Ant^te Labrosse, Mmes Bussière, Terrasse, Dutel. — (1508) MM. Gayot, Lagneau, Jean Perraud, L. Perraud. — (1509) M. J. de Chabannes, E. de Chabannes, Mlles Wirth, Rose Corban, Claudine Martin, Marie Guérin, Calandras, Marie Béroujon, Angéla Murat, Louise Geoffray, Marguerite Geoffray, Marie Geoffray, Maria-A. Fenon, Jeanne Ruillat. — (1511) MM. Mesny, Pichon. — (1512) MM. Ma-

8

rius Fave, Joannès Luc, Rollet frères, Jean Frécon, Claudius Eyssautier, Joseph Eyssautier, Etienne Goux, Joseph Chanut, Eugène Chanut, Jacques Justin, Augustin Depeyre, Pierre Poyet, Janin frères, Alexandre Vitte, Victor Longefoy. — (1513) Ecole laïque de garçons, de Condrieu. — (1514) Ecole laïque de filles, à Condrieu. — (1516) M. et Mme Pichot, Mme Gay, MM. François Pichot, Levet. — (1517) MM. Dartigueloube, Bacconnier. — (1518) M. Fernand Fontbonne. — (1521) M. C. Bret. — (1523) MM. Max Durand, Antoine Valluit, Alfred Gourdon, Paul Gourdon, Louis Valluit. — (1525) Mlles Madeleine Flavin, Marcelle Margarit, M. Gaston Serve. — (1527) MM. Félix Paulet, Chevallier, Bourdin, Francis Bret, J. Fillon, Maurice Fillon, François Chalard, Pierre Chalard, MM. J. Forest, Jean-Marie Vallet, Forest, Mlle Anna Saunier, M. Marius Saunier, Mlles Benoîte Jacquemond, Marie Jacquemond, MM. Pierre et Clément Chevallier. — (1528) MM. Abert, Plasson, Jury, Bonneton. — (1530) Mlles Berthier, Arnaud, Berthe, F. Gelas, Roux, Eymard, Nogier, Mmes Gillermin, Charonet, M. Juge. — (1531) Mlles Gonnet, Ardict, MM. Antonin Vincent, Marcel Riffard, Claudius Cécillon, Pierre Pitiot, Julien Martinez, Raymond Martoud, Louis Duperdu, Michel Terry, Mme Péguet. — (1537) Mlle Berthe Henriot, M. Narcisse Henriot, Mlles Gabrielle Monot, Jeanne Bongiraud, Berthe Veysseyre, M. Galand, J. Dupanet, F. Brunel, MM. Pigeon, Planche, Lallemande, Mme Marth, M. Gaudran, MM. Chevalier, Bayard, Bonjon. — (1538) MM. Nantos, Besse, Baudraud, Courvoisier, Meyer, Herr, Chovin, Mulet. (1540) MM. Michaud, Jean Phily, J. Barraud. Simonet. — (1545) Mlle Cather. Perrin. (1550) Ecole de garçons de Limonest. — (1552) MM. Paul Martin, Charles Choquet, Raoul Bérillon, Fleury Gelay. — (1553) Mlles Césarine Vallet, Marcelle Vincent, Noëlla Bérillon, Jeanne Guillot. — (1554) M. Joseph Reyssier. — (1555) Mlles Marie Cornier, Eugénie Gay, Juliette Grevot, Pierrette Sangouard, Antoinette Chambon, Mauricette Labeye, Marie Avond. — (1556) MM. Scudier, François Berjon, Paul Martin, Louis Berjon, Claudius David, Mlle Clémence Guillard, MM. Tony Bonnet, François Cinier, André Dubost, Mlle Eugénie Poquillon. — (1557) MM. Antoine Blanchon, Henri Bécot, Léon Lambolez, Claude Mestre. — (1558) MM. Ad. Chalmandrier, Mlle Marie Vérissel. — (1559) MM. Claude Lachaise, François Morand, Joseph Mercier. — (1560) Mmes Ayné, Cayet, Gilles, Creuzard, Chaboud, Gaillaud, Gonin, Vergnais, Malcoif, Duffot, Droël, Mlle Antoinette Paulet. — (1561) Mlles Louise Lefort, Andréa Provin, MM. Philippe Gonin, Lacroix, Charles Ferrer, Mme Piron, MM. Jean Damez, Antoine Damez, André Damez, Mlle Jeanne Damez. — (1562) Mme Vve Blain. — (1563) M. Lucien Bouillol, Mme Blanc, Mme Chalus, Mlle Billon, MM. Ratheaux, Henri Victor, Mme Bassereau, M. Rocoplan. — (1564) Mlles Claudia Chadier, Anne-Marie Fargead, Simonne

Aubespin, Clotilde Genin, Marie-Ant^{tte} Genin, Emma Ricaud, M. Jean Marion, Mme Chambost, Mlle Guinet. — (1567) M. Laurent Arnal. — — (1568) MM. Besson, Thévenet, Goy, Bachelard, Puy, Neyraud, Labruyère, Antoine Rollet, Jean Rollet, Fourchet, Poix, Marcel et Paul Descôtes, Champion, Bouvier. — (1569) Mlles Mathilde Girard, Marie Peyne, Georgette Roche, Marie Aimé, Marthe Brevet, Jeanne Combe, Marguerite Bouvier, Marie Colin. — (1570) MM. Pierre Argot, Jean Reverdy, Jérôme Brunier, Mlles Berthe Dinet, Antoinette Siméon, MM. Claude Dutreix, Félix, Claude Chanarond, Mlle Marie Large, MM. Laurençon Victor, Cusset, MM. Claude Bliolay, A. Pinet, Mme Vve Cobelly, MM. Eugène Barbier, Jean Bordel, Philippe Lardière, Marin, Jean-Claude Gayet, Chavenon, Clément Ducros, Jean Baudy, Baudy fils, Antoine Bachelard, Mme Vve Lathuraz, M. Jean Perras. — (1571) MM. Genet, Souzy, Sallaz, Mmes Cobelli, Virig, Péguin, Jonchy, Berthet, M. Alexis Berthet, MM. Joannès Béroujon, Mme Vve Vignat, M. Michel Vignat, MM. Bruyère, Joseph Gnerro, Claude Bénier, Mme Vaudray, Mme Vve Jonchy, MM. Damez, Jean-Pierre Raymond. —(1572) Mme Vve Vondière, M. et Mme Chambard, M. et Mme Morateur, M. Lauron, J., M. et Mme Gantillon, Mmes Clémencin, Sériziat. —(1573) Mme Mazière, MM. François Pernod, Marcel Cottinet, Antoine Aulas, Jean Viala. —(1575) MM. Dufoux, Amédée Dufoux, Bouvier, Haulet, Métras, Basset. —(1576) Mme Pleige, Mme Cornier, Mlle Rambert. —(1580) Paul Jacoud, Charles Guize, Pierre Veyre. — (1586) MM. Antoine Veillon, Jean Crozier, Pierre Desfarges, Antoine Chambeyron, Joannès Bailly, Benoit Souchon, Jean Montagny, Francis Siegay, Marius Mercier. — — (1587) M. Paul Guyon. — (1592) Mlle Marie Thimonier. — (1593) MM. Pierre Chaillet, Buissonnet. — 1595) Mme Vial, MM. Couturaud, Thiollier David, Chol, Verpilleux, Chapuisy, Reynard, Boiron, Martinière. — (1596) MM. Vial, Bruyas, Gelot, Chapelle, Benoit Delorme, Claude Blanquet. — (1597) MM. Reure, R. Roux, Ravichon, Fournel, Jean Colomb, Tardy, Louis Monet, Mme Rivoire, MM. Billon, Antoine Moreau, Jean-B^{te} Bouvier, Roure, Lardit. — (1598) MM. Gabriel Mazier, René Cresson, M. Robert, Léon Goudnéche, Henri Veillie, J. Allibe, Henri Pouyet, Pierre Duchet, Francis Chicouane, Anthelme Aubert, E. Blanc. — (1601) MM. Pinaton, Prachay. — (1602) MM. Marc Milaud, Pierre Messier, Collier. — (1603) Mlles Jeanne Beaugerard, Jeanne Dago, Mme Collier, Mme Raffin. — (1604) MM. Berthier, Roudeix, Vierne, Durand. —(1606) Mlles Julia Hyvert, Francine Payet, Marine^{tte} Bidon.—(1607) Mlles Victorine Givord, Maria Givord, Jeanne Péjot, Anna Vaganay, Elise Brunet, Simone Bonnardel, Philomène Monot, Jean Cazenave, Sadon, Mlle Marguer^{te} Vaganay, M. Jean Delaigue. — (1609) Le Direct^r de l'école de garçons. — (1610) Mme Fraizy, Mlle Veyret, MM. Chibault, Redaud, Aulion. — (1613) MM. Joannin, Mlle Vallentien, Mmes Carrère, Villeneuve, Mlles Berthoud, Moreau, Thibau-

dier, Mme Meillerant, MM. Devillat, François Segado. — (1614)
MM. Eugène Peyret, Marius Collet, Auguste Collet, Jean Bodin, René
Barreaud, Georges Chevalier, Paul Deschanel, Henri Goiraud, Victor
Vercasson, Paul Mollaret, Marcel Barreaud. — (1615) M. Marcel Ver-
dier, Mlles Andrée Jay, Simonne Vincent, Anita Munno, Le Cours su-
périeur, Mlles Alice Vernet, Marguerite Gamond, Suzanne Prêtre,
Yvonne Bénat, Aline Léon, Louise Devillaine, J. Erard, Jeanne Va-
lette, Marcelle Mongellaz, Marie Regoudy, Marie-Louise Sandraz, —
(1616) Mlles Marguerite Guilhermet, Amélia Bard, Francine André,
Marie Basset, Rose Cuillioyerier, Juliette Ballandras, Germaine Faure,
Marthe Manière, Claudia Vaire, Marie-Thérèse Chave, Julie Joannon.
— (1617) MM. Mousset, Bertier, Reulle, J. Tollet, Mme Veuve Moulin.
— (1618) Mme F. Veyet, Mme Titon, Mme Droin, MM. Favier, Rouchier
Garnier, Deschamps, Trozellier, Carle, Roy, Mermet, Loup. — (1623)
M. Guyot. — (1624) Mme Guyot. — (1625) Mme Alloing, M. Alloing. —
— (1626) M. Charles Anguenot, M. Etienne Raginel, M. Francis
Raginel, M. Jean Biguet. — (1627) Mme Fillon, Mlles Augusta
Coste, Marie Darracq, Antoinette Raginel, Maria Thignard, Antoinette
Pitiot. — (1628) MM. Gonnard, Mlle Lapierre, Mlle Bresson. — (1629)
Mme Lhôpital, Mlle Rouge, Mlle Fournon. — (1630) MM. Jean Melay,
Etienne Perret. — (1632) MM. Guyot, Chanal, Mme Veuve Brevet,
Mme Bécaud, M. Chanal, MM. Gros, Faye, J. Duffet, M. le Curé Ber-
geron. — (1633) Mme Chatelard, MM. Jean-Marie Chatelard, Antoine
Laurent, Claude Venet, Marius Chatelard, Pierre Durand, Jean Fré-
gipa. — (1635) MM. Faure, Commarmond, Crozet, B. Pinatton, Joseph
Thollot, Villecourt, Vernay, J.-B. Faizant, M. Faizant, Vernay, Pou-
lard, Delorme, buraliste, Ragot. — (1636) Mlle Antonia Fahy, Mme Ju-
bin, Mlle Julie Crozier. — (1638) Mlle Aujard. — (1639) MM. Robert
Perrin, Jean-Louis Chanut, Henri Letitre, Raymond Servanin, Pierre
Allemand, Pierre Pillon, Marie Gibert, Marie Large, Laurent Large,
Auguste Curton, MM. Raphanel, Lubin, Milon, Jean Boirivent, Jean-
Marie Plantier, Denis Buisson. — (1640) Mme Barberon, Mme Robert,
MM. Jullien, Bruyas, Lacrôte. — (1642) MM. Meyrier, Peillan, Chirat,
Tiphaine, Jacquet, F. Button, Ferlay, Dumond, Loire, Lapidi, Sar-
zier. — (1643) MM. Etienne Brun, Jean-Claude Lacarelle, J.-Marie
Delornage, Claude Perrinet, Mme Veuve Rozier, Nicolas Guillot,
Mme Carret, M. Ant. Arquillière, Louis Bancillon, Mme de Montauzan,
M. Benoît Jullien, Mme Vercherin, M. Henri Molin, Mme Garby, M. An-
toine Guérin, M. Benoît Perret, Mme Vve Collomb, MM. Antoine Co-
quard, Joseph Carret, Jean-Claude Gervais, Jean-Claude Jourda,
Jean-Pierre Jullien, Claude Margotton, Mme Vve Launay, Mme Poca-
chard. — (1644) Mme Brun, Mmes Villard, Denis Rozier, Renaudin,
Moyne, Véret, Mlles Henriette Armanet, Marguer^{te} Caillot, Jeanne
Bayère, Mmes Simon, Pin, Bouchard, Rossignol, Mlles Morellon, Lucie

Séguin, Jeanne Delorme, Marie Bourdon, Renaudin, Mᵐᵉ Roux. —(1645)
M. Muel, instit., M. Claudius Masson. — (1648) MM. Morellon, Morel,
Nicoud, Etienne Rossignol, Jourdan, Valentin, Rossignol, Accarie,
Bost, Blanc, Bouchard, Moreillon, Poizat, Chantre, Tissent, Delorme, —
(1649) MM. Jean Bois, Louis Saunier. — (1650) Mᵐᵉ Cuzin, Mᵐᵉ An-
toinette Pincanon. — (1652) M. Carret. — (1654) MM. Rogemond,
Georges, Girard, L. Sanvoisin, J. Bonna, M. Civier, Mˡˡᵉ Renée Bel-
lon, MM. Pétiot, Taboury, Mˡˡᵉ Margᵗᵉ Bellon, M. Boyer, Mᵐᵉ Benoît.
— (1655) M. Dury, Mᵐᵉ Bélier, M. Perrin, Mᵐᵉ Frédéric, Mᵐᵉ Mazzoni,
M. Varagnat. — (1659) Mᵐᵉ Martinière, Mᵐᵉ Prajoud, M. Marius Bon-
homme. —(1660) Mᵐᵉ Bazin. — (1662) Mˡˡᵉ Renée Combe. — (1663)
MM. E. Bonnard, X..., Mᵐᵉˢ Tavoillot, Cauvin, M. Feytel. — (1664
Mᵐᵉ Matillon, Mᵐᵉˢ Chabrol, Fortoul, Guérin. — (1667) M. J. Chepié,
Mˡˡᵉˢ Georgette Aubert, Charlotte Dubost, Renée Colomb, Chatelard.
— (1673) Mˡˡᵉ Marie Baratin, Mᵐᵉ Fleury, Mˡˡᵉˢ Antoinette Génin,
Jeanne Dupoy, Céline Caillet, Isabelle Chapaveyre, Jeanne Genevard,
Germaine-Fernande Provensal, Jeanne Bertrand, J. Bert, Marie Bor-
nicat, Gabrielle Leonet, Marcelle-Renée Variéras. — (1674) M. Louis
Abran. — (1676) Mˡˡᵉˢ Riquet-Madru, Andrée Perrin, Marie-Louise
Rey, MM. Augustin Lhéritier, Pierre Vernay, Marcel Grados, Pierre
Poulin, Jean Trepiot, Edouard Brèche. — (1677) MM. Coulon-Roger,
Marcel Renaud, Louis Chamodon, Pierre Bonnardel. — (1680) M. Cuny
Ravet, Mᵐᵉˢ Petit, Leca, Mˡˡᵉ Chevalier. — (1682) Mˡˡᵉˢ Maria Billard,
Elisa Beausoleil, — (1683) MM. Legrand, Goutenoire, Dupré, Ba-
rioz, Roux, Colomb, Garin, Panel, Besse, Mathan, Garin, Gret, Theys-
sier. Péron, Legeaud. — (1684) Mˡˡᵉˢ Chol, Bisetti, Bertrand, Marie
Gironde, Julienne Ducrot, Adèle Blanchet, Jeanne Duffoux, Ray-
monde Legrand, Blanche Evrard, Marthe Gase, Germaine Poirier,
Suzanne Mercier, MM. Léon Mondésir, Muston. — (1685) MM. Sollet-
Dôle, Lussiana, David, E. Blachon, G. Fleury, G. Vallet, A. Ansay. —
— (1686) MM. Nabaton, Flory, Plassard, Chapuis, Merle, Espitalier,
Humbert, Delesty, Odier, Chambon, Dauzat. — (1690) Mˡˡᵉ Guélloud,
Mᵐᵉ Brachet, M. Cartier. — (1693) Mˡˡᵉˢ Solange Perrin, Alexandra Li-
versain, Mᵐᵉˢ Volland, Ranc, Morel, Beurrier, Riccio, Tardy, Catin,
Ailloud, Marvier, Mˡˡᵉ Marvier, Mᵐᵉ Berrier, MM. Courty, Devernois,
Cumin. — (1696) Mˡˡᵉˢ Julia Silvent, Deschamps, Marie Blondet, Ma-
rie-Louise Dévareille, Henriette Faure, Blanche Maréchet, Madeleine
Ducret, Joséphine Ribaud, Germaine Venet, Juliette Taland, Annette
Braunwarth, Marie-Louise Barrière, Laurence Seignot, Lucie Hum-
bert, Clémentine Juillard. — (1698) Mˡˡᵉˢ Yvonne Fayolle, Césarine
Barbier, Simone Girard, Germaine Gerber. — (1702) Mᵐᵉ Laval,
— (1704) Mˡˡᵉˢ Fayard, Villard. — (1706) M. Joly, percepteur, Mᵐᵉ Jay,
MM. Savère, A. Girard, Docteur Jugnet, Garnier. — (1707) Mˡˡᵉ Elise
Simon. — (1713) Mˡˡᵉ Petite Von Von, Mᵐᵉ Pardon, Mᵐᵉ Royer.

— (1716) MM. Jean et Mireille Ourson. — (1718) Mlles Antonia Gervais, Antoinette Dutel, Marguerite Dutel, Jeanne Chantre. — (1719) MM. Jean Bertrand, Louis Petit, Marie Mercier, Antoine Brun. — (1720) Mme Veuve Lanfrey, Mme et M. Garol, Mlle Madeleine Jaricot, Mme Piatte, M. Damien Tronel. — (1722) MM. Guerry, F. Boell, Mlle Mathilde Bisson, Mme Brosse, MM. Duchet, Simon, Mlle Clémence Chenavard, Mme Lacoutablaise, Mmes Grillet, Balmont, Mlle Bérard, MM. P. Barange, Chaudier, Dumont, Macardier, Eymonin, M. de Nattes, Mme de Nattes, Mmes Borjon, Vernay, Mlle Vernay. — (1726) Mlles Marie Guéraud, Louise Simon, Marcelle Coquand, Marcelle Challard, Germaine Lang, Marcelle Roussillon, Louise Vallette, Marcelle Albertin. — (1727) Mme Bouchasson, M. Alphonse Barny, Mmes Croge, Roger Croge, M. Jean Vermorel, Mme Giorgi, Mlle Collet. — (1728) Mlle Suzanne Roche, Mlle Raymonde Roche. — (1734) MM. E. Floutet, Piot, Mme Chaumartin, Mmes Chaboud, Sambet, M. Boudoul, Mme Cottin, M. Buc, Mme Maire, Mme Genoux, Mlle Louise Genoux, Mme Brosse, M. Berthet, Mme Vinasse. — (1735) MM. Auguste Tuderot, André Alix Jean Dallerey, Georges Olive, Jean Salichon, Roger Billoud, Emile Favérieux, Guy Joubert, Charles Lhomme, Alexandre Chanut. — (1737) MM. Leprun, E. Paulus, Gravier, Cornély, Ballandras, Lombard, Guillot, Grenard, Ronchail, Placide, Fillon, Antoine Galichet. — (1739) MM. Claudius Rivaz, Marcel Nury, Désiré Biancori, Marcel Ginestié, Joanny et Louis Lombard, Siméon Macario, Roger Roudier, Maurice Vandera, François Perreton, Gaston Sourgnes, Ernest Ribero, René François, René Molique, Louis Simondin, Louis Liaudet, Albert Paviot, Léon Prével, Emile Curt, Pierre Sonthonnase, Gaston Mercier, André Boeken, Robert Passous, Albert Vial.

(1746) Mlles Chanoz, Martinaux, Loridon, Jeanne Loridon, Andrée Logut, Hortense Limard, Louise Vial, Esther Pitto, Charlotte Savrey, Jeanne Quillet, Marie Couturier, Gabrielle Dantan. — (1747) Mlles Besnier Germaine, Marcelle Rivory, Paulette Chambade, Thérèse Fouc, Cléone Daleyrac, Anna Revolat, Raymonde Charmasson, Joséphine Lorchel, Marie Guyon, Juliette Dravet, Marthe Combe, Hélène Mabeau, Augustine Revolat, Augustine Lorchel, Marie-Louise Roux. — (1748) Mlles Olympe Morel, Hélène Fontbonne, Mathilde Callet, Mlles Mathilde Callet, Marthe Prost, Thérèse Bailly, Suzanne Liénard, Léa Girod, Florentine Paroni. — (1749) Mlle Marguerite Gagneux, Mlle Maximine Portaz, Mlle Edmonde Brazier, Mlle Georgette Tramois, Mlle Marcelle Prat, Mlle Andrée Béguin, Mlle Lucie Penel, Mlles Gabrielle Saulnier, Yvonne Allizond, Marthe Galland, Lucienne Lejeune, Perrousaz, A. Cracco, Suzanne Prat, Marcelle Genevois, Rachel Collet. — (1750) Mmes Lacharnais, Ruet, Doyon, Pilois, Caillat, Humbert, Dupré, Barian, Marand, Brunet, Grelet, MM. Avignon, Jacquin, Guillermain, Marduel, Duport, Roche. —

(1751) MM. Bonin, Peillot, Bracoud, Córona, Rigottaz, Boucher; — (1752) M. Robert, M. Aumiot. — (1753) Mlles Vinay, Marie Raffin, M. Adrien Luchier, MM. Gondras, Barnoud. — (1754) MM. Minjat Revel, Viody, Reverchon, Héraud, Robert, Olivier, Dalband, Mastrocinque, Crevat, Durupthy, Perronnet, Tissot-Dupont, Paquet, Caseau, Clausel. — (1756) MM. Eugène Michard, Paul Laurut. — (1757) MM. Marty, Sestier, Fillon, Goffoz, Botton, Félix, Mordon, Burel, Desjardin, Barral, Lelaquay, Masson, Roussin, Bruno, Jambon, Lagrost, Ducarre, Giffon, Malherbe. — (1758) MM. Filaine, Chevassus, M. Monternier, Mlle Ducroux, M. Ferrand, M. Mayet, MM. Gabelle, Jalabert, Bresse. — (1759) Mme Viallon, MM. Nugues, Dulac, Balcans, Pinatton, Cressent, Dessauge, Eyraud. — (1764) Mlle Suzanne Némoz. — (1766) Mmes Renard, Vernus, Mlles Barnoud, Léonie Cherpin, Lucienne Dagneaud, MM. Madignier, Argaud, Mlles Aimée Brivet, Germaine Brun, Marcelle Cousseiroux, Marcelle Arnal, Suzanne Mouillet, Lucienne Blanc, Thérèse Andreu, Germaine Suchon, Mme Collomb, M. Choron. — (1767) Mme Millioz, MM. Pradier, Fournest, Pralus, F. Gilliéron, Léon Peylin, Mlle Charpenay, M. Gandolphe, ph^{en}, M. Barthe. — (1768) MM. Combe, Pouget, Derja, Porté. — (1769) Mlles Pérol, Perroud, L. Moreau, L. Gomer, M.-L. Taberlet, G. Thizy, J. Benlloch, M. Jacquemet, M. Barou, Adrienne Thévenet, Denise Moine, Catherine Matasogho, Marie Bonnet, Marie Delaroue, Marcelle Laneau, Léonie Doudeau, Germaine Poccaton, Lucienne Soitel, Jeanne Bourbon. — (1773) M. Jean Morillon, Mlle Isabelle Gaillard, MM. Jean Mathieux, Louis Mathieux, Mme Page, Mme Vve Mathieu. — (1774) MM. André Blanchon, Charles Maïa, Félix Andréony, Joannès Bolusset, Louis Hennequin, Jean Martin, André Fromentin, Mlle Givre. — (1775) MM. Courcy, Nazet, Raynaud, Bélissco, Mme Louis Besançon, Mme Maxime Besançon, Mme Veuve Genillon, MM. Bouvier, J. Busnengo, Jean Romarie. — (1777) MM. Paul Bernard, Aristide Bourget, Marius Laurent, Henri Marchand, Armand Martin, Maurice Hager, François Mathon, Jean Anbaud, Jean Bernheim, Henri Cuzin, Georges Mossat, Raymond Peillon, Alexandre Lévy, Romain Némoy, Claude Bellemin, Paul Bourgeois, Lucien Bernard, Gustave Andrieux, André Gilli, Jean Pignol. — (1778) MM. Faury, Marcel Robe. — (1779) MM. Paul Perrin, René Chambard, Maurice Bernard, Marcel Jambon, Gabriel Glas, Léon Blanc, Henri Plassard, Maurice Ducreux, Albert Bernard, Albert Pyon. — (1780) MM. Mélinand, Garrioux, Mlle Lacraz, Mme Gonichon, Mlle Aubert. — (1781) M. Courand, Mme Cojon, MM. Pertuis, Auprol, Mme Bordes, MM. Chevalier, Dégoulange, Mlle Bonvin, MM. Debétaz, Schneider, Guyot, Mlle Comand. — (1782) M. Guyard, Mlle Guyard. — (1785) MM. J. Juilland, G. Pélisson, C. Boyer, M. Guillaume, R. Rieux, H. Dreyfus, M. Peycelon, Grostabussat. — (1786) Mlle Marie Rochet, MM. Pierre Ballet, Fleury Ballet, Mlle Antoinette Chaillet, Mathilde Cornier. — (1787) Mlles Clotilde Thouvenin, Germaine Dupré, Suzanne Bayol, Fernande Durand, Jeanne Prez, Jeanne Dugnat, Henriette Goumand. — (1789) Mmes Hermelet, Gillet, Boland, Mlle Janin. — (1790) MM. Maillet, Baum, Roudot, Lauvernier, Jambon, Bourgeat, Augoyat, Morin, Bonnet, Diébolt, Grandjux, Bénivay, Reynaud. — (1791) MM. Perrachon, Mme Colonna, MM. Cuquel, Dufour, Mlle Josserand. — (1793) MM. P. Marchetti, Joseph Guiot, René Arbez-Carme. — (1794) MM. Georges Mourier, Marcel Denis, Charles Mostes, Raymond Renault. — (1795) MM. Léon Folliet, Gaston Mouchiroud, Henri Janton, David Anselleme, Mme Blum, MM. Hecker, Weiller, Goetschel, Goldschmitz, Job, Datelbom, Wellhoff, Gestedner, Bouchoulle, Elkouby. — (1796) Mme Michallet, MM. Brun, Badard, Diébold, Durdilly, Gentet, Léger. — (1798) M. Ramus. — (1799) Mlles Jeanne Duron, Nelly Gresset, Mlle Marcelle Humbert, Mlle Albertine Liandra, Mlle M.-L. Sauvan, Mlle Renée Canillaudin, Mlle Henriette Guermann, Mlle Hélène Journal, Mlle Alice Legrand, Mlle Marie-Louise Perrachon, Mlle Augustine Roche, Mlles Alice Rampignon, Jeanne Warniser, Marie-Louise Vial, Louise Duverger, Andrée Mulatier, Marguerite Ruffieux, Elise Borne, Simone Villard, Marcelle Court, Emmeline Dufour, Louise Catiau, Renée Pizzetta, Odette Dugourd, Lucie Cyvoct, Louise Catignon, Mlle Olivier, Marcelle Darras, Elise Varrambier, Nella Mengozzi. — (1801) Mme Chazard, Mme Pays, M. F. Crasson, M. Buisson, Mme Lascombe, M. Kamiski, Mlle Marie Gaget; MM. May, Lucien Disdier, Edmond Disdier, Geoffray, Laneyrie, F. Ferrier, M. Rampin, Poty, Dyon. — (1802) M. Chevalier, Mme Marx, Mme Coindre, MM. Perrot, Eclairey. — (1803) MM. Marius Servet, Etienne Hollard, Paul Buffet, Pierre Besançon, Claude Giguet, Jacques Estribal, — (1804) Charles Faletti, Claudius Chavanne, Jean Vallon. — (1805) MM. Sonnier, Buffard. — (1806) Mlles Germaine Ferré, Andréa Montmartin, Marthe Bachelard, Clarisse Grenier, Renée Ferré, Marg^te Chaumont, Jeanne Massalon, Marcelle Lacour, Paule Besançon, Marie Andrieux, Mme Mallein, M. Maurice Chaumont, Mlle Alice Perroud. — (1807) Mme Jacquel, Mmes Buffard, Girard, Rohmer, Andrillat, Mlles Pontille, Louise Mazard, Jeanne Boinon, Jeanne Durand, Suzanne Disdier. — (1810) M. Pradel. — (1812) M. Jacquin. — (1816) Mlle Jeanne Compte, MM. Sylvestre J.-M., A. Thiollier, P. Cuissard, J. Pierreleu, J. Cuissard, Guérin, C. Gay, Mme Veuve Houardy, M. J. Laurent, M. F. Laurent, Mlle Marie Morand, MM. B. Eymin, R. Morand, M. Démure, Denis, Mondet, Perrin, J. Roussel, M. Pardon, M. Chabert, M. Grimau, Nesmes, Bret, Vibert.

(1817) MM. Tabard, Mlle Rolland, MM. Ducôté, Renard, Nesme, Mlle Gaillard, MM. Portier, Baron, Bougerol, Morel, Portier, Mme Blain, M. Paul Blain. — (1819) M. J. Liboud. — (1820) Mlles Jeanne Courbière, Jeanne Weingartner, Eva Bonhotal, Marie Charvolin, Cécile Guerpillon. — (1820 bis) MM. Francisque Marinier, Marcel Etienne, Pierre Rochard. — (1821) M. Charlet. — (1822) M. Cettier, Mme Vve Cettier, Mlles Gisèle Watebled, Georgette Bertholin, Périchon, Margte Desvarennes, Rachel Bert. — (1823) Mlles Juliette Gelay, E. Berthaut. — (1824) Mme Veuve Nallet, Mme Sauve, Mlles Gilberte Souchaire, Simone Brunel, Mme Richer. — (1827) Mme Colonna, Mlle Boll. — (1828) Mlle Jeanne Colombet. — (1829) MM. Arsène Veilloux, Marceau Paillasson. — (1830) Mlles Giraud, Aline Voinson, Juliette Ferra. — (1831) M. François Reynaud, Mlle Pernette. — (1832) MM. Emile Desfeuillet, Louis Vailly, Marcel Delorme, Antoine Saunier, Louis Girin, Albert Delorme, Joseph Humbert, Félix Chassignol, Pierre Batailly, Paul Rabichon, René Aymard. — (1833) Mme Béroud, Mlles Béroud, Gorse, Deschamps, Baguet. — (1834) MM. Beluze, instr, Romain Passe. — (1837) Mme Saflix, inst. — (1840) Mme Paret, MM. Odochon, Delorme, Pipard, Bresse, Jomard, Mme Baccot, Directr., Mme Pizaya, instit., Mme Barbelenet, instit., Mme Bathum, instit. — (1841) M. Coste gendarmerie, Mme Veuve L. Ducrune, M. Pelloux, gendarmerie, M. Baccot, instit. — (1842) Mlle Soustre, M. Charmont. — (1843) Mme Marchand, Mme Janin, Mlles Grosmollard, Marthe Blanc. — (1847) Mlles Claudine Bonnefond, Antoinette Barbe, Henriette Méras, Amélie Graviche. — (1852) Mme Berthaud, Mlles Francine Rouillat, Marie-Louise Dufour, Benoîte Viollon. — (1853) MM. Marius Bosbe, Victor Cozona, J.-Bapte Brolly, Charles Grimaldi, Fleury Dargère, Félix Gros, François Royer, Subrin Poizat, Mme Vve Vacher, Mme Boissin, MM. Claude Clary, Mazallon, Terrasse, Giraud, Gresset, Madesclaire, Pradelle, Mlle Bourg, MM. Mollon, Volay, Vincent. — (1856) M. Cottin, instit., M. Berthier, instit., Mlle Barnsio, institutrice, MM. Burnichon, Bruyère, Laval. — (1857) Mme Cottin, instit., Mme Lapierre, institutrice, Mme Desquenes, institutrice. — (1860) Mme Desaintjean, Mlle B. Rey, Mlle M. Rey. — (1861) Mlle J. Bas, inst., Mlles Perrine Duthel, Marie Devaux, Bénédicte Girardon. — (1862) MM. Jean Bassard, J. Lanel, François Giroud, Mlle Marie Arquillière, MM. Montagne (Pierre), Aloette, Jean Martin, Pierre Roby, Pierre Subrin, Benoît Rollin. — (1863) Mlles Jeanne Planus, Marcelle Abram, Yvonne Laval, MM. François Martin, Georges Martin. — (1864) MM. Joannès Flache, Antoine Bérerd, Pierre Rial. — (1865) MM. E. Béroud, Mlle Jeanne Dulac. — (1866) M. Casimir Giraud. — (1867) Mme Seroux, M. Stéphane Coquard, Mlle Michallard, MM. Ragon, Deschamps, Rivoire, Mlle Peylachon. — (1868) M. Maury, Mlle Grabit, instit. — (1869) M. Jean Million, Mme Juttet, Mmes Tisseur, de Lagenest, Hairer, Lacôte, Mollière. — (1870) MM. Louis Alix, Jean Châtelus, Charles Tabard. — (1871) Mlles Marie Blanc, Fleurine Dubessy, Marie-Louise Petit, M.-Louise Loudoueineix, Louise Champavier, Marie Dargère, Jeanne Double. —

(1873) Mme Dugelay, inst. — (1874) Mme Gérard, instit., Mlle Poulier, instit. — (1875) Mlles Marthe Mathieu, Yvonne Ropert, Georgette Dubet, Jeanne Michaudon, Péroline Sue, Louise Montagne. — (1876) Mlles Marcelle Dubet, MM. Simon Breton, Louis Sue, Louis Mathieu, Julien Pollet, Vincent Michaudon. — (1881) Mlle Ant^te Dupoizat, Mlle Bonéton, inst., Mlle Mury, instit. — (1883) M. Gorse. — (1885) Mlle Antoinette Ducret, M. Marius Ducret, Mlle Joséphine Ducret, M. François Crozet, Mlle Aimée Peillon, M. Auguste Desgranges, Mlle Aimée Arnaud, Mlle Jeanne Flachard. — (1886) M. Ponthus. — (1887) Mlles Marie Chol, Marthe Cartillic, Thérèse Ducros. — (1888) Mme Chatelus, Mlle Mathilde Joanhy. — (1890) Mme Châtoux, instit. — (1891) Mmes Girardet, de Saint-Jean. — (1892) MM. Benoît Bordet, Joseph Gardès, Berthier, Claude Ferry, Philippe Borday, Auguste Perussel, Mme Fournand, MM. Antoine Riondelet, Pierre Sève, Jean-Pierre David, Benoît Romier, Denis Micollet, Accarie-Lapoire, Etienne Morin, Mme Morin, MM. Francis Montaugeron, Julien Monchanin. — (1896) M. L. Andrillat, Mlles Jeanne Goujon, Marcelle et Marie Trichard. — (1900) MM. Jean-Pierre Guillard, Givry, Debrost-Durdilly, Mme Veuve Durdilly, MM. Pierre Quelin, Auguste Masson, Pierre Larrait, Jean-B^te Goujon, Jean-M^le Truche. — (1901) MM. Louis-Claude Rollet, Claude Rollet, Jean Chavanis, Joseph Bourrat, Marcel Robert, Albert Rollet, Louis Subrin. — (1906) Mlles Simone Mathelin, Marie Saint-Cyr, Marie Roche, Joséphine Roche, Claudia Verpillon, Marie Verpillon, Gabrielle Michon, Antonia Michon, Marie Vapillon, Jeanne Berthinier, Andrée Lanty, Joséphine Duffet, Marcelle Moricaud. — (1907) MM. Marcel Geoffray, J.-P. Louis, M. Thévenet. — (1908) MM. Antoine Bothier, Mathieu Bothier, André Déviégo, Claude Cartillier, Barthier « Bogat » Jean-Marie Dugelay, Antoine Biollay, Mme Veuve Peillein. — (1910) Mlles Georgette Colombeyron, Renée Massicard, Alice Vial, Raymonde Clet, Mlle Py, inst. — (1911) MM. Louis Chaninel, Pierre Faure. — (1912) Divers. — (1913) Mlles Maria Martin, Bénédicte Raymond, Claudia Ferlay, Claudia Volay, Jeanne Michaud, Marie Dussurger, Bénédicte Bonhomme, Antonia Dutel. — (1914) MM. Jean Michallon, Marcel Durand, Jean Bouchacourt, Stéphane Larochette, Claude Bonhomme. — (1915) M. Maurice Gibert, Mlle Jeanne Volay. — (1916) Mlle Pfister, institutrice, Mlle Laurençot, institutrice, Mlle Rousset, institutrice. — (1917) Mlle Yvette Rousset, Mme Grosdemonge, instit. — (1918) Mlle Pauline Desvigne. — (1921) M. E. Thibaut. — (1924) Mme Laboutière, M. Henri Laboutière, instit. — (1925) MM. Marius Vérine, Jean Poulard, Claudius Perronnet, Joannès Morel, Joanny Poncet, Pierre Poncet, Benoît Subrin, Thomas Pinatton, Pierre Lagoutte. — (1926) Mlle Marie Boichon, Mlle Anaïs-Ph. Jacquemetton. — (1935) M. Jean Séon, Mlles Andrée Desbois, Pierrette Plauchet. — (1936)

Mᵐᵉ Bonnot, Mˡˡᵉˢ Lydie Avit, Alice Avit, Marie Devigne, Mᵐᵉ Mey-
rieux. — (1937) MM. Félix Giraud, Jean Bernard, Jean Laccand,
Charles Gros. — (1938) Mˡˡᵉ Euvrard, instit., Mˡˡᵉ Volland, instit.,
Mᵐᵉ Magdinier. — (1939) Mᵐᵉ Durix, Mˡˡᵉˢ Juban, Accario. — (1940)
Mˡˡᵉˢ Violette Novaretti, Marie-Thérèse Fort. — (1942) Mᵐᵉ Laurent,
instit. — (1947) MM. Augᵗᵉ Bavoux, Étienne et Marcel Bouteille,
Joannès Jullien, Benoît Jullien, Claudius Rivoire, Benoît Odin, Pierre
Bonnier, Antoine Moulin, Léon Clairon, Joannès Crozier, Louis Razy,
Marcel Poy, Antoine Poy, Jean Marnas, Pierre Cognet, Jean Thomas.
— (1951) M. René Bonnet. — (1954) MM. Fayolle, A. Chillet, C. Girardon, J. Chanaval. — (1955) MM. Pétrus Font, Francis Thizy. —
(1956) Mˡˡᵉˢ Jeanne Mazencieux, Antonia Bouteille, Desorme, Marguerite Marey. — (1957) M. A. Michel, Mᵐᵉˢ Meyer, Gouttenoire. —
— (1958) Mᵐᵉ Blanchon, Mˡˡᵉ PGrangier, les Élèves de l'école de Meys.
— (1959) Mˡˡᵉ Cavalier, instit. — (1960) Mˡˡᵉ Petit, inst. — (1961)
M. François Privas. — (1962) Mˡˡᵉ Marie Chipier. — Julienne Chipier,
Catherine Giraud, Mˡˡᵉ Gonnachon, instit. — (1963) Mˡˡᵉ Bresson, inst.
— (1965) E. T., J. T. — (1966) Mᵐᵉ Debat, inst. — (1968) MM. Pierre
Marie Tholin, Jean-Pierre de Saint-Jean, Mˡˡᵉ Jeanne de Saint-Jean,
MM. Joannès Forest, Antoine Gaynon. — (1969) MM. Allardet, Far-
geot. — (1973) M. Jean Chignier. — (1974) Mˡˡᵉ Calvier. — (1975) Mᵐᵉ
Joannès Merle, M. Joseph Miriod.

(1976) Mˡˡᵉˢ Yvonne Béroudiat, Marcelle Cambriat, Mᵐᵉ Boxler. —
(1977) MM. Claudius Durdilly, Sangouard, Charles Chanel, Marcelin
Alizon, André Cathabard, Mailhot, inst. — (1978) Mˡˡᵉˢ Paulette
Mayer, Renée Durand, Joséphine Maillot, Marcelle Guillard, divers
versements. — (1979) Mˡˡᵉˢ Joséphine Duperray, Marguerite Thomas.
— (1980) MM. J. Chermette, J. Denonfoux, Étienne Lièvre, J.-B. Ducroux, M. Résset. — (1988) MM. Jean Berchoud, Louis Plasse, François Laurent, Suzanne Nigond, Marguerite Chapiron.— (1989) M. J. Arquillière. — (1992) MM. Alexandre Dumas, Pierre Fournier. — (1993)
Mˡˡᵉ Louise Barnichon, MM. Chabridan, L. Besse. — (1994) MM. Lar-
maraud, dir. d'école, Fargelon, inst., Trambouze, inst., Mendels, inst.,
Laurand, inst. — (1995) M. L. Jouffroy. — (1998) Les Élèves de l'école
mixte de Thizy. — (1999) M. Laforest, inst. — (2000) Mˡˡᵉ Germaine
Vivière, Mᵐᵉ Pothier-Sève, Mˡˡᵉˢ Jeanne Fauchery, Antonine Bufford.
— (2003) MM. Charnay, Mounery, Plas, Champelle. — (2005) Mˡˡᵉ Livet,
Mᵐᵉˢ Thomachot, Crétin, Cherpin, M. Burnichon, Mᵐᵉˢ Champier,
Montagne, M. Gascon, pharmacien, Mᵐᵉˢ Vermorel, Accary, E. Mat-
tray, Mˡˡᵉ Plasse, Mᵐᵉ Lager, M. Déchavanne, Mˡˡᵉˢ Suzanne Duron,
Marie-Louise Ovize, Mᵐᵉˢ Clairet, Moncorger, Émile Morof, M. Georges
buraliste, Mᵐᵉ Ausoud, Mˡˡᵉ H. Champier, Mˡˡᵉ E. Ovize, Mˡˡᵉ M.-L.
Soubrane, M. Jean Debiesse, Mᵐᵉ Geneste, pharmacien, Mˡˡᵉ Bodet,
épicière, Mˡˡᵉ A. Lager, Mᵐᵉ Vivière, Mᵐᵉ Giraud, Mᵐᵉ Dulac, Mᵐᵉ Fo-

ray-Michallot, Mlles Christophe, A. Démurger. — (2008) Mlles Guény, Birot, P. Condamin, M. Villard, rentier, M. Chagnard, M. Niogret, brigadier de gendarmerie. — (2011) MM. Ovize, Cherpin, curé, Jacquemont, Matray-Bôland, V. Michalot, Mme veuve Berger. — (2012) Mme veuve Charmette, Mme J. Janin, inst. — (2013) Mme Comby. — (2016) MM. Pierre Métra, Jean Rivière, Mlle Burgat, inst. — (2023) MM. Philibert Charvet, Jean Magaud, Jean-Marie Billoud. — (2024) Mmes Gros, Magot, Varignier, M. Robert, Mlle Madeleine Magat, M. Auguet, Mme Haour, Les Sœurs de Saint-Charles, Mlle Gros, Mme Froyssonnet, M. Collignon, Mme Thimonier. — (2030) MM. Pierre Humbert, Claudius Fournier, Antoine Vieilly, Arthur Duménil, Louis Berthoux, André Plagnardon, Jean Chervet, Adrien Stival. — (2031) Mlles Marie Crétin, Angèle Duchamp. — (2032) M. Baudonnat, inst. — (2036) Mlles Henriette Laplatte, Marin, instit., Pin, instit. — (2037) M. Pollet Francis. — (2045) MM. Grandjean, Laissus. — (2046) M. L. Debize, inst. — (2047) Mmes Debize, inst., Labize, inst. — (2051) Mme Birabent, inst., Mme A. Birabent, inst. les Élèves de l'école d'Emeringes, M. Jambon, M. Rollin, recev. buraliste, M. Mélinard, Mme veuve Riocreux, M. F. Durand, Mlle Marie Decombe, M. Honoré Depardon, M. Delafond, Mlle Louise Descombe, Mme veuve Laplace, MM. Jean Balvay, Alexandre Savoye. — (2053) Mlles Balandras, Laval, Bonnerue, Jourdan, Camille Bertrand, Mme Deleschaux, Mmes Charvet, Fournel, MM. Faure, Fayard, Rollet. — (2054) MM. Philippe Granger, Paul Dénuelle, Mlles Jeanne Chantin, Marcelle Pelletier, Jeanne Guérin. — (2055) M. Léon Sautereau, Mlle Yvonne Sautereau, MM. Maurice Dussordet, Louis Sarieux, Charles Thévenet, Joseph Perrachon, Paul Descombes, F. Landuse, R. Thévenet, Louis Viollet. — (2056) Mme Ballaud, inst., Mlle Ciancia, instit. — (2061) MM. Charles Gouillon, Pierre Burdin, Charles Duvernay, Guillaume Duvernay, Joannès Lafond, Jean Debuis, Jean Cabut, Claude Perron, Claude Matray, Etienne Michel, Mlle Louise Dumas. — (2062) Mlles Claudine Gouillon, Gabrielle Demont, Marie Midon, Marie Montel, Antonia Versaut, Thérèse Burnichon, Jeanne Lafond, Marie Berthelier, Les Élèves de la classe enfantine de Quincié. — (2064) Mme Sangouard, inst. — (2069) MM. Beaumont, Georges Baconnier. — (2072) M. Chol. — (2074) Mme Vachez, inst., Mlle Dailler, inst. — (2075) MM. Philibert Chignard, Pierre Morel, Jean Huaux, Pierre Meunier, Paul Henri. — (2076) Mlle Charpenel. — (2077) Les Élèves de la classe enfantine de Charentay, Mme Ballandras. — (2078) MM. Paul Dutraive, François Barraud. — (2079) Mlles Louise et Ant. Coude, MM. Henri Parceint, Jambon-Guillon. — (2083) MM. Despré, C. Jacquet, Mme veuve Guénot, M. L. Sapin. — (2084) Mlles Andrée Roux, Rollet, M. Joseph Pillot, Mlles Marie-Louise Depardon, Victoire Dorme, J.-M. Foillard. — (2085) MM. Pierre Gayot, Antoine Jomain. — (2088) Mlle Georgette Cimetière. — (2089) Mlles Emilie Dubost, Claudia Joubert, Claudia Rampon, Alice Sallies. — (2090) MM. Lucien Durieux, Albert Vermorel, René Lagardette, Calixte Aujogne, Guillaume Delaye, Philibert Carret, Mme Vve Renaud; MM. Tony Gouillon, Jean Perraud, Mathieu Desperrier, Jean Verger, Eugène Renard, Pierre Ovise, Claude Collier, Jean Dadok, Jean Verger, Claudius Parden. — (2098) Mlles Laure Bourgeade, Marcelle Massotier, Charles Mathais, Marcelle Feuillet, Mme Goutelle, MM. J. Bellot, J. Chabert, Mlle Francine Massotier. — (2099) MM. François Rabut, Gaston Gravillon, Jean Thévenin, François Hytte. — (2100) Mlle Marcelle Botten. — (2101) Mme Jacques Guerry, Mme Deshayes, Mme Pierre Deshayes. — (2102) MM. Jean-Louis Prothery, Isidore Augagneur, Francisque Dufour, François Nesme, Louis Prothery, Félix Génevois. — (2103) MM. Jean Cinquin, Jean Joubert, Marcel Thévenet, Mlle Germaine Pommier. — (2104) M. Emile Désigaud. — (2105) Mlle Rose Gouillon. — (2106) Mme Guillon, inst. — (2108) MM. Michel et Maria Maynard. — (2110) Mlles Hélène Bourdeix, Jeanne Chanrion, Irène Chanrion, Pauline Chanrion, Aimée Dubuis, Aline Bonneton, Céline Corcelette, Rose Cortay, Blandine Carret. — (2111) Mlles Elise Simonet, Marie-L^se Chuzeville, Amélie Perrier, M. Joseph Chuzeuville. (2112) M. Jean Chazal. — (2113) Mme Saignant, Mlle Marie Mazières. — (2114) Mmes Vacheron, Schuchmacher, Chuzéville, Vermorel; MM. Joseph Dumontet, Raymond Dumontet, Pierre Philippe, Antoine Plasse, Joseph Plasse, Auguste Plasse, Joannès Ballaguy, Sapaly, Joseph Couturier, MoraudChavanis, Mlles Céline Plasse, Jeanne-Marie Glattard, Mathilde Glattard. — (2115) M. Henri Chabas. — (2116) Mme Chabas. — (2118) Mlle Arnaud. — (2120) Mlle Marie Large, Mlle Alphonsine Chevassus, Marcelle Farjat. — (2121) MM. Besson, inst., Jouvenel, inst. — (2122) Mlles Henriette Bibet, Ballandras, Mmes Lacroix, Poudière, Jouvenel.— (2123) Mlles Marie Châtelet, Marie Gâteau, M. Marius Grosselin, André Lespinasse, Jean Bajard, Mlle Jeanne Braillon, Mme Ducharne, inst. — (2126) Mlle Marie-Claudine Mansia. — (2129) Mlle Debiesse, Mme Vve Dubost, Mme Vve Joubert, Mlle Jugnet, Mme Vve Suchet, MM. PierreMarie Châtelet, Joseph Châtelet, Jean-Pierre Bonneton, François Araudel, inst., Joseph Berthelier, Marius Jolivet, Mme Botton. — (2130) MM. Jean-Claude Besson, Paul Guichard. — (2132) M. Antoine Dury, Mlle Antonia Tillet, MM. Marcel Truchet, Aimé Fayard, Marius Dunand, Joannès Braillon, Mlles Marie Ballandras, Marie Passot, Marie Châtelet. — (2135) MM. Albert Jacquet, Jean Jacquet. — (2136) Mlles Andrée Jacquet, Germaine Sombardier, Irma Bollery, Lucie Fayard. — (2139) MM. Mélinand, Gauthier, Maire, Mme Martin, Mme Descombes, MM. Pétrus Mélinand, Antoine Alaine, Mlles Thérèse Large, Stéphanie Pouly, Henriette Braillon, Octavie Combier, M. Marius Rotival, Mlles M.-Louise Larochette, Claudia Brun, Marie Barraud, Germaine Barraud, ClaudeMarie Combier. — (2143) Mlle Brenot, institutrice, M. Brenot, comptable. — (2142) MM. A. Favre, E. Duffaud, C. Labize, A. Galluchot, J. Dumas, A. Parent, Mme Lafont, M. Débrun, Mme Marie Pépin. — (2144) Mlle Marie-Louise Perrad. — (2145) MM. Dutruge, inst., Jean Treffort. — (2146) Mlles Perchez, M.-A. Perchez, Rose Perras, Sidonie Perras, Marie-Marguerite Guerrier.

(2147) M. Joseph Labrosse, Mlle Juliette Delair, M. Pierre Delair, Mme Mathon, M. Péaud, Mme Tournassoud, M. Dussauge. — (2148) Mme Lagrange, Mlle Marie Jandard, Mme Balandra, Mme Guerry, Mlle Verchère. — (2151) M. A.-B. Picard, Mlle Jeanne Ferrat, M. H. R. Sapin, MM. Alex. Boulaud, P.-J.-M. Bonneton, Ant. Chamarande. — (2153) M. Michel Jayet. — (2155) Mmes Fontaine, Signeret, M. Poitrasson, Mlle Gabrielle Raquin, Mme Rodet, M. Melouzay, Mlle Marie Vachot. — (2156) MM. Robert Lachard, Jean Duvernay, Georges Colombier, Romain Guttin, Joseph Guttin, Mlle Maria Chaudy, Aimée Corbay, Dodo Dénoyer, Laurent Jonchy. — (2157) Mlle Claudia Bidon, Mme Branciard. — (2160) Mme Pascal, Mlle Renée Pascal, Mlle Meignaux, inst. — (2161) Mme Rochard, Mmes Despras, Jomain, Morion, Bussière, M. Franc, Mme Vve Feignier. Mmes Perrot, Birard, M. François Chopin, Mme Longefay, MM. Pierre-M. Rosier, M. Antoine Favre. — (2162) M. Jean-Claude Chervet, Mme Chamarande, Mme Vve Tachon, M. Jean-Claude Jacquet, Mme Vve Geoffray, Mme François Terrier, Mme Perrachon, M. Eugène Triboulet, Mme Geoffray-Lachaize, M. Jean-Claude Collier, Mme Bargeot, M. Jean-Cl. Chanrion, Mme Thomas Chervet, Mlle Terrier, Mme Philibert Laveur. — (2164) Mlles Jeanne Sanlaville, Rose Sanlaville, Maria-Thérèse Gandy. — (2165) M. J. Matray, M. Béroujon. — (2168) MM. Philibert Morel, Benoît Georges, Jean-Pierre Laveur, Joseph Berrerd, Mlle Collier, MM. Antoine Désarménien, Louis Bérerd, Guillermin, Mme Cl. Favre, Mme Vve Laveur, MM. Jean Ballandras, Henri Benoît. — (2169) Mlles Marie-Madeleine Sugier, Jeanne Depardon, Louise Morion, Marie Dugelay, Jeanne Dugelay, Louise Lapalud, Anna Lardy, Antoinette Ducrozet. — (2169) MM. Benoît Chanrion, Etienne Gandon, Antoine Crotte, Mme Carret, Mlle Guy, Mme Desplaces, MM. François Puillon, Lamure, Mlle Marie Berrerd, MM. Victor Magny, Claude Delaye, Mme Perraud, Mlle Elisa Perraud, M. Edmond Perraud. — (2170) MM. Lucien Lanquétin, Henri Dussault, Martial Lauzier, Armand Hess, Armand Guérin. — (2171) Mlle Marie Magnin, un groupe d'élèves, MM. G. Curtil, E. Chauvin, A. Chauvin, Mme Faurite, Mlles Buvat, Dumont, Chomel, Mme C. Beau, Mme Jac. M. Pécoud, Mme Brunier, Mlle Uny, Mlle Hély, MM. Jaubert, Baud, Cusset, Mlles Deffradas, MM. Marcellin, Chanu-Rey, Vibert, Massu, Laboret, Maignaud. — (2176) MM. Laurent Grémaud, René Beau, Aug^te Tabarino, André Cavalleri, Maurice Brachet. — (2177) MM. Alphonse Faye, Maurice Michelet, Alphonse Mignot, Mlles Juliette Mignot, Henriette Poulenard. — (2179) Mlle Thiéry, Mlle Etiennetto Touly, Mlle Ernestine Givord. — (2180) Mme L. Robin, MM. Michel Brinsard, Priou, Mivière, Riboulet, Tissu, Etienne Vallet, Farge, Mme Charveyron, Mlle Chanal, Mme Aurelle, Mme Chanal, Mme Hivert, Mlle Chipier, Mmes Forest, Philipiny, Batélier, Mlle Gailleton, Mme Mignard, Mmes Tabot, Pichol, Pichollet, Mlles Roux, Richard, Colomb, Poizat, Boudarier, Charray, Rodberg, Magnin, Beau. — (2181) Mlles Jeanne Dernat, Claudine Sauverzac, Jeanne Pasquier, Famille Fontanel, Mlles Rachel Gateaud, Yvonne Gudin, Mlle Marie Chevallier. — (2182) MM. Pierre Audin, Lizie Audin, Mlle Germaine Marcel. — (2183) Mlle Lucienne Alesso, MM. Mottet, A. Bièche, M. Trillat. — (2184) Mlle Renée Simard. — (2185) M. André Noël, Mme Garnier, MM. Meunier, Aujolvy, Mme Aujolvy, MM. Charles Raviart, Chossegros. — (2186) MM. H. Tribolet, Francisque Chardon, Marron, Romanette, Bourgeois, Large, Joseph Penet, Bertrachon, Dru, Cracco, Gariner, Just, Verdier, Berthillier, Gonnard, Tupinier, Dru, Naime. —(2187) M. J. Geoffray, Mme Vve Geoffray, Mme Moncel. —(2188) M. Jules Juquel, M. Jean-Cl. Fournery. — (2189) Mlles Catherine Vergnais, Louise Comte, Marg^{te} Léglise, Francine Amiet, M.-Louise Bouzy, Marie Dubost, Françoise Vergnais, Jeanne Ronnet, Augustine Faivre. — (2192) MM. Léon Piguet, Louis Léger, Jean Billard, Joseph Benay, Antony Serin. — (2194) M. et Mlle Voisin, Mme Peytel, Mme Chanrion, MM. Peytel, Benoît Sollier, Peytel, A. Sollier, Mme Peytel, Mme Machurat, MM. A. Mathias, J.-M. Mathias.— (2195) M. J. Boy, Mme Vve Balmont, MM. Collonge, Brachet, Vabre, Bullion, Peytel, Mme Marthoud. — (2196) M. Valet. — (2193) M. J. Raymond. — (2198) Mlle Amélie Beau, M. Louis Brochet, Mlle Germaine Vergnet. — (2200) M. Pierre Berthelier, Mme Berthelier, Mme Carie-Simonet, Mme Vve Suchet, Mme Chanrion, Mme Vaginay, Mme Lamure, Mme Joséphine Sivignon, Mlle Céline Chuzeville, Mme Marg^{te} Vermorel.

(2201) Mlles Vangin, Goyard. — (2202) MM. Cernesse, Metton. — (2203) MM. Subervie, Lafond, Tricaud, Mme Raffin, MM. Mouly, Colombiès. — (2204) MM. Pinoncély, de l'Harpe, Verrière, Billet. — (2208) MM. F. Vaesen, La Pharmacie Mutuelle, MM. Delestra, Berchoux, Dumas, Guérin, Nourrissand, Chema. — (2209) MM. Paul Meunier, Mlle Anna Baud. — (2210) M. E. Charret. — (2211) M. François Dulac. — (2212) M. Curtenelle. — (2215) Mme Vernay, Mlles Lallier, Mazet, Mégret, Renoux, Huygens, Hubaud, Wormser, Mme Villard, Mlle Nébois, M. Bourvis. — (2216) MM. Thévenet, Perrin, Rocheton, Gaillard, H. A. Giraud Dantin, Mathieu, Mollard, — (2217) MM. Charreton, Chanteur, Marsle, Planchon, Pellissier, Fritsch, Vial, Michelon. — (2218) MM. Brunand, Simon, Maréchal, Gouttenoire, Ville, Joyne, Déchorin. — (2219) MM. Martinazzo, A. Gentil-Perret, J. Marmonier, B. Vacher, O. Colongo, M. Pitance, S. Pommier, I. Jullien. — (2220) MM. H. Gullon, E. Gonnet, B. Renoux, M. Sperlé, S. Martin, J. Dethurens, J. Treille, — (2221) Mlles Cécile Gruffaz, Sylvaine Martinazzo, Paulette Curty, — (2222) M. Imarigeon. — (2223) Mlles Gabrielle Achard, Jeanne Ferlay, Josette Déruaz. — (2224) MM. Baumayer, Chirol-Burtin. — (2225) Mlles Germaine Ribaud, Jeanne Ribaud, Henriette Dénuel, Marguerite Perrier, Marcelle Guyon. — (2226) Mlles Marthe Treuil, V. Morange, Louise Pouillé. — (2227) MM. Tarral, Bony, Jeay, Dreyon. — (2228) Mmes Block, Perrin, Damez, MM. Rochat, Gérod, Sibourg, Guédy, Reye, Mme de Lacoste, Mme Santallier, MM. Bernoux, Blanc. — (2229) Mlle Pilloux, Mmes Wehle, Berne, MM. Marche-Montan, Mallard, Mlle Granger. — (2230) Mlles M.-L. Billonnaud, Aug. Billonnaud, Delphine Giraud, Fernande Carle, G. Soudy, Marie Spay, G. Dubosc, M. Laguette, Jeanne Hospital, Denise Garnier, Charlotte Mulnet, M.-L. Simonet, M.-L. Exbrayat, Marcelle Bouvier, Fernande Pralus, Florentine Boissac, Germaine Meunier. — (2231) Mlles Simone Sapin, Madeleine Lacôte, Anna Cattanéo, Alice Berthet. — (2232) Mlles Marie Bayle, Fern. Rolandey, Yvonne Rivet, A. Guillermin, H.-A.Barault,M. Jacquier, Claudia Breysse,Charlotte Lhomme, Germaine Travers, Germaine Lévêque, Juliette Renard, Gaëtane Grandjean. — (2233) MM. Emile Alberti, Fernand Henry, Jean Weiss, Jean Brunel, Raphaël Charrat, Henri Janin, Marcel Amarguin. — (2234) MM. Georges Leblanc, Joseph Pellet, André Mattéi, Jean Palatin, Lucien Dugand, Laurent Gaudin, Claudius Alloin. — (2235) MM. Marcel Roger, Fernand Henry, Jacques Juhle, Jean Bouffanet, Eugène Cadet. — (2236) MM. César Varnet, Rat-Patron, Edmond Avon, Marcel Avon, Joannès Millon, Pierre Millon, Socrate Warnet, Jean Blanc, Marc Genavey, Emile Blanc. — (2237) Mme Prost.— (2239) M. Périsse, — (2240) MM. Magot, Festa, Mme Vve Génina, M. Banchet. — (2241) MM. Mariac, Lombard, Lachaud, Langlois, Marchand, Roux, Chavend, Soulières. — (2242) Mme Saunier, MM. Garon, Rey, Légat, Kouri, Blain, Cécillon. — (2243) Mmes Jouhet, Clavel, Sauviat. — (2244) M. Guillard, Mme Bouvier, Mlle Leblanc, Mme Barau, Mlle Rousset. — (2248) Mlles Yvonne Béal, Antoinette Ginet, Marguerite Champalle, Jeanne Sig, Germaine Madier, Yvonne Debraisse. — (2249) Mlles Juliette Coutelle, Marcelle Bouchut, Jeanne Coindet, Madeleine Chavas, Denise Chamodon, Antoinette Bonnet, Marie Poulaillon, Marie Faynel, Jeanne Maret, Marcelle Perrier. — (2250) Mlle Thérèse Favier, M.-L. Maret, S. Champin, Juliette Cros, Marie Pouchot, Janine Vincent. — (2252) Mlles Weingarstner, Madeleine Bracco, Anna Bracco. —(2253) MM. Polossat, Desbos, Isclé.—(2254) MM. Joseph Champon, J. Cochard, Clavier, Villédieu, Chatanay, Auray, G. Garin, B. Liobard, Dhotal, Sallet, Boiron. — (2256) Mme Vason, MM. Coulas de la Dargoire, Houtte, L. Valentin. — (2259) Mlles Anna Pardon, M.-L. Espitallier. — (2261) Mlles Adrienne Dérail, Marthe Roux, Madeleine Epitallier.—(2263) Mlles Simone Reissier, Chavanne-Aubonnet, M.-L. Au-

bonnet, Jeanne Aubonnet. — (2264) Mlles Rochet, Antoinette Rotheval, Marguerite Moriaud, Léontine Béroujon. — (2266) MM. Jourdy,
R. Barnabas, Baraton, Planet, Guillard, Payet et Billon, Piloi, Laurençon, Julien, Revel, Pasquero. — (2279) Mme Rampon, Mme Champagnon, MM. Janin, Perras, Brise, Beroujon, Teypédre, Beillard, Pro-
venchère, Mme Perras, MM. Goutille, Molinard, Large, Berthier. —
(2280) MM. Hamard, Lacroix, Marin, Mathieu, Guy, Colombier, Crôte,
Mlles Louise Berthier, Léontine Berthier, Francine Berthier. — (2281)
Mlles Francine Nicolas, Bénédicte Dargaud, Marie Dussardier, Jeanne
Mouloux, Suzanne Descombes, Alice Aunier. — (2282) Mlles M.-L. Collonge, Jeanne Goujon, Maria Nicolas, Louise Mouloud, Claudine Mon-
delain. — (2283) MM. J. Mayoud, J.-M. Pupier, Firmin Raymond,
Guillot. — (2284) MM. Mure, Francisque Berger, Marius Berger, Marcel
Roche, Bernon, Marius Chollet, Sorlin, Burino, Sarcey, Mlle Defeuillet.
— (2285) MM. Pétrus Besson, Bernon. — (2286) MM. Bathon, Régipas,
Devaux, Buron, Chavanel, Mme Vve Girard, MM. Beyron père, Tavernier, Billiad. — (2287) Mlles Berthe Légal, Chambon, J. Brun, Marie Terraillon, Mme Henriette, MM. Joseph Grosso, Roger Dugelay. —
(2288) M. Melleton. — (2289) MM. Jacques Valland, Mathieu Vapillon,
— (2296) MM. Pierre Dost, Charles Marthinet, Jean Desbrosse, Lafond,
Caillat, Berchoux, Arnaud. — (2297) M. Prelle. — (2299) M. Guillard. — (2301) MM. Sapin, Lapierre. — (2303) M. Bonnard. — (2304)
MM. Pierre Monfray, J.-P. Laroche, Mme Vve Laroche, MM. Brossette-
Giraud, Mellet, Joseph Vermorel, Pierre Rayinot, Jean-Pierre Lebrette,
Aurion. — (2306) MM. Dessaintjean, A. Déal, Mlle Marie Déal, J.-P. Dumont, A. Dumont, Auray, Antoine Auray, Bidon, Brossette, Thillardon, Combrichon, Versaud. — (2319) MM. J. Laurent, A. Prady, P. Vapillon, F. Mauguin, M. Desprès, L. Rollet, Mme Pillot, Mme Presle. —
— (2321) Mmes Echinard, Thévenot, MM. Rapart, Périsson, Bouchard,
Dumazol, Potier. — (2322) MM. Joseph Marmonier, Eugène Bal-Fontaine, Jean Labe, Félix Pugieux, Pierre Hueber, Charles Lutrin, Antoine Signé, Marcel Fardèle, Alexis Bayet, Michel Orcel, Adrien Gonon.
— (2323) MM. Bal-Fontaine, Etienne Tisserand, Pierre Loubet, Romain Biessy, René Mollard, Louis Dubost, Jean Laplace, Alexandre
Jacquier. — (2325) MM. Trimollet, Arnaud, Chiron, Nielet, Rast, Giraud, Wagney. — (2326) Mme Vve Meunier, MM. Gressard, M. Riou. —
(2327) Mmes Bizet, Benit, M. Louvat. — (2328) MM. Robert, Coin,
Langlo. — (2329) MM. Clément, J.-B. Charretier, Berger, Courtois,
Etiévant, Vergnais. — (2330) M. Briday, MM. Duchamp, Gros, Manci-
pon, Laponcière, Ravaud, Richard, Sauvageot, Sardot, Bouchard,
Dulac, Jandard.

(2331) MM. H. Cannel, Carla, Colin, Des Boses, de la Collonge, Dupont, Girerd, L. Magnin, Pascal, Thévenot, Troncy, Birken, Chassignole.
— (2332) Mlles Marg^{te} Mallaval, Louise Vallier, Cécile Lamothe. —

9

(2335) Mmes Masson, Simonet; Mlles Simonet, Masson, C. Masson. — (2336) MM. Ziégler, Romaire. — (2337) MM. Labalme, Roudaire, Morel, Joly, Theneval. — (2338) MM. Hardy, Piéguy, Chamarande, Chissier, Déléry, Monnot, Fornier, Corréard, Ponsard, Vernay, Dreyfus, Chanal. — (2339) MM. Munier, Greppo, Riéra, Pochet, Dr Soudaz, Guerrier, Janin, Robin, Pangaud, Veuillet, Royer, Gounon, Monier, Combe, Mangoul, Renon. — (2359) MM. Clément, Besson. — (2360) MM. Descaillot, Joanny Clément, Pierre Clément, Claude Gonachon. — (2362) M. Autrand. — (2364) M. Giraud. — (2366) M. Clément.— (2370) MM. Naton, Moyne, Ducôté, Bernard. — (2371) MM. Bouchard, Gillet, Dupuy, Berne, Pèpe, Widner, Evrard, Rollin, Sachet, Bos. — (2372) MM. Sermet frères, Aquant, Laurent, Bioletto, Billion. — (2374) MM. Bodez, Grobon, — (2374) MM. Défournet, Ducôté, Chalvet. — (2375) M. Joseph Blanc. — (2394) Mlle Andrée Bleton, Mlles Herreinschmidt, Sarra-Gallet, Berthe Piraud, Madeleine Darnat, M. Emile Sabran. — (2395) Mlle Angèle Cortial. — (2396) M. Jean Planchin. — (2397) MM. Joseph Burrier, Alphée Girard. — (2398) MM. Pierre Michel, Etienne Napoly, Maurice Perrin. — (2399) MM. Jean Thollot, André Bécot, Joseph Brenat, Eugène Garnier, Jean Lapicorey. — — (2400) H. Henri Fayard. — (2401) MM. Jean Dufour, Maurice Odet, Pierre Ouélin, Henri Sapey. — (2402) MM. Claude Berger, Jean Condeminale, François Martin, Denis Moreaux. — (2403) MM. Auguste Allard, Eugène Defrain, Charles Deltan, Emile Dussert, Emile Frécon, Henri Gonin, Henri Jacquelin, Louis Pacalin. — (2404) MM. Georges Pation, Pierre Charroin. — (2405) MM. Perrot, Augustin Robert, Etienne Luquet. — (2406) MM. Louis Nobilé, Jean Lapin, Louis Bœuf, Louis Chapot, Joanny Duchamp, André Four, Etienne Garel. — (2407) M. Jean Guillard. — (2408) M. Joseph Thivin. — (2409) MM. Jacques Blanc, Louis Chabrier, Clerc-Renaud, André François, Jean Fritsch, Maurice Pelletier, Lucien Roche, Laurent Rousset, Louis Thévenard, René Ville, François Brocard. — (2410) Mlle Jacquand, Mmes Bardosse, Bertrand, Doriat, MM. Favrel, Daisy, Jh. Puvilland, H. Artru, Esparcieux. — (2411) Mmes Menault, Pontal.— (2412) M. Noilas, 3e classe, école de filles, rue Rabelais. — (2413) MM. Micollet, Daronnat, Juston, Lagarde. — (2415) La 7e classe, école, cours Em.-Zola, Villeurbanne. — (2419) Mlles Pral, Cécile Dubuy, Edmée Ligonnet, Andrée Tauran, Hélène Bissat, Paulette Bissat. — (2421) Mlles A. Joubert, Jeanne Charbonneau, Juliette Escoffier, Marcelle Machillot, Albertine Dubois, H^{lle} Achard, M. Giroud, M. Commarmond, Mlles Adèle Cornet, M.-L. Faure, Denise Bérard, Yvonne Bérard, H. Richard, J. Guyon, Germaine Joseph, Julienne Vouillon, M. Granjon, Mlle Juliette Gruel, M. Gottu, Mlle Pauline Baudin, M. Gouvernet, Mlle Morel, Mlles Claudia Blondon, E. Sèves. — (2422) Mmes Grand-Gutton, Mme Vve Bonnand, MM. F. Déclérieux, M. Salignat, M. Thol-

lot, Glas, Mlle Salignat, M. Bornet. — (2423) Mmes Joannon, Thiollier,
Mlles Jeanne Bourrin, Michelle Bonnard, M. Bailly, Mlles Jeanne Cour-
bière, Rosina Courbière, Marie Bonnard, Jeanne Molin, Gabrielle Bon-
nard, Francine Nesme, Marie Thizy. — (2424) Mlles Marie Véricel,
Francia Chippier, Mmes Chambe, Rivière, Mlle Géry. — (2425) Mlle Mélanie Bonjour, Mlle Claudine Dépérier, Mme Vve Laurent, Mlles Marie
Chardon, M. Fleury Poyard, M. Thévenon. — (2429) M. Fahy. — (2432)
Mlle Salignat, M. Salignat, Mmes Salignat, Dussud. — (2435) Mlle Jouffroy. — (2436) Mlle Marie Desportes, Mlle Bony. — (2437) M. F. Favrichon. — (2438) Mmes Darchez, Sylvestre, Gauthier, Montserrat, MM.
Veillas, Fimbel, Molière, Mlle Marguerite Betton, MM. Aguna, Cusin,
Meysson, Mmes Clamaron, Ferlat, Mlle Bailly, MM. Dumoulin, Penté-
néro, Mme Meillon. — (2439) M. Chapellon, Mlle Henriette Candy. —
(2440) Mmes Chatellier, Galas, Mathieu, MM. Pierre Froissart, Jean Bouchet, Lamure, Simon, Faure, Durand, Deluzurieux, Maillant, Favre,
Commarmot, Deschamps. — (2441) MM. Grand, Braillon, Cortier,
Tenant, Mme Veaux, MM. Roche, Bonnevay, Mmes Sol, Garon, Chevil-
lot, M. Mille, Mme Gros, Mlle Désigaux, — (2442) Mme Désigaux, MM.
A. Cointet, Charton, Léger, Mme Marcel, Mme Rouvière, Mlle Garon.
— (2443) Mlle Marg^{te} Mantel, Mlle Hélène Charroux, Mlle Denise Mottu,
Mlle Germaine Berthier, — (2444) Mlles Bilbaut, Marguerite Girard,
Alice Vacher, France Pallard, MM. Chassagne, Kayla, Mlle Mercier,
Mlle Marthe Vuillermoz. — (2445) Mlles Bénédicte Blondin, Jeanne
Portier, Malvina Cataly, Mmes Millet, Paulhac, Mlles Yvonne Berger,
Jeanne Mermet. — (2456) Mmes Jeanne Grange, Jeanne Chirat, Baptis-
tine Villard, Claudia Viricel, Jeanne Ragès, Eugénie Grand, Marie Man-
drin, Mlles Bissardon, Gaches. — (2457) Mlle Bonnardel. — (2458) MM. Andrieux, Dupré, Patras, Larue, Monin, E. Bon. — (2460) MM. Dugelay,
Brun, Bonjean, Thévenin, Gassiot, Chapas, Drogue, Gonachon. —
(2461) MM. Chamarande, Lacondemine, Eymard, Deyras, Barthe,
Revol. — (2462) Mmes Peillonnet, Guerrier, Corréard, Delaye, Besson,
Fayolle, Chauliac, Mériat, Rascagnère, Manuel. — (2463) MM. Monnot, Delaye, Brunet, Roig, Revellin, Beaufrère, Berland, Simplex. —
(2464) Mme Poncet, Mme Monzange, MM. Gravier, Beaupied, Martel.
— (2465) MM. Dubreuil, Riera, Duverne, Robe, Gaudon. — (2466),
Mlle Martinet, M. Maret. — (2468) MM. Calin, Godard, Renaud, M. X.,
Meunier, Greppo, Caillat, Vonisch, Burlot, Mazérat, Chalnel, Rozier,
Weiss, Pizzi, Jacomin. — (2470) MM. Messner, Roig, Canas, Réna. —
— (2471) M. Bourdonnay, Mme Pfister, MM. Perrin, Porte. — (2472)
Mme Murigneux, MM. Joanny Pupier, Mlle Tonine Bonnier. — (2473)
MM. S. Fleury, Fleury, Rondard, S. Mouisset, G. Monisset, Julien,
Dazy, O. Fayolle, Gontaland, Jacquemont, Plantin, Pignal. — (2472)
MM. S. Masson, M.-L. Masson, Colin, Foliolau, Pingeon, Soustelle,
Varenne, Vallet, Poncet, Bagnoux, Follié, Pagat, Martin, Nouvelet,

— (2475) MM. Lafont, G. Colin, A. Colin, M. Donéaud, Cornet, Clet, A. Pignal, J. Hôpital, P. Hôpital, M. Brun, M. Brun, Bonnet.

2476) MM. Gresse G., Defont, Lutzius, Decollogny, Calemard, Michu (J.), Michu (S.), M. Chartron, Vercherin, Bassot, Baton. — (2479) La Sœur Mère de Collonges, Mlles Hobbleis, Rose Rollet. — (2481) MM. Ruel, Aveiro, Duthion, Méjat, Fauchet, Delmas, Marret, Chevalier, Pavot, Davanture. — (2482) MM. Jondot, J. Clay, M. Lavorel. — (2484) MM. Faussereau, Allardon, Aveiro, Rey, Delage, de Villiers. — (2485 MM. Georges Perrin, Paul Pelorson, Jean Julien, Julien Siskiévicz. — (2486) MM. Henri Massol, René Delbêque, Joseph Bailly, Jean Chaumont, Fernand Siskiewicz, Célestin Lauretta, Jean Roussel. — (2487) Mmes Verget, Bourdaillet, Mlle Verget, Mme Javelle. — (2488) MM. Roulinq, Charbonneau, Thovert, Barioz, Lesto, Déchaud, Mme Mollas. — (2496) Mlle Alice Denis. — (2497) M. Camille Taponier, Mme Taponier. — (2498) M. Brachet, Mme Gay. — (2499) Mlle Marg^te Fouillet, Mme Blachier, M. Blachier, Mlle Blachier, M. Bidon, Mme Bidon, Mlle Bidon, Mlle A. Bidon, Mlle G. Bidon. — (2500) MM. Falconnet, Lehmann, un soldat. — (2501) Mlles Germaine Ladigue, Aimée Villars, Marcelle Gallet, Marguerite Morel, Henriette Annequin. — (2502) Mlles Jeanne Massip, Denise Blanc. — (2503) MM. Lindenmann, M.-T. Terrier, Mlles Bertrand, Jeanne Badel, Louise Merle, Jeanne Rey, Jeanne Carre, Marg^te Thavernon, Marie Dousselin, Jeanne Renaud. — (2504) MM. Péragoud, M.-T. Toinard, Mlles Aline Courtois, Josette Gontelle, Paulette Perret, Marg^te Brussieux, Henriette Guillemain. — (2505) MM. Joseph Abry, René Marqueyrol, Mlle Marie Boggio, MM. Laurent Neveu, Auguste Annequin, Georges Marzo. — (2506) Mlles Irène Rabut, Antoinette Germain, Lucienne Villard, Georgette Champel, Yvonne Ossédat, Annette Pichon, M.-L. Rivier, Marcelle Vacher, L^se Salaün, Germaine Orgiazzi. — (2507) MM. M.-A. Peillon, M.-A Descos, Mlles Jeanne Denusières, Espéradieu, Jasseron. — (2511) Mlles Suzanne Brunet, Odile Combaz. — (2513) MM. R. Fouquet, V. Lafont, Mlle Huguette Hérambrun, MM. M.-A. Verchère, C. Chion, O. Dugelay, A.-M. Chassy, G. Augerolles, D. Tournier, M. Jandard. — (2517) Mlles Suzette Buffet, Marguerite Diano, Germaine Boël, Marcelle Gelas, J. Varagnat. — (2519) Mlles Germaine Coulon, L. Roland, M.-L. Pommier, Geneviève Chabanne, Agnès Chardot, Gabrielle Chion, M.-A. Gaillard, J. Lapicotière, F. Frédière, A. Guillaumet, Emilienne Faivre. — (2520) MM. M.-T. Glatard, J. Talmeuf, A. Guichard, R. Laganier, J. Lévy, O. Bourgade, S. Belmont, M.-L. Lourdel. — (2521) Mlle Marie Faucon. — (2524) MM. Mathieu Pierre, Mlles Laure Véricel, Adèle Porte. — (2525) Mlles Isabelle Forestier, Josette Lupalus, Yvonne Clerc, Antonia Abougit, Maria Laffay, Madeleine Montreynaud, Marthe Marouby, M.-L. Bonnet. — (2526) Mlles Marcelle de Massez, Germaine de Massez, Louisa Chassignon, Marie Tixier, Marthe Preynat, Georgette Tinel, Renée Bosse. — (2528) Mlle Ad. Marguiron, MM. Quelin, Jas. — (2529) MM. Clape, Terrier, C. R., J. F., J. B, S. C. — (2530) MM. M.-L. Bayard, M.-A. Badin, Mlles Simone Péri, Jeanne Bataille, M. Maurice Meire. — (2536) MM. Brun, Berlan, Besançon, Mlle Boissonnet, Mmes Chaize, Coulet, Debieuvre, M. Denis, Mme Granger, M. Jacquier. — (2537) MM. Kungler, Lerouge, Mlle Monot, Mme Miller, MM. Merle Ode. Prudhomme, Reverolle, Roux, Raffin, Vienne, Renaud. — (2541) Mlles Anne Ronchard, Yvonne Dendel, Stéphanie Eliat, Mlle Marie Falcoz, Mlle Anne-Marie Eliat. — (2541) Mlle Valentine Schultz, Mlle Claudia Sornin, Mlle Clotilde Rouffi, Mlle Marguerite Benatru, Mlles Hélène Pignaud, Antoinette Levasseur, M.-Louise Billard, M.-Louise Boisset, Reine Curtet, M.-Louise Roudet, M.-A. Confavreux. — (2542) Mlles Mercédès Carrel, Suzanne Dendel, Charlotte Magnilliat, M.-Louise Tissot, Renée Jurine, Marie Piron, Marcelle Aymard, Eugénie Jurine, M.-L. Merlin, Georgette Ast, Marguerite Ast, M. Albert Bruneau, Mlles Marguerite Blanc, Juliette Brunet, Valentine Petit, M.-L. Lambert. — (2544) Mme Vialle, MM. Berger, Pasquio. — (2545) MM. J.-H. Cattin, Perreaud. — (2546) M. Georges Rousseau. — (2548) Mme Sandini, MM. Bouvier, Grandvinet, Mlle Taberlet. — (2549) MM. Léon Krass, Alphonse Guillot, Antoine Rollet, Laurent Thibiéroz, Antoine Pellet, Julien Henri, Jean Veuillez, André Petit, Robert Bruchon, Jean Donneaud, Jean Jacquemot, Henri Mège, Louis Ponthus, Paul Picot. — (2550) MM. R. Périsse, G. Martin, G. Blanchet, C. Lapraye, P. Soulier, E. Prud'hon, L. Navant, R. de Kerversan, F. Laborel, J. Pral, J. Chapot, G. Bine, A. Argaud, P. Rousset, C. Blanchet, D. Philip, J. Magenties. — (2551) MM. Elie Charpenay, Paul Marquet, André Batime, Louis Lalaurie, Jean Terrisse, Henri Berjon, Hugues Berjon, Jean Bourgey, Joseph Witt, Louis Dumollard, André Krucker Francis Deville. — (2552) MM. Delohel, Bicot, Backès, Stéphany, Georges O'Brien, Glénard, Billet, Montant, Baltarard, Giroud, Doste, Chevrot, Maurier, Bosse-Platière. — (2554) MM. Bacconnier, Edouard Massin, Robert Martel, Sillon (Jean), Robert Artus, André Michelland, André Montant, Eugène Prud'hon, Claudius Raclet, Pierre Argaud, Henri Fulchiron, Paul Bruneau, Joseph Guillaud, Paul Chatelet, Joseph Callard, Léon Vermorel. — (2555) MM. Albert Tillet, Félix Bousser, Charles Fournier, Jean Petit, Paul Bouty, Ant. Ubelmann, Henri Gaillard, Félix Sue, Jean Bouzard, Humbert Piroird, Henri Maurel, Marius Meillon. — (2555) M. Etienne Michard. — (2556) MM. G. Peisson, M. Blandin, Lucien Moulon, Claude Richard, Claudius Aulagne, René Nescon, Henri Révellin, Claude Gros. — (2562) Mlles Hélène Maissiat, Elise Neveu, Célina Métral, Julie Perrin, Louise Large, Clotilde Chemorin, Eva Treilleford, Marguerite Alloatti, Alice Denizou, Milca Garcin, Renée Lebreil, Marie Laissus, Irma Gillet, Fernande Fuchs, Yvonne Cély, Joséphine Faucon, Antoinette Surgy,

Marg. Baudrand. — (2563) Mlles Henriette Mallet, Eugénie Décousus, Marg^{te} Paillasson, Jeanne Amblard, Maria Doumenq, Jacqueline Andrault, Marguerite Seignot, Suzanne Prat, Birtrande Cachard, Denise Coffrant, Henriette Béraud, Juliette Cély, Henriette Aubert, Marie Bérardo, M.-L. Borrel, Yvonne Christin. — (2564) Mlles Mag^{te} Ferère, M.-L. Guillot, Jeanne Lambert, Jacqueline Chambon, Suzanne Sonthonnax, Honorine Stéfani. — (2566) Mlles Marie Caty, Charlotte Granger, Jeanne Vialle, Henriette Fontaine, Marie Bacot, Aline Lauzanne, Léonie Lorron, Mlles Taillez, Mlles Délérit. — (2567) Mlles Bonando, Henriette Gallemar, Maspiller, Bénédicte Tisseur, Laurence Blanchet. — (2568) Mlles M.-L. Lapalus, Yvonne Goliard, Jeanne Labbé, Marie Geoffray, Marthe Fayard, Suzanne Vagney, Marie Bleton, Jeanna Sordet, Aimée Clément, Thérèse Desreumeaux, Henriette Genevrier, Hélène Marcilloux, Alice Favier, Georgette Lenoir, Anna Roux. — (2569) Mlles Jeanne Chamarande, M.-L. Garnier, Jeanne Roux, Germaine Morin, Henriette Jaillet, Jeanne Dussordet, Adrienne Bosgiraud, M.-L. Perret, Jeanne Labbé, Madeleine Modot, Léonide Perrat, Hélène Georges, Elisa Desthieux, Catherine Desthieux, Marcelle Mauchamp, Elise Dessalle, Marie Lhomme, Lucie Robin, M.-A. Geoffray, Paulette Chaintron. — (2570) Mlles Camille Raymond, Marguerite Roux, Léa Vapillon, Marguerite Vapillon, Berthe Vapillon, Claudia Guillin, Gilberte Lajoit. — (2573) Mlle Camille, MM. Vandène, F. Miral, Gerbe, Martinet, Laurençon, Martel, Joannon, Pugnet, Catton. — (2574) MM. Taracca, Montmessin, Giselon, Daval, Colomb, Clair, Malamènède, Roux, Cérioli, Darchet, Guillon, Magnin, Cochet.

(2587) MM. Kramel, Lambert, Breyz'e, Péroncel. — (2588) MM. Péchoultre, Antoine Veyre, Joannès Dupuy, Camille Malosse, Henri Dousselin, Claudius Bruyas, Georges Lévêque. — (2589) M. Pierre Magat. — (2591) Mme Vve Vermare. — (2593) M. Antoine Tricaud. — (2594) MM. Maurice Némoz, Claudius Guillaud, Charles Maillet. — (2595) Mlles Yvonne Piney, Louise Pinet, M.-L. Ambroise. — (2596) Mlles Mireille Revolat, Suzanne Fougerouse, Marcelle Coulet, Claudia Suchier, Aimée Grand, Thaïs Lavialle, Marguerite Perrin, Marie Mazeyrat, Claudia Callet, Anita Lavialle. — (2598) Mlles Solassier, Valentin, MM. Goux, Paul Berger, M.-L. Berger, Marcelle Berger, Ant^{tte} Delauzun, Bénédicte Goddet, Simone Roux, Hélène Vérat, Richardier, Marg^{te} Tocquet. — M. Georges Laplace, Mlles Renée Bertholon, Elise Eymin, Jenny Berthéas, Anna Ambrust, Louise Fenouil. — (2599) Mlles Félicie Pellanda, Christine Pellanda, M.-L. Clerc, Marthe Billard, Lucienne Perrissoud, Jeanne Françon, Claudia Bard, Marcelle Duffaud, Marg^{te} Genoud, Henriette Clarin, Anna et Jeanne Paillotte, Germaine Millet, Mlles Champanhac, Madeleine Guillet, Louise Rousset, Mlle Andréa Triquet, Mlle Louise Chappé, Mlle Blanche Chappé, Mlle Gladie Bacot. — (2600) Mlle Gabrielle Sicaud, Mlle Yolande André,

Mlle Elise Millat. — (2601) Mlle Gilbert, Mlle Marcelle Roussel, Mlles Jeanne Sanzion, Simone Laquet, Marie Colliard, Antoinette Rougeot, Antoinette Chabaud, Eléonore Chassy, Juliette Montmessin, Antoinette Dervieux. — (2602) MM. Paul Raeser, Goyet, Louis Gauthier, Charles Girardon, Louis Pain, Gabriel Duver, Bourgeas, Raymond Jouve, Félix Mottet, Clément, Casimir Rainelli, Juvenon, Simon Dufournel, Camosso, Lacour. — (2603) MM. Pierre Chataignier, Jean Rivière. — (2604) MM. Gagnieur, Mlles Marthe Garel, Labeye, Mme Piaget, MM. Perraud, Chabrand, Devirieux, Bon, Mmes Delhens, Meyer, Rebouillat, Torterotot, Doriae, Dubayle, MM. Pierre Henry, Voisin, Mlle Faure, M. Peyre, Mmes Geston, Delavis. — (2605) MM. Pélisson, Pampe, Mlle Combetto, MM. Houdelanko, Albertone, Mme Lévite, Mlle Magnin, Mme Boullu, Mme Rolland, Mme Berthier, M. Dernin, Mme Crevat, Mme Bordel, Mme Girard, M. David, Mme Dégoutte, Mme Mirgotti, Mlle Jacob. — (2607) MM. Bernard, Germain, Durochat, Weyl, Delay, Réguillon, Mallen, Perre Martelat, Revenand, Belin. — (2608) MM. Clauzet, Emmanuel Martel, Charles Martel, Mical, Adrien Bernard, Sablon, Alibent, Rivière, Claisse, Rolandez. — (2610) Mme Chavanne, M. Long, Mme Long. — (2612) MM Catheland, Ballioud, Lécuel. Perché, Berthier, Manetsch, Payerne, Levanti. — (2613) MM. Frédéric Blanc, Christian Boblet, André Décoret, Henri de Villaine, Jean Mazet, René Flandin, Henri Pessenier, Alexandre Pichat, M. Paul Rongier, M. Jules Vérard. — (2614) MM. Mayade, M. Monteret, Monteil, M. Balvet, M. Fanelly, Rougier, Touzet. — (2615) M. Rose, MM. Chambon, Tournoud, Richonnier, Lacour. — (2616) MM. Lavergne, Sans, Gianoglio, Peillard, Pelletier. — (2617) M. Bûche. — (2618) MM. Lapeyre, Chosson. — (2619) Mlle Henriette Gelin. — (2620) MM. Mazet, Lucien Gauthier, Michel Brunaud, Gabriel Gelin, MM. René Cavalier, André Allizond, MM. Jean Celle, Philippe Fongelas, M. Emile Dupuy, M. Georges Monier, MM. Georges Dolce, Charles Monnet. — (2621) MM. Berger, Berneron, Brigodiot, Chapuy, Estoppey, Gelin, Girer, Millioz, Niolet, Stortz. — (2623) MM. Maurice Pardon, Joseph Romand, Jean Puy, Victor Lemonnier.

(973) MM. Rochet, Barry, Mlle Rouzet, M. Rochet, Mme Cartaillier, M. Antoine Rochet, Famille Lagère, M. Bocilla, M. Fayolle, Mme Sonnerat, Mme Gerin. — (957) Mlle Marguerite Ginier, M. Raymond Ginier, M. Ant. Ginier, M. Jean Ginier, Mlle Simone Ginier, M. Ginier, Mme Ginier, M. Villemagne. — (958) MM. Blachon, Ardin, Michel Boisdevésy. — (959) MM. Gainon, Charlin, M. Boudot, M. Cros.t, M. Brottet, M. Fillieux, M. Grangier. — (962) MM. Ducœur, Sibond, Duranton. — (967) Mme Luiné, MM. Allaix, Arzalier. — (981) MM. Céeillon, Mattan. — (938) Mlles Gabrielle Gontard, Fernande Dénoyer. — (970) Mme Monier, Mlles Laprugne, Bruyat, M. Pastre, Mlle Hélène Dumas. — (971) MM. Gaumet, Lauverjat, Mlle A.-M. Michon, M. Guil-

Jard, Mlle Jeanne Grenier. — (974) MM. Delas, Lachenal. — (972) MM.
Barral, Gainon, Pastie, Amevet, Bonnafons. — (975) Mme Flachère. —
(976) MM. Abonnel, Cleux, Beauchemin, Pierre Rochet. — (978) Mmes
Meunier, Cuny, M. Tirard, Mlle Prudhon, M. Nicolas. — (979) MM. Par-
rayon, Cogoluégnes, Corgier, Annie, Ernest Marlh, Mlle Lassonnerie. —
(982) Mlles Marie-Rose Choulat, Marie-Louise Lême, Marie Montélimard,
Virginie Besson, Mlle Maria Boucaux, Mlle Marie Charquet, Mlle Eugé-
nie Cochet, Mlles Antoinette Cussac, Ernestine Cubizolles, Mlle Lonci
Adémard, Mlle Jeanne Perrier, Mlle Pauline Junion, Mlle Magdeleine
Danatte. — (980) M. J. Berger, A. Phénomène. — (960) Mme Gran-
gier, A. Grangier, A. Charignon. — (963) Mme Baland, Mlle Escoffier,
Mme Vve Garreau, Mme Vve Charles, M. Teste. — (966) MM. Boulay,
Roussel, Bordes, Barrillot. — (574) Mlles Anna Morel, Jeanne Besson,
Thérèse Moulaire, Jeanne Pin, Georgette Dalmont, Mme Sandre,
Mme Vial.

(966) MM. Boulay, Roussel, Bordes, Barillot, Gallardi. — (973)
M. Ph. Rochet, M. Barry, Mlle Pouzet, M. Rochet, Mme Cartailler,
M. Rochet, MM. Largère, Borella, Fayolle, Mme Sonnerat, Mme Gerin.
— (957) Mlle Ginier, M.M. R. Ginier, A. Ginier, Mlle M. Ginier, Jean
Ginier, Mlle Simone Ginier, M. Ginier, Mme Ginier. — Mme Cro-
zat, M. Villemaghe. — (958) MM. Blachon, Ardin, Boisdevésy. —
(959) MM. Gainon, Charlin, Boudot, Croset, Brottet, Fillieux, Gran-
gier. — (962) MM. Ducœur, Hond, Duranton. — (967) Mme Lanie,
M. Arzalier. — (981) MM. Cécillon, Mattin. — (938) Mlles Goutard,
Denoyer. — (970) Mme Moirier, Mlles Laprugne, Bruyat, M. Pastre,
Mlle Dumas. — (971) MM. Jaumet, Lauverfat, Mlles Michon, Grenier
M. Guillard. — (974) MM. Delas, Lachenal. — (972) MM. Barral, Gai-
non, Amevet, Bonnafous. — (975) Mme Flachaire. — (976) MM. Cleux,
Rochet, Abonnel. — (978) Mmes Meunier, Cuny, MM. Tirard, Nicolet,
— (979) MM. Parrayon, Cogoluegnes, Mme Vve Corgier, M. Marlh, Mlle
Lassonnerie. — (982) Mlles Choulat, Hême, Fouillat, Montélimard,
Besson, Baucour, Charquet, Cochet, Cussac, Cubizolles, Arnaud,
Perrier, Junion, Dancette. — (980) MM. Berger, Phénomeine, Grangier
Charignon. — (963) Mmes Baland, Garreau, Charles, Teste. — (966) MM.
Boulay, Roussel, Bordes, Barrellot. — (1574) Mlles Morel, Besson, Mou-
laire, Pin, Dalmont, Mmes Sandre, Vial. — (503) MM. Ferrand, Barbe,
Paulm, Berthaud, Mme Lafay, Mlle Lafay, Mme Fuquin, M. Majoux,
Mme Vaisselet. — (509) MM. Helly, Mlles Rose Morel, Marie Clavel,
M. Lutriche. — (514) Mlle Jeanne Descrois, Mme Grossemis, M. Chal-
lol. — (527) MM. Bonhomme, Dénatenne, Fallaace, Mme Pereyt, Mlle Du-
rand, MM. Robert Colas, Maurice Colas, Frayne. — (530) M. Galichet-
—(533) Mlle Marie Thomas, Mme Vve Dufour. — (534) Mme Brot, Mlle S.
Testa, M. Olivéro, M. Denizot, MM. Olivéro, Sallanger, Broallier. —
(539) M. Pierre. — (545) Mme Vve Alloin, M. A. Thirard, MM. Monta-

gnon, Lassaigne, M¹¹ᵉ Goujut. — (546) Mᵐᵉ Gabriel Vaesen, MM. Pierre Brodet, Ch. Chatelard, M. l'abbé Chambovet, M. l'abbé Royet, missionnaire, MM. Clayette, Louis Brun. — (553) Famille Bosle, à La Grand'Croix, Mᵐᵉˢ Vercherin, Chatelard, M¹¹ᵉ Lucie Rostaing, M¹¹ᵉ Mary Silvestre, M. Duveau, M¹¹ᵉ Léonie Duveau. — (554) M. Faury, Mᵐᵉˢ Jacquet, Thibaud, Mᵐᵉ Beau, M¹¹ᵉ Somo, Mᵐᵉ Duperray, M¹¹ᵉ Philippon, Mᵐᵉ Durel, Mᵐᵉ Silvestre Beau, Mᵐᵉ Guerpillon, Mᵐᵉ Lesenne, M¹¹ᵉ Lesourd, Mᵐᵉ Dénériat. — (556) Mᵐᵉ Chapoton, M¹¹ᵉ Monceaux. — (558) Mᵐᵉ S. Stéphanie, M¹¹ᵉ Blandine Raby, Mᵐᵉ Vᵛᵉ Vivany, M¹¹ᵉ Chalandon, M. Pierre Bonhomme, M¹¹ᵉ Agnès Martin. — (559) Mᵐᵉˢ Mirio, Subrin, Jacquemot, M. André, MM. Chatard, Grivol. — (565) M¹¹ᵉ Rose Martin, MM. Pierre Gelay, Husson, M¹¹ᵉ Rose Faure, M¹¹ᵉ Marie Nicolas, MM. P. Fillieux, A. Fillieux, Fillieux-Blanc, M. Chanel, M¹¹ᵉ Alphonsine Désigaud, MM. Poitrasson, M. Martin, M¹¹ᵉ Bruyère, MM. Valin, Gorgeret, M¹¹ᵉ Gazague, Mᵐᵉ Cornu, MM. Bissuel, Mégevend, Jambon, Nicolas, Bergeon, Stéphanie-Dulac, MM. Gillet, Gelay, M¹¹ᵉ Marie Vuagnat, M. Dulac.

(567) Mᵐᵉ Mayet, M. Gloppe, Famille Gloppe, Mᵐᵉ Lucien, M. Mayonnade, Mᵐᵉ Vᵛᵉ Marie Granger, M. et Mᵐᵉ Granger-Moncel, M. et Mᵐᵉ Dardelet, M. Robert Dardelet, M. Thozet, M¹¹ᵉ Darcey, Mᵐᵉ Rivière, Mᵐᵉ Eymin, Mᵐᵉ Thévenard, Famille Thévenard, Mᵐᵉ Bouvier, Famille Sandelain-Périgny. — (569) M¹¹ᵉ Marie Béroud, M. Bérerd. — (577) M. Jacques Noble, MM. A. Duperray, E. Duetrairie, M. Maillot, L. Véacu. — (583) M. Brochier, M¹¹ᵉ Louise Pernaud. — (587) MM. Bonnefond-Ginnet, Mᵐᵉ Bonnefond-Ginnet, Mᵐᵉ Braillon, M¹¹ᵉ Ollier, Mᵐᵉ Bish, Famille Jacquet-Revollon. — (591) Mᵐᵉ Villaud (F.), Mᵐᵉ Villaud (A.), Mᵐᵉ Villaud (mère), Mᵐᵉ Francis Garde, M¹¹ᵉ Chirat, Mᵐᵉ J.-E. Chirat. — (598) MM. Bugnet, Hilaire, Peyzaret, Dray, M¹¹ᵉ V. Daviet, Mᵐᵉ Vᵛᵉ Diétrich, M¹¹ᵉ Deyrieux, M¹¹ᵉ S. Favier, M¹¹ᵉ Aug. Pourrat, M¹¹ᵉ Cl. Pourrat, M¹¹ᵉ M. Goyon, M¹¹ᵉ M. Boiron, M¹¹ᵉ Descôte, M¹¹ᵉ Marie Magdinier, M¹¹ᵉ Cl. Caillat, Mᵐᵉ J. Chapuis. — (610) M¹¹ᵉ Marie Ollagnier, MM. Jean Granjon, Pierre Thévenet, M¹¹ᵉ Jeanne Launay. — (613) M¹¹ᵉ Bénédicte Gardon, Mᵐᵉ Piégay (Etienne), M. Etienne Piégay, M. Antoine Piégay, M¹¹ᵉ Marie Piégay, M¹¹ᵉ Maria Piégay, M. Jean-Marie Michel, M. Jean-Marie Piégay, M¹¹ᵉ Claudine Piégay, Mᵐᵉ Vᵛᵉ Duport. — (618) Mᵐᵉ Gayet, (Benoît,) Mᵐᵉ Vᵛᵉ Vindry, M¹¹ᵉ Marie-Louise Glaucère, MM. Gérard Glaucère, Jules Glaucère, Joseph Glaucère, M¹¹ᵉ Marie Genin, Mᵐᵉ Marie Riboulet, Famille Dubain. — (620) M. Jean Gouttenoire, Mᵐᵉ Ray, M. Vierlatoux, M. Jean Denis. — (622) M. Kabrosse-Noailleux, Mᵐᵉ Vᵛᵉ Métrat-Guillermet. — (624) M¹¹ᵉ Claudine Faverat, M. Serin, MM. Louis Mouthias, Louis Labrosse, Armand, MM. Chaussende, J.-M. Feuillet, Lᵉ Defond, Pauthonnier, Lalive, L. Pointet, Gauthier, MM. Maillet, Veyret, Mazayer. — (624) MM. Béraudier, Duc, Gobet,

Berthaud-Colomb, Mlle Marie Soudy, MM. Alaine, Dodat, Folliard, Calendret, Mlle Antoinette Paquet, MM. Grange, Vidal, Mlle Hélène Bonvalet, MM. Jacquet, Lacuire, Subert, M. Berthaud, Cl. Edouard, J. Paquet, J. Frayssinet, Vallet, Mlle Marie Alex, Mme Frayssinet. — (625) MM. Guillaume Peytel, Chatelard. — (626) Mlle Merle, MM. Mulaton, Vermorel, Critihan, François Mairoux, Benoît Mairoux, Jully, Geoffray-Goyet, Ferrari-Perrari, Brottet, Goyet, Gerin, Gerin, Manissier, Détraz, Chassagne, Mme Chrétien. — (627) Mme Vve Lalive, MM. Pointet Bazat, Riboulet, Bonnet, Mme Vve Martin, Mme Vve Cusset, Mme Métrat, Mlle Virginie Meyrel. — (627) M. Voisin, Mme Vergnais, — (628) Mlle Chaumillat. — (629) Mmes J. Pion, Antoine Morel, Et. Morel, A. Cheuzeville, M. Emorine, Mme Vincent, Mme Vve Collet, M. Perrot, M. Allard, Mme Bonello, Mme Mugnier, M. Cantho, Mlle Aubertier (E.). — (634) MM. Rainet, M.-P. Delhopital, M. Travers, Chenavier, Mlle Getto. — (639) M. Jean Ferréol, Mlle Claudine Michaud, M. Benoît Relachon, Famille Batheyron. — (641) M. Jean-Claude Gas, Mlle J. Granjon. — (643) Mme Antoine Chaine, Mme Vve Joseph Dumond, Mme Paradeux, Mme Vve Brailly, Mme Vve Pierre Richard, Mme Darracq, Mme Vve Gaspard Mercier, Mme Vve Jean Dumond, Mlle Louise Dumond,

(643) M. Francis Vitte. — (646) MM. Porte, Desvaux. — (648)Mlles Grataloup, Beaucoup, Geoffray, Bouchut, MM. Coquart, Bonnet, Perret, Faure, Mlle Thivel. — (649) Mme Dejoint, Mlle Périne Dubessy. Mme Vve Viannoy, Mme Vve Poncey, Mlle Antoinette Fontanières, Mme Michel, Mme Théophile Subrin, Mlle Jeanne Serraille, Famille Raynard-Mazallière, Mlle Marie Gras, Famille Payet-Charnut, Mlle Marie Lacroix, Famille Bataillon, Famille Nicolas, Famille Second, MM. Joseph Girardon, Antoine Bertholon.—(651) MM. Ravichon, P. Mathieu, M. Vianney, Mme Chaverot, Mlle Garel, Mme Bourrat, Mlle Bourrat, MM. Poyet, Labbé, Mlle Boinon, Mlles Michel, MM. Coquard, Poulard, Mlle Angèle, Mme Fourchet, Mlle Gros, Mme Antonia Loire, Mme Perret, Mme Chirat, Mlle Legrain, Mme Dupin, Mlle Guillermain, Mlle Marie Laval, Mlle Jeanne Berne. — (651) Mme Morel, Mlles Loire, Bastion, Poucet, M. Dussud, Mlle Cagnier, Mmes Merle, Loire, Budin, Mlle Chatelard, M. Guignibert. — (654) M. Georges, Mme Masson, MM. Fillon. Plasse, Décultieux, Mlle Jeanne Frénay, Mme Vve Dutheil. — (655) M. Thollet, M. Joseph Bonnet. — (657) MM. Labbé, François Grand, Jean Croyet, Mlle Jeanne Ville. — (658) M. Pierre Broally, Mlles Antoinette Bénière, Michelle Carteron, Mmes les Religieuses d'Aubépin. (688) Mlle Claudine Blanc, M. Martaud. — (690) MM. Joseph Picard, Chatton, Pallendra de Buffaud, Mlles Anna Nicolas, Marie Montmain, MM. Remuet, Gaidon, Billet. — (691) MM. Prudon, Rozier, Gauthier, Mlle Marie Michon. — (693) MM. Eugène Vivier, Claude Passot, J. Audenis, Mme Vve Dubessy, MM. Moncel, Cl. Berret. — (694) M. Mo-

rel, M. R. Vimort, Mlle Marie-Madeleine Vimort, Mlle Wirth. — (709)
Mme Malleval, Mme Marie Félix. — (711) MM. Lévrier, C. Thomas,
M. Pourichon. — (713) Mme Duchêne, MM. Gervais, Rodolphe, Gelas,
Bonnefoy. — (718) MM. Boullard, Joseph, Berthet, Mlle Marie-Louise
Berthet, Andrée Berthet, Marcelle Berthet, M. Hubert Berthet,
Mlles Hélène Berthet, Aimée Berthet, Jeanne Berthet, Yvonne Ber-
thet M. Gérard Berthet, M. Roger Berthet. — (733) Mlles Antoinette
Guillot, Isabelle Pardon, Hélène Chalon, Francine Déthieux, Antoi-
nette Collier, Jeanne Mercier, Félicie Mercier, Jeanne Laissu, Adèle
Mazille, Andrée Destruc, Marcelle Chévenot, Antoinette Marthoud,
Jeanne Durand. — (734) M. le Curé Fuyatt, MM. Chrétien, Dutraine,
Mme Vve Philippe Dutraine. — (734) Mlle Jeanne Passot, MM. Sapin,
E. Gelay, Mlles Julie Penet, Magdeleine Fontenat, Marie Dutraive,
C. Dumazieaux, M. Jean Charrion, M. V. Co., M. L. Couvreur. —
(738) Mme Aucagne, Mme Giraud, Mlle Geoffray, Mme Ruet, Mme Lan-
doin-Roy, Mme Hébing, M. Dubcq, MM. Gayot, Pierre Bosguiraud,
Mme Sangouard-Sapin, Mmes Laneyrie, Diennet, Châtaigne, Clau-
dius Dumoulin, Mme Vve Lonnery, Mmes Montantème, Large, Désigaud,
Mme Rampon, Mme Vve Perron, Mmes Desthieux, Aucagne, La Bruyère,
Mlle Perras, Mme Duvernay, Mmes Lagarde, Denis, Dufaitre, Mlle Marie
Duvernay, Mme Cinquin, Menichon, Renaud, Chaffanjon. — (740)
M. Marius Large. — (743) MM. Chaffaryon, Mme Dubost, M. Bouchut.
— (744) Mmes Marly, Pichat, Mlle Matroy, Jallud, Vermorel, MM. La-
chal, Manus, Mlle Jolivet, Mlles Charmeton, Gonnet, Mme Sylvestre,
Mlle Sicard, Mlles Perret, Burnichon, Borel, Lafay, Laurent. — (744)
Mlles Bislay, Ferrières. — (748) Mme Lardet, Mlle Moiroud, Mme Renaud, Mme Germain, Mme Vve Marly, Mme Gillet, Mlle Boichon, Mlle Roche. — (757) M. Joseph Lepin, Mlle Céline Lepin, Mme Borday-Planus,
Mlle Catherine Peyronnet, Mme Vve Barbaret, Mlle Marie Barbaret.
— (760) M. Lacroix. — (769) Mmes Saunier, Gardenat, Eugène Dory,
Mlle Francine Martin, Mme Claude Méziat, Mme Vve Botton, Mlle Clau-
dine Méziat, M. Jacques Depardon. — (773) MM. Jean Grosselin,
François Grosselin, M. Joseph Briday, Mlles Angèle Bajard, Louise
Jolivet, M. Jambon, M. François Lathuillère, Mlles Marie Lathuil-
lère, Jeanne Mazilles, Madeleine Mazille. — (776) M. Julien Carries,
Mlle Emilie Sivignon, Mlle Philomène Vermorel, MM. Sambardier,
Durousset, Mme Vve Chassy, Mme Vve Durousset, MM. Antoine La-
mure, Lamure, Mlle Emilie Garnier. — (787) Mme Annequin, Mme Vve
Lacroix, MM. Demurat, Goujon-Dulac, Masson, M. Giraud, Mme Pierre-
feu, MM. Verscaud, Chevrier, Mme Vve Chardon. — (788) MM. Mau-
rice Glatard, Antoine Deshayes, Ennemond Delorme, Mlles Hélène
Dugelay, Clémence Dugelay, Cécile Deshayes, M. Dumord. — (790)
MM. A. Bernard, C. Granger, Défeuille. — (792) M. Margiend-Lacroix,
M. et Mme Augagneur, Mlles Dumont, Descroix, M. Terrasse, Mlle Ban-

cillon, Mme Bouillet, Mme Duperret, Mme Giraud, M. Aujogne-Desbats.
— (795) Mlles Marie Lièvre, Guilloux, Bresson, Famille Albert-Plasse,
Mlle Perra, Mlle Céline Giraud. — (799) Mlle Antoinette Lamure, M. Benoît Lamure, M. J.-Antoine Dupeuble, M. Cornillon. — (800) Mme Pas-
seron, Mme Tavernier. — (804) MM. Adrien Lafay, Mme Vve Laurent
Victor, Mlle Suzanne Duperray, M. Thimonier, Mlles Ursule Junet,
Marie Gondard, M. Vermare. — (810) MM. Antoine Berchoux, Les
Religieuses de Saint-Marcel-l'Eclairé, Mlle Jeanne Giroudon, M. Por-
thier, Mlle Génie Terraillon, Mlle J. Lanore, Mlle J. Demaugé. — (811)
Mlle Etiennette Plagnard, MM. Antoine Reverdy, Claude Durdilly,
Mme Claude Durdilly, Mme Dugelas, Mlle Antoinette Perretière. — (816)
M. Claudius Murat, Mme Claudius Murat, Mme Vve Desseigne, M. An-
toine Murat, Mme Antoine Murat, Mlle Louise Murard, M. Jean-Marie
Thoviste, Mlle Lucie Thoviste, Mme Couturier, Mlle Couturier, M. An-
tonin Philippe, Mlle Octavie Besacier, Mlle Antonia Perroudon, M. Cha-
vannes, Mlle Joséphine Billet, Mme Vve Plasse-Suchet, Mlle Alphonsine
Plasse, Mlle Marie Plasse, M. Félix Vermorel. — (822) M. Henri Gout-
tenoire, Mme Barras, M. Henri Côte, M. Jean Verrières, M. Perricaud.
— (835) Mme Jagy, Mme Naguin, Mme Bouttier, Mme Primat. — (836)
Mme Blanc, Mme Charles Jantin, Mme Charmet, Mme Sagnimorte,
Mme E. Blanchard, Mlle C. Garnier. — (838) Mme J.-B. Thibaudier,
Mme J.-B. Deville, Mme F. Thibaudier, Mme F. Goubier, Mlle M. Delhôpital, Mlle A. Radix, Mme Julin, Mme Dufour, Mlle M. Joly, Mlle J. Thi-
baudier. — (839) Mme Blanchard, Mlle S. Durand, Mlle A. Durand,
Mlle G. Durand. — (850) Mlle Maisonnier, Mlle Dumas-Gange, Mlle Marie Giraud. — (866) Mme et M. Martin, Mme Crozier. — (867) Mme Terrasse, Famille Debilly, Famille Jomard, Famille Bouchard, Famille
Besson, Famille Chavot, Famille Eymard, Famille Eclercy. — (868)
Famille Bouchard, Famille Chavant. — (869) Mlle Marie-Louise Le-
gros, Mlle Elisa Vincent. — (870) Mlle Marie Sylvestre, Mme Ramaz,
Mme Boucharlat. — (871) Mme Panse, Mme Sylvestre, Mme Barriot,
Mme Seignol, M. Mathiaud. — (872) Mlle Justine Pradelle, Mlles Cham-
pagnon, Mme Grange, Mme C. Laurent, Mmes Bâton-Châtelus, Mme Par-
den, Mme Gorigeat, Mmes Vournichon, Clavier. — (873) Mmes Claude
Garou, Mme Vve Garou. — (875) Mlles Marie Frécon, Eugénie Blein,
Fl. Vidal, Annette Bernard, Marie-Louise Bernard, Jeanne Frécon.
Mlle J. Vidal — (876) Mme Rivière, Mme Métral, Mme Duplanil,
Mme Puzin, M. Donnas. — (877) Mlle Beaudean. — (878) Mlles Marie
Geanty, Joséphine Cornouiller, Etiennette Villard, Eugénie Perrot,
Antoinette Villard, Eugénie Mouton, Jeanne Soyève, Marie Villard,
Antoinette Rala, Marie Bonnetos. — (880) M. Jean Fond, MM. Michel
Levet, Joseph Pichat. — (851) L'Adoration, Mme Poncet. — (852)
Mlle Catley. — (854) MM. Poizat, M. Granjard, M. Pin. — (855) Mme
Antoine Dumas, Mme Pin, Mme Vacher, Mme Florin, Mme Gauthier.

— (856) Mlle Jeanne Legros, Mlle Marie-Louise Legros. — M. Jouard, Mlle Vinzent, Mlle Mallet, Mme Pivot. — (857) M. Florin, Mme Duicaux, Mme Basset, Mme Vve Bastion, Mlle A. Bastion. — (858) Mme Dubut, M. Roget, Mme Terrasse, Mlle Marinette Terrasse, Mlle Louise Bourquenaud, Mme Jeanpierre, Mlle Joséphine Guinamand. — (859) Mme Claude Dubost, Mme Claudius Mazuyer, Mme Vve Giraud. — (860) Mme Dubost, Mme Vve Plosse, Mlle Berthe Plosse, Mme Chazard, Mme Edouard Delorme, Mlle Marie Thozin, Mme Mazallon, Mme Jacquemot, M. Chambard, Mme Bailly. — (861) M. Benoît Brolly, Mlle Pierrette Brolly, Mme Vve Tabard, Mlle Marguerite Delorme, Mme Vve Fillion, M. Dubost, Mme Girard. — (864) Famille Charvet, Famille Jeanpierre, Famille Bosle, Mlle Jeanne Boury. — (865) M. et Mme Giraud, Mme Bosle, Mme Reynard, Mme Dubiez, Mme Fillon, Mme Devose. — (880) MM. Pierre Lardière, Pierre Bernard, Jean Dumas, M. Benoît Verrier, M. Joseph Vanel, M. Drevard-Ruet, Mme Cornillon. — (881) M. Jean-Pierre Mousset, Joanny Bonneton, Mme Tranchant-Ducros. — (882) Mmes Champin, Véroz, M. Baroz, Mlles Juban, Delemps, Mme Boule, Mmes Delorme, Véron, Mouton, Chauvet, Fiasson, M. Soyère, Mlle Marie Closel. — (884) MM. Garde, Marin Verrier, Mme Marchon, M. Sâtre. — (885) Les Religieuses de la Croix de Jésus, Mme Darmoncier-Grenouiller, Mme Flacher, M. Garon, Mme Dervieux, Mme Pranchère, Mme Drevon, Mme Grenouillier. — (886) MM. Champin, J.-P. Tondu, M. Baudrand. — (889) MM. J. Bonnevay, Mlle Marie Laurent, Mlle Jeanne Laurent, M. François Laurent, Mlle Cazonna, Mme Duchamp, M. Comte, Mlle Comte, M. Comte, M. Place. — (891) MM. Mellut, Denis, Mme Mathelin, Mmes Biternaud, Desnoyel, Lacroix, Marion, Petit-Renaud. — (893) Mlle Marie Votin, M. Coulouvrat, Mme Coulouvrat, Mlle Coulouvrat, Mlle L. Picard, Mlle E. Picard, Mlle Fiaux — (893) Mme Cizalay. — (894) M. André Dusserre, Mlles Marie Zacarie, Jeanne Bron, Marie Sylvestre, Marie Colon, Adèle Bücher, Emilie Bastide, Jeanne Lépin, Jeanne Triomphe, Marie Rambaud. — (896) MM. M. Ducloux, B. Poizat, B. Favel, Parégiau, — (897) Mme Frénay, Mme Grillet, Mlle Nicouleau, M. Mellut, M. Desnoyel. — (898) M. et Mme Dégaté, MM. Laurent, J. Cozonu, M. Boulanger, M. Magat, L. Penin. — (899) Mlles Madeleine Jolivet, Marcelle Coudert, Marie-Louise Bouchard, M.-Thérèse Frappa, Jeanne Camoulet, Hélène Besacier, Marguerite Perbet, Céline Romand, Renée Girardin. — (901) M. Bertholon, Mme Chavanis, Mlles Descôtes, Reynaud, Mme Patue, Mme Fouillet, M. Fouillet, Mlle Marie Robert, Mme Lachal, Mme Bessy, M. et Mme Frainay, Mme Chussoville, Mme Copy. — (902) Mlle Borde, Mlle Bidauld, Mlle Robert. — (903) Mme Jumaud, Mme Molière, Mme Renaud, Mme Clavier, Mlle Lardellier, MM. Jumaud, Molière, Mme Lavisse, M. et Mme Rozier, Mme Guillaume.

(907) MM. Diot, Ragon, Savoi, Mlle Louise Vergnier, M. Ferret,

M. Troncy, Mme Hengy. — (908) Mme Vve Louis Catelaud, MM. Desgranges, Charbonnier, Pierre Lapalus, Léon Durand. — (910) Mme Vve Chollet, Mme Vve Sollier, M. Chanrion, M. Gabriel Molleron, Pierre Voison. — (911) Mlle Clémence Nailler, MM. Denis Ravier, J. Boy-Collonge, Bouchard. — (914) Mme Barange, Mlle Bourguignon, M. Mercier, Mme Bourguignon. — (916) Mme Blanchon, Mlle Marie Revol, Mlle A. Revol, Mme Bony. — (917) M. et Mme Mallard, Mlle Assadas, Mlle Ollagnier, Mme Durand, Mme Chipier, Mlle Chipier, Mme Jean Font, Mme Pierre Chambre, Mme Pierre Lepetit, Mlle M. Dupré, Mme Mallard. — (918) Mme Fontrobert, Mme Bastia, Mme Chazaud, Mme Lierre, Mme S. Aydan, Mlle Marie Besson. — (922) Mme Laffond, Mme Guyot, Mme Phily, Mme Vallin, Mme Carrador, Mlle Béraujon, Mlle Bodoy, Mlle Cholle. — (923) MM. Claude Palluy, Noël Bonnet. — (924) Mme A. Fontrobert, Mme Vve E. Bionnet, Mme Guize. — (933) M. Félix Serre, Mlle Elisabeth Serre, Mlle Marie-Andrée Serre, M. Lapierre. — (934) M. Thaury, MM. Vilotit, Schméiber, Ducroux. — (935) Mlle J. Boucher, Mlle A. Escoffier, Mlle M.-L. Meurer, Mme Lucien Meurer. — (936) Mme Barras. — (937) Mlle Reynard, Mme Gudin, Mme Boutier, Mme Glatond. — (938) Mlles Gabrielle Goutard, Fernande Dénoyer. — (941) Mlle Jeanne Drévard. — (942) MM. Huaux, J. Drévard, Mlle Marguerite Déduit, Françoise Batit, Mme Vve Ch. Faudon, M. E. Huaux, M. Maurice Drévard, M. Chignard, Mlles Anne-Marie Dutraive, Anna Faudon, Ph. Pardon, Mme Vve J. Mercier, M. Vivier, Mlles Suzanne Cinquin, Jeanne Mazille, M. Marchand, Antoinette Lardy, Francine Desthieux, P. Marthoud. — (943) MM. Tony Ferrière, François Duperray, Mlle Marie Tricaud, M. J. Janin, Mlle Julie Dubessy, M. Marcel Debourg. — (953) Ecole libre de jeunes filles, 103, route de Vienne, MM. Boisdevésy, Guerry, Brody, Frénéa, Abel Caton, Mme Dévignes, Mme Jouve. — (954) M. Chanavat. — (955) M. Bernard, Mlle Niollet M. Bauer, Mlle Chapurlat. — (956) Mme Brun, MM. Dumas, Juillet, Boudevey, Mlle Marie Gardaz, MM. Roussey, Covarel, Mollier. — (959) Ecole libre de garçons, r^{te} de Vienne. — (962) MM. Ducœur, Hebond, Duranton. — (964) MM. Prost, Vivier, Sallé, Grangier. — (967) Mme Lainé, M. Alain Genin, M. Arzolier. — (970) Mme Monier, M. Pastre, Mlles Bruyat, Hélène Dumas. — (971) MM. Jaumet, Lauverjat, Mlle A. Michon, M. Guillard, Mlle Jeanne Grenier. — (972) MM. Barral, Gainon, Pastic, Amevot, Antoine Bonnafont. — (974) MM. Delas, Lachenal. — (975) Mme Flachaire. — (376) MM. Rochet, Cleux, Beauchemin, Roubaud, Pierre Rochet, Abonnel. — (977) M. et Mme Gudefin. — (978) Mmes Meunier, Cuny, Mme Tirard, Mlle Prudhon, M. Nicolas. — (979) MM. Parrayon, Cogoluègnes, Stiaetmans, M. Corgier, Annie, M. Ernest Marlh, Mlle Benoîte Lassonnerie. — (982) Mlles Marie-Rose Choulat, Marie-Louise Hémo, Marie Montélimard, Virginie Besson, Maria Boucaud, Marie Charquet, Eugénie Cochet, Antoinette Cussac, Ernestine Cubizolles, Lonoï

Odemond, Jeanne Perrier, Pauline Junion, Magdeleine Dancette. — (960) Mme Myery, MM. Grangier, A. Grangier. — (963) Mme Baland, Mlle Escoflier, Mme Vve Garregur, Mme Vve Charles, M. Teste. — (966) MM. Boulay, Roussel, Bordes, Barrillot. (973) M. Ph. Rochet, Mme Barry, Mlle Blanche Pouzet, M. Ph. Rochet, M. Antonin Rochet, Mmes Cartaillu, Fanielle, Lagère, M. Bouilla, M. Fayolle, Mme Sonnerat, Mme Gerin. — (981) M. Decamp, M. Matton. — (983) Mlles Antoinette Chanu, Antoinette Josserand. — (984) Mlle M. Petit-Dossaris, MM. Rolet, Bourgeois-Botton, Saunier, M. Sapoly, — (988) Mlle Péroline Batailly, Mlle Marie Lépine, Mlle Fourneaux, Mlle M. Artige, Mme Ovise, Mme Mouriez, Mme Barberet, Pilon, Mme Dubonis, Mlle V. Boisset, Mlle Aubichon, M. Perrier du Bourg, Mmes Giraud, Vildeboin, Mlles Pradez, Mme Jules Vermorel, Mlle M. Thimonier, Mmes Chizallet, Saunier, Mme Bruyère. — (1003) Mlle Bérard, M. Berthier, Mlle Comte, Mme Baudin, Mme Manu, M. Montillard, Mlle Dupont. — (1004) M. Gonon, Mme J. Guérin, Mlle Collet, Mlle Marthe Van Doren, Mme André Gonon, M. François Campant, Mme Buiselot, Mlle Georges, Mme André Borel. — (1005) M. Frécon, C. Chomel, Mme Ravaux, Mme Françoise Ravaux, Andréa Simonet, Mlles Françoise Giraud, Jeanne Nivette, M. Avrillon, Jeanne Monier, Mme Bonfromme, Mlles Marie Frécon, J. Frécon, M.-A. Avrillon. — (1006) Mme Durrault, M. Pipot. — (1007) Mlle Bouchard, M. A. Grabinski, Mme Heilmann, Heilmann, Mlle Heilmann. — (1008) Mme Crépet, Mme Lamande, Mme Riedmann, M. Louis Riboulet, Mme Riboulet. — (1009) Mme Gaget, Mme Moul, Mlle Moul, Mmes Vicard, Durand. — (1010) M. René Chassin, Mme Vachal, Mlles Antoinette Longer, Jeanne Chassin. — (1011) Mme Vve Borel, MM. J. Vivier, Mmes Rosier, Reymans, Boyer, Suchet, Guillet, M. Besson, Mme Oudoul, Mme Rivière. — (1012) Mme Ducroux, Ballet, Charasson, Lafaye. — (1013) Mlle H. Carotte, M. René Carrier, Mlle M. Frost, Mme P. Monnet, M. Vicard, Mme Carotte, M. Joanny Toty, Mme Rigottard, Mme Coindre. — (1014) Mlle Antoinette Beau, Mlles Madeleine Beau, Marie Prailloux, M. Buval, M. Bouvard, MM. E. Bouvard, J. Comte, Marie Roux, Fleurine Roux, Mlle M. Babolat. — (1015) Mlle Geoffray, Mlle Jeanne Revel. — (1016) M. Nicolas, Mlle Gonon. — (1017) Mme Vve Lauvernier, Mme Pin, Mme Vve Fontaine, M. J. Descollonges.

(1019) Mlle M. Richard, Mme G. Géry, Mme Vve Sève. — (1020) Mme Frécon. — (1022) Mme Desgemond, Mlle Fayard. — (1023) Mlles Croisé, Baud, Bavel, Mme Micholon. — (1024) Mme Claude Dubost, Mlle Jeanne Joubert, Mme Barbet. — (1025) Mlle A. Bullon, Mme Ménager, Mme Méfret, M. le Dr Giroud, Mme Giraud, Mme Blein, Mme Julie Bonfils, Mlle Bonnefond. — (1026) Mme Goyard, Mlles Goyard, Mme Roussillon, MM. J. Amiel, Diénet, Mme Issartel, Mme Henry-Comte, Mme Monin, M. Gonichon, M. Piou. — (1027) Mme Combe, Mlle Stéphanie Vial,

Mlles Joséphine Vial, Marie Charme, Mme Vve Marie Piégay, Mlle Pierrette Poyard, Mme Jeanne Dussurgey, M. Antoine Dussurgey, Mlle Joséphine Veyrat, Mlles Claudine Vial, Antoinette Thonnérieux. — (1028) Mme Mandrin, M. Joanny Thonnérieux, Mme Vve Montagny, Mlle Marie Grange, Mlle Cécile Grange, M. Piot, Mme Grange. — (1029) Mme Vve Sablière, Mme Florine Vial, Mlle Marie Girardon. — (1032) MM. Pierre Labaty, Emmanuel Verjus, Francis Combes, Mme Vve Eymard — (1032) M. Francoz, Mlles Pauline Plutod, Anna Petit, H. Mailley, Jeanne Pernod, Sophie Durand, J. Reymond, Henriette Chagny. — (1033) Mlle Marie Berrard, Mme Vve Thévenard, M. C. Thomas, Mlle Marie Courbière, MM. M. Rivier, L. Lombard, Mme Delphin, Mlle Paget. — (1034) MM. Létondal, M. Bigeard. — (1046) Famille Denis, Antoinette Guerpillon, Bénédicte Frédière, Mme Bresson, Famille Morel, Mlle Marthe Chaverut, M. Joanny Goujet (grand blessé, retour d'Allemagne), Famille Collomb, Mme Denis, Famille Blanc, Mme Vve Jean-Bapt^te^ Blanc, M. Félix Gout, Mlle Marthe Chaverot. — (1045) Mlles Denis, Mme P. M. Denis, M. Garel, Mme Joannès Poulard, Mlle Benoîte Viannay, Mme Imbert, Mme Violay, Mme Bertholon, Mlle Marie Bertholon, Famille Imbert, Mme Vve Subrin. — (1047) École ménagère de Longessaigne, Mme Frédière, Mme Boinon, Mme Velay, Mme Pierre-Marie Boinon, Mme Déviègue, Mme Alice Dupeuble, Mme Clémence Bourret, Mme Bretonnier, M. Dupré, M. Joanny Bertholon, Mlle Berne, M. Dufay, Mlle Clotilde Serraille, Mme Bonhomme, Mlle Magdeleine Vial, Mme Félix Goût, M. Joseph Denis, Famille Second, Mlles les Institutrices libres, Mlle Thivel.

(1050) Mlle Joséphine Mure, Mme Mure, Mlle Pierrette Bonhomme, Mme Jeanne-Marie Dubessy, M. Claude Colomb, Mme Vve Duperray, Mlle Maria Vial, Mme Félix Bataillon, Mlle Marie Blanc, Mlle Catherine Bonnet, Famille Bonnet-Dupeuble, Famille Roaze, Famille Poulard, Mme Goutte, Mme Claudine Reynard, Mme Perrine Poulard, Mlle Claudine Boinon, Mme Victoria Bretonnier, M. Benoît Boinon, Mme Jeannette Blanc. — (1052) Mlle Dévoluet. — (1053) Mme Curis, M. Gabriel Curis, M. Victor Curis, M. André Josserand, M. Marc Josserand. — (1054) Mlle Bachelard, Mme Alexandrine, MM. Charrat, Bualou, Schumacker. — (1055) Mme Eymonerie, Mmes Chastagner. — (1056) Mlle Lya. — (1057) Mme Bret, Mlles Gardon, Mmes Fléchet, Fayolle, Mlle Fayolle. — (1059) Mlle Rebard. — (1063) Mlles Long, Trillat, Mme Féraud, Michon, Mlle Pauthe. — — (1062) Mlles Dépraton, Billet, Mme Péchet, Mme H. Traverse, Mme J. Vullierme, Mme N. Vernay. — (1063) Mme Dutruc, Mme Prud'hon, Mlle Prud'hon, Mlle G. Deschamps. — (1064) M. Comte, Mlle Hélène Piccaluga, M. V. Caillome. — (1065) MM. Escoffier, F. Escoffier, Mlle Jeanne Gignoux. — (1066) M. Paul Pichot, Mmes Duchet, Mme Delorme. — (1067) Mmes Cirgaud, Mlles Garin-Crétinon, Mlle J. Villet. — (1071) Mlle Alex, Mlle Marguerite Alex, Mme Fichet. — (1072) Mme Bois, Mlle Drillon, Mlle Villard. — (1073) Mlle Chevallet, M. Genin Mlle Fauché, Mlle Lachassagne, Mlle Mille. — (1074) Mlle Dume, Mlle Trouillat, Mlle Julie Lornage, Mlle Bey, M. Raginel, Mme Georges, Mme Bonnamant, Mlle A. Deschamps, Mlle Coupat. — (1085) M. Benoît Maisoux, Mme Claude Dublassy, M. J.-M. Brondel, Mme Vve Lorchet, Mme Vve Chollet, Mme Vve Jean Sollier, M. Jean-Marie Geoffray, Mme Boisset, MM. Geoffray, Noël Fayon, Morateur, Mme Vincent, M. Antoine Grataloup, Mme Ollagnier, M. Traillet, M. J.-Pierre Bérerd, M. le Curé Bérerd, Mme Vve Marti, M. Etienne Bérerot, Mmes Sollier — (1086) M. Jérôme Gaujon, Mme Vve Chapoulet, M. Jean Chapuis, M. Baptiste Berger, M. Jean Bérerd, M. Etienne Bérerd, M. Henri Bérerd, M. Claude Paillasseur, Mme Edouard Bonnard, Mme Antonin Perret, M. Damiron, M. Balvay. — (1087) Mlle Martin, Mlle Lucie Biolay, Mme Pelletier, Mme Imbert Rollet, M. Claude Rollet, Mme Vve Laurent, Mme Raton, Mlle Lacroix, Mme Jean Marie Chatard, Mlle Antonia Thiolarron, Mme Barnoud, Mlle Julie Barnoud, Mlle Marie Barbaret, Mme Vial, Mme Vve Duperray, Mme Thomas-Gagnère, Mme Vve Pierre Nandry, Mlle Claudia Giraud, Mme Nicolas Chatard, M. Geoffray. — (1088) Mme Vivier-Merle, Mme Vve Vivier-Merle, Mme Vadeboin, Mlle Jacquet, Mme Pierre Pradel, Mme Louis Pradel, M. Louis Pradel, M. Andrillat, Mme Giraud, Mmes Marin, Duperret, Mlles Pothier, Mme Jean Gandolière, M. Triomphe, Mme Triomphe, M. Dupuis Mme Dupuis, Mme Vve Barbaret, Mme Raffin, Mlle Chermette. — (1089) Mme Denonfoux, Mlle Suzanne Rollet, Mme Joanny Ferrière, M. Cartallas, Mlle Batisse, Mmes Sève, Rodet, M. Joseph Rodet, MM. François Ferrière, Béraudiat-Manus, Victor Girin, Mme Plagnard, Mlles Lassonnery, Jeanne Jacquet, Mlle Solichon, Mlles Catherine Peyronnet, Marie Peyronnet, Mlle Joséphine Andrillat, M. Jean-Marie Chatard. — (1090) MM. F. Bruy, S. Ducros-Marduel, Mme Laroche, M. Laroche fils, M. Aurion Ruifsel, M. François Corbay. — (1091) M. Piégnand, Mme Vve Gros, Mlle Marie Papot, M. Labbé, M. A. Garlon. — (1092) MM. Jean Bertinier, Balloffet, P. Monfray, Arnaud — (1093) MM. Girerd, Bardat, Brunet, Mmes Louis N., Mme Vve Morillon, MM. Guette, Morel, Dugelay, Mozot, Greppo. — (1094) MM. J. Danguin, M. Danguin, C. Lagrange. — (1098) MM. Delarolonge, M.-L. Delarolonge, M. Janin, Mlle Marie Dost, Mme Benoît Monfray, Mlle Anaïs Troccon. — (1099) Mme Ugel, Mme Chanel. — (1100) M. Pein-Danguin, Mme Berthelot, Mme Giraudier, Mlle B. Deschampt, Mlle S. Laverrière, Mmes les Religieuses, M. Raffin. — (1101) MM. A. Vapillon, M. Salut, M. J.-C. Ugel, Mme Troccon, Mme Delacolongé-Bothier, Mme Jean Dost, Mme Dénoyel, Mme Dumas, Mme Saint-Cyr. — (1122) Mme Puychafray, Mlle Fournier, Mlle Marie Luoni. — (1123) Mme Mégis Benier. — (1124) Mlle Nové, Mlles Coste, Mme Nové, Mme J. Nové. — (1126) Mme Benoîte, Mme Tivillier, Mlle Suzanne Pupier, Mme Vve Catin, Mlle Leger, Mme Giroud, Mme Vessière, Mme Méti-

10

vier, Mme Hennequin, Mme Quindou, Mlle Fauré. — (1127) M. Paillasson, Mlle Neyrin, M. Desgranges, Mme Petiot, M. Aubert, Mme Bord,
Mlle Dussery, Mme Champetier. — (1128) Mme Frédéric, Mme Pugin,
Mlles Pugin, Mlles Ponthus, Mme A. Riton, Mme J. Riton, Mlle E. Riton,
— (1129) M. F. Aloy, M. Montereymard, Mlle Eugénie Muel, M. J. Ra-
tignier, MM. Pupier, Beau, Mlle Bergeron. — (1131) Mme Antoine Mor-
mot, M. Girard, Simon Perotin, Dépassio, Désugne, Mme Demiere.
Mme Tiburce, M. Henri Tiburce, Mme Chapuis. — (1133) Mmes Malaya,
Echinard, Taboury, Baffier. — (1135) M. Linossier. — (1136 MM. Da-
cier, Chêne, Dumortier, Claudius Dumortier, Mme Vve Flachère,
Mme Vve Garby, Mme Eléonore Garby, Mme Clavel, Mme Maria Besser-
vat, MM. Jacques Chavanay, Louis Perret. — (1137) Mme Rossignol,
Mme Valentin, M. Ohaleys, M. Rougeot. — (1138) Mmes les Infirmières
de Francheville, Mlles Francine Berthaud, Fanny Berthaud, MM. Ber-
nard, Ratton, A. Berthaud. — (1140) Mlles Lacoste, Gay, Mme Antoine
Gay, Mlle Marie-Thérèse Richard, M. Joseph Richard, Mlles Marie-
Aimée Richard, Magdeleine Richard, Félicie Richard. — (1150) MM.
Jean-Pierre Chenot, J.-Pierre Chenot, M. Jean Journoud, Mlle Amélie
Plouton, M. Kieffer, Mlles Renée Christophle, Marie Vallus. — (1153)
École privée de Loire. — (1154) Mlles Marie Vaganay, Jeanne et Mar-
celle Ollagnier, MM. René Barret, Armand Barret, Georges Assémat,
Pierre Vallas, Mlle Marguerite Basset, MM. Joseph Vaganay, Claude
Potet, Mlles Cécile Moussy, Yvonne Moussy, Gabrielle Moussy, Jeanne
Barboyon, Jeanne Rolland, MM. Jean Malassagne, Pierre Journoud.
MM. Etienne Journoud, Jean Journoud, Marius Basset, Mlles Claudia
Barboyon, Clotilde Longerey, J. Dumoulin, E. Dumoulin, J. Descom-
bes, E. Giraudet, Marie Rolland. — (1193) M. Joseph Jacquet, Mlles
Mariette Veaux, Antoinette Desmonceaux, M. Perras, Jeanne Morel,
Mme Joubert, Mme Cartillier, M. C. Prothéry, M. Jean Joubert, Mme Ge-
nevois, M. A. Veaux, Mme Vve Morisseau, MM. Faussemagne, Denis,
Mlle Marie Gelin, M. Ferdinand Renard, Jean Prothery, Mlle Marie Au-
las, M. Sambardier. — (1194) Mlle Chaurion, M. Thion, Mme Laval,
M. Joseph Auray, Mme Vve Jean Auray, Mme Fargot, Mlle Marie Par-
don, Mlles Jeanne Vernus, Félicie Faussemagne, Marie Boucaud, Mme
Veaux Goutille, Mme Vve Auray, Mme Vve Giraud Mlle Emma Montan-
tème, Mlles Catherine Nesme, Elise Gilbert, Maria Saunier, MM. Pierre
Séon, Antoine Boyer, Mlle Emilie Boyer. — (1197) M. Fayard, Mlle An-
toinette Prothery, MM. Jean-Marie Auray, Henri Auray, Mlles Marie-
Louise Auray, Césarine Morel, M. Claude Augagneur, Mlle Joséphine
Bidault, M. Bidault, MM. Ledoux, Dufour, Mme Vve Nesme, Mlle Clau-
dia Prothéry, Mlle Jeanne Duffaud, M. Grisard, Mlles Augustine Pro-
théry, Clotilde Laval, Marie Laval. — (1202) Mlles Marie-Antoinette
Nesme, Clotilde Laval, Claudia Cinquin, Louise Fayard, Estelle Veaux
Germaine Prothéry, Marie-Louise Prothéry, Aline Collonge, Suzanne

Dumoulin, Maria Michaudon, Marie Véré, Denise Desmonceaux, Gabrielle Mercier, Colette Molette, Victorine Auray, Louise Boyer, Augustine Forest, Elisa Prothéry, M. Chuzeville Clément, Mⁱˡᵉ Marie Prothéry, M. Chuzeville-Chatelet. — (1204) Mᵐᵉ Laurent, Mᵐᵉ Ducharme, Mⁱˡᵉ Marie Delaye, M. Lespinasse, M. Jonchier, M. Auguste Michon, Mⁱˡᵉ Claudine Perrin, Mⁱˡᵉ Jeanne Chevanus, Mᵐᵉˢ Michon, Faussemagne, Chenzeville, Petit, Mⁱˡᵉ Alice Courtois, Mᵐᵉˢ Fayard, Michaudon, Jonchier, Un Orphelin. — (1205) Mᵐᵉ Augagneur, Mᵐᵉ Michon, M. Matray, M. Philippe Fayard, M. Michon, M. Briday, M. Louis Labruyère, Mᵐᵉ Sarry, Mᵐᵉ Chatelet. — (1206) Mᵐᵉ Matray, Mⁱˡᵉ Victoire Matray, Mᵐᵉˢ Plassard, Michon, Briday, Antoinette Dufour, M. Edouard, Mᵐᵉˢ Auray, Sarry, Allégatière, Mᵐᵉ Vᵛᵉ Berthelon. — (1207) M. Et. Lavenir, Mᵐᵉ Vᵛᵉ Larochette, Mⁱˡᵉ Maria Larochette, Mᵐᵉ Châtelet, M. Gabriel Pezet, Mᵐᵉ Pezet, M. Maurice Matray. — 1208) Mⁱˡᵉ Ducroux, Mᵐᵉ Vermorel. — (1221) MM. B. Charvolin, Pierre Thomas, Mⁱˡᵉˢ Eugénie Grange, Marie Therlon, Mⁱˡᵉ Melet, Mⁱˡᵉ Marie Goutagne, M. Cadier, M. Bessenay, Mᵐᵉ Déplaude, Mᵐᵉ Bonnand. — (1224) MM. J.-B. Ollagnier, Pierre Toron, J.-P. Boiron, Mᵐᵉ Vᵛᵉ Teillard, MM. Thimonier, Gardes, Vergnory, Peyrard, Bourchamp. — (1225) MM. Veyre, Jean-Marie Fillon, Mⁱˡᵉˢ Antoinette Fillon, Jeanne Fillon, Jeanne Dégrange, Gérard, Bonifat, Fraisse, Marie Bajard, Mᵐᵉ Vᵛᵉ Boiron, Mⁱˡᵉˢ Perrine Dégrange, Etiennette Vial, Fleurine Boiron. — (1226) Mⁱˡᵉˢ Charlotte Ollagnier, Marie Garon, Annette Tueumel, Marguerite Merle, M. Antoine Rivat, Mⁱˡᵉˢ Marie Gutton, Marie Gary. — (1227) Mⁱˡᵉˢ Marie Rivat, Jeanne Bonnand, Annette Ollagnier, M. Soulier, Mⁱˡᵉ Melat, M. Guyot, Mⁱˡᵉˢ Périne Boiron, Marie Goutel. — (1228) MM. Girard, Farlay, Mⁱˡᵉ Benoîte Peyraud, Mᵐᵉˢ les Religieuses de Saint-Joseph de Saint-Maurice-sur-Dargoire, Mⁱˡᵉ Pierrette Coron. — (1229) M. Joseph Collonge, Mⁱˡᵉ Champalle, Mᵐᵉ Dory, Mᵐᵉ Desvignes, Mⁱˡᵉ Marie Aujay, Mⁱˡᵉ Marie Fayard, Mᵐᵉ Vaux, Mⁱˡᵉ de Billy, Mⁱˡᵉ Marchamp, Mᵐᵉ Bletton, Mᵐᵉ Jean-Marie Gauthier, Mᵐᵉ A. Gauthier, Mⁱˡᵉ Catherine Desvarenne, M. Damien Manin, Mⁱˡᵉˢ Marie Faudon, Bellaton, Jeanne Burgaud. — (1230) M. Joannès Collonge, Mᵐᵉˢ Claude Gaudet, Jugnet, MM. Voland, Mazille, Mⁱˡᵉˢ Lucie Gaudet, Hélène Dory, Marie Collonge, M. Vernay, Mᵐᵉ Vernay, Mᵐᵉ Claudius Bulliat, Mᵐᵉ Claude Bulliat, Mⁱˡᵉ Marie Vernay, Mazoyer, Désigaux, Mᵐᵉ Descombes, M. Chapuy, Mⁱˡᵉ Julie Chapuy, Mⁱˡᵉ M.-L. Gaudet, Mᵐᵉ Gaillardon, Mᵐᵉ Paul Descombes. — (1231) Mⁱˡᵉˢ Lucie Jambon, Marie Collonge, Marguerite Desvarenne, Antoinette Turrel, Marie Margand, Henriette Collonge, Mᵐᵉ Monnet, Mᵐᵉ Buillat-Chapuy, Mᵐᵉ Louis Gauthier, Mᵐᵉ J.-C. de Desvignes, MM. Joannès Collonge, Claude Collonge, Geoffray. — (1237) Mᵐᵉ Veuve Grand, Mᵐᵉ Falbrègue, MM. Adolphe Martillat, Charles Giraudon, Marius Durand, Edouard Durand, Pierre Granjean. — (1239) MM. Emile

Pergo, A. Giors, M. Rosset, V. Paganon, M. Paganon, B. Procureur, Grangeon, Aulas. — (1251) Mlles Anet Beck, Delphine Alkier, Mme Vve Germain, M. Jean Matillat. — (1256) M. Pétillat, Mme Duchez, Mme Bourdier, M. Gnilld, Mlle Marguerite Laurent. — (1261) Mlle Jeanne Perzerra. — (1265) MM. Adolphe Dumas, Mlles Françoise Dulac, Maria Durand. — (1266) Mlles Marie Augagneur, Marie Perras. — (1274) MM. Roche, Chuzeville, Trichard, Bentallière. — (1275) Mlle C. Descroix, Mlle L. Sanlaville, M. E. Dégénère, Mlle M. Depay. — (1276) Mme Thévenet, M. Granger. — (1278) Mlle Dupinay, Mme Vétard, Mme Joanny. — (1279) Mme Vaudoire, M. Chaud, M. Clavel, Mlle Laurent, Mme Gérard, M. Contamin, Mme Rouge. — (1280) M. Duplat, Mmes Duffy, Challiol, Borde, M. Gourmond. — (1286) Mme Véraud, MM. J. Mingeard, A. Mingeard.

(1287) Mlles Devif, Bailly, Lambert, Mme Amblard. — (1314) MM. Giraud, Vercherin, Desmaison, Commandant Daumas, Gros, Mme Archinard, Mme Knaff, Mlle Fuchez, MM. Vernange, Greps, Mme Giros, Mlle Jeanne Giros, Mlle Marguerite Giros. — (1315) Mlle Eugénie Lapierre. — (1316) MM. Clément, Dussurget. — (1318) MM. Branciand, Gaidon, Pensionnat de Gleizé. — (1319) M. Maurice de Longuevialle. — (1321) MM. Claude Goujon, Combel, Lièvre, Mlle Plasse, Mme Vve Jomard, Mlles Verseaud, Maréchaud, M. Perret, Mlle Félicie Hytte, M. Thomarat, Mme Pierre Thévenin, MM. Sapin, Hytte, Moébel. — (1322) MM. Desyeaux, Dubot, Jules Charvon, Longefay, Aucagne, Gonin, Mlle Gelay, M. Corgier. — (1324) Mme Gomy, Mlle Reymond. (1325) Mme Joly, Mme Vve Benoît, Mmes Clavaud, Chambe, Mme Pétru Mélay. — (1326) M. Jean-Marie Colomb, Mme Claude Gony. — (1327) — Mme Vve Chamby, MM. Pierre-Antoine Fournier, Pierre Berne, Florent Marignier, Mme Beauvent. — (1328) Mmes Michaud, Mathieu, M. Claude Benoît, Mlles Ville, Mmes Courbière, Benz. — (1331) Mmes Bonnet, Bost, Bazin, Marignier. — (1332) Mlle Marie-Louise Melay, M. Félix Sterdel, Mlle Maria Brun, M. Jean Fargo, MM. Poncet, Démolière, Mlle Antoinette Crayton. — (1338) Mmes Fournier, Ponchon, Mlle Berthon, Mmes Mossand, David, Alligneux. — (1339) Mme Marmontel, Mlle Ribet, MM. Grudin, Remontet, B. Musy, Mme Roques. — (1340) Mme Blanc-Talon, M. Boissonnade, M. Duclot, Mlle Coste. — (1341) M. Minat. — (1343) MM. Alourtout, Aucagne, E. Flory, J. Morillon, Carron, J. Faure, A. Combeville. — (1344) MM. Boulière, Lacroix, Laroche. — (1345) Mme Pezay, Clozel, Mlle Fournier. — (1345) M. Perrin, MM. Martin, Waresquelle, Fiora. — (1347) Mlle Lucienne Munard, MM. Georget, Chapelain, Mlle Elise Penet, MM. Domenge, Sanlaville, Weiler, Robert, Chapuis, Bailly, Dumontet, Schœffner, J. Doré, Mlle Baisset, Mme Mottaz. — (1348) MM. Durand, Widmer, Pouclerot. — (1349) MM. E. Villard, Curtot, Bonjat, Nesme. — (1352) MM. Raquin, A. Corgier, Bonnemain, Janfurton, Andin, Crokob, Meyran,

Jullien, Royon, Trommenschlager, B. Michaud. — (1355) MM. Rigo-
lier, Augayat Detery. — (1357) Mᵐᵉ Elie, M. Crépet. — (1358) Mˡˡᵉ Jami,
M. Duny, M. Berthoud, M. Martin. — (1374) M. Ulmann. — (1379)
MM. L. Bovery, M. Guyon, C. Thomerien, Henri Couturier, Studreyol.
— (1375) MM. Gœstchel, Weiller, Marx. — (1382) MM. F. Corneloup,
Coudurier. — (1386) MM. Beguis, M. Vauboin, Mˡˡᵉ Ritton, M. Poyard
Mˡˡᵉ Bruyère. — (1387) Mˡˡᵉ Groure. — (1388) Mˡˡᵉ James, Mˡˡᵉ Martin, Mˡˡᵉ Billon, Mˡˡᵉ Dépardon, Mˡˡᵉ Mauret, Mˡˡᵉ Raymond, Mˡˡᵉˢ Giraud, Bouzon, M. Besson. — (1389) Mˡˡᵉˢ Pazanaux, Andreusse,
Mˡˡᵉ Marcelle Jury, Mᵐᵉ Berliet, Mᵐᵉ Véricelle, Mᵐᵉˢ Chanct, Cornut.
— (1390) Mˡˡᵉ Grolimond, Mˡˡᵉ Fagot. — (1396) Mᵐᵉ Piégay, M. François Bouchut, M. Chaize, Mˡˡᵉ Antonine Grataloup, Mᵐᵉ Véricel, Mˡˡᵉ
Marie Montagny, Mᵐᵉ Joanny Dussurgey, Mᵐᵉ Desfarges, Mᵐᵉ Vᵛᵉ Giroud. — (1398) Mᵐᵉ Vᵛᵉ Daspic, Mᵐᵉ Marius Pierron, Mᵐᵉ Magny,
Mᵐᵉ Bâtisse-Bibost, Mᵐᵉ Caire. — (1408) Mˡˡᵉ J. Gobet, M. Pierre Philippe, Mˡˡᵉ C.-L. Thibaudier, M. Louis Ogier, Mˡˡᵉ C.-L. Boiron, Mᵐᵉ
et Mˡˡᵉ Caillat, Mᵐᵉˢ Descôtes, Gay, Vincent, Mᵐᵉˢ Jacquier, Goyon,
Mˡˡᵉ R. Ollier, Mᵐᵉ Jeanne Brottet, MM. Pigeon, Gallot, Linossier,
M. C. Philippe. — (1411) Mᵐᵉˢ les Religieuses de Saint-Joseph de Bessenay, M. Jacques Tholin, Mˡˡᵉˢ Bénédicte Tholin, Marie Tholin. —
1416) M. Robert. — (1420) Famille Monnais, Mˡˡᵉ Vigier, Mᵐᵉˢ Sal-
lier, Crozier, Prosper Cherblanc, M. Fournier, Famille Guillard,
Mᵐᵉ Grange, Mᵐᵉ Larnaud, Mᵐᵉ Fuchez, M. Jean-B. Vincent, M. Dumas, Mˡˡᵉ Bonnet. — (1423) Mᵐᵉ Vᵛᵉ Aulas, Mˡˡᵉˢ Louise Gonachon,
Elisa Garin, Mˡˡᵉ Valentine Berthelier, Les Sœurs Saint-Charles. —
1424) M. Jean Lamure. — (6239) M. Gouttenoire, Mᵐᵉ Bayet, Mᵐᵉ Diz-
zera, Mᵐᵉ Robert, Mˡˡᵉˢ Bourdin, Chapiron, Philine Damour. — (6240)
Mˡˡᵉ Jeanne Vessot, Mᵐᵉ Dérolle, Mᵐᵉ Corlignat, Mˡˡᵉ Russier, Mˡˡᵉ Ri-
godon, Mᵐᵉˢ Girard, Vessot, Mˡˡᵉ Maria Vessot, Mᵐᵉ Derret, Mˡˡᵉ Drevet. — (865-866-872) Mᵐᵉˢ Grange, C. Laurent, Pardon, Gougeat,
Burnichon, Mᵐᵉ Clavier, M. et Mᵐᵉ François Giraud, Mᵐᵉ Bosle,
Mᵐᵉ Dubiez, Mᵐᵉ Vᵛᵉ Fillon, Mᵐᵉ Devox, M. et Mᵐᵉ Martin, Mᵐᵉ Crozier.

(5008) MM. Léna, Geoffray, Chamas, Rambaud. — (5009) M. Gautier, MM. Biauzat, Lénat, M. Lemaire, G. Lemaire, Vielfaure, Coulerc-
kis, Chamant, Lévigne, Sœur Philomène, Lasalle, Giraud, Coudere. —
(5012) MM. A. des Bouillons, P. Ligier d'Ardhuy, Cornier, Michaud, Bouvier, Bernardin, Blaise. — (5014) Mᵐᵉ Vᵛᵉ Thollin, M. G. Thollin, Mˡˡᵉ
E. Thollin. — (5016) MM. Delacour, Marotte, Julia, Quinon, Quentin,
Fontaine. — (5019) MM. Sauger, Dunoyer, Pardon, Brun, Francillon,
Un Monsieur aimable, M. Jobert, M. Fichet, Mᵐᵉ Fichet. — (5016) MM.
Georges Fichet, Edouard Simon, Octave Simon, Mˡˡᵉ Hélène Simon. —
(5024) Mᵐᵉ Baconnier, MM. Claudius Baconnier, Marcel Baconnier, Jean
Baconnier, Robert Baconnier, Mˡˡᵉˢ Marguerite Baconnier, Suzanne

Baconnier. — (5026) M. Ville. — (5031) MM. Bourré, Dard, M. Besson, H. T. — (5029) M. Paquet. — (5032) MM. Coulaud, Claris, Courtieu, Doudain, Bouillet, Tormain, —(5033) MM. Doyen, Vergeat, —(5034) Le Café des Négociants, M. Conoud, Le Café Paris-Lyon, XXX., M. Brondette. — (5035) M. Baumstark, M. Laborde, M. A., Lucienne et Georges, M. W., A. O., Tante et Nièce, M. S. — (5036) MM. Aralier, Sambet, Allemand, Mouton, Paufique, Mittron, Caveau, Romain, Séoras, Granget. — (5039) M. Morel. — (5040) MM. Feniton. — (5042) MM. Poméon, Fairien, Misery, P. et A. Pomparet, M. G., Un Tommy, M. Burduron, MM. Vitupier, Boulien. — (5044) MM. Dornier, Blanchon. — (5050) MM. Mognoud, Robert. — (5051) M. Gaillat. — (5053) MM. Targo, Peneizon, Micoulot, Cirateau, Mazuire, Doron. — (5059) MM. Laurent, Tardieu, Girard, Borquet. — (5060) M. Marmonnier. — (5074) MM. Perret, Louis, Marino, Chambefort, Ferroux, Burdin, Beauvoir, Baptiste, Celin, Mignard, Condon. — (5082) MM. Lacombe, Perrier, Bouleigue, Pertinax, J. Costa, Després Pilhonel, Klein, Milbergue, Blondel. —(5083) MM. Prost, Escoffier, Febrai, Duverne. —(5084) MM. Marthelon, Berthuin, Bellet, Chizat, Revol, Lombardi, Pedrino, Mlle Adèle Clément, — (5088) M. Vallon.— (5093) M. Ragon. — (5097) MM. Chadebec, Moinet, Fieux, Vandre, Vernay, Bousquet, Guidoni, Burot, Muraz, Cartollier, Disdier, Delassiat, Geoffray, Salomon, Riffard, Clair, M. Gérard père. —(5101)MM. Boilly, Guillot, Hoffmann, Gourrier, Neyer, Cotton, Arnaud, Four, Oril, Dard, Mafilau, Autissier, Clément, Guell. — (5106) MM. Paradis, Fiat, Bolley, Fuchez, Grata, Locu. — (5108) MM. Masson, Bideault, Feuillet, Mingat, Mercier, Bobin. — (5111) MM. Assada père, Perellon. — (5117) Mme Vve Perrier. — (5132) MM. Couard, Jamot, Chatoux, Turbil, Lefeuvre, Mayet, Galland, Martin, Granorande, Lapalu, Bigallet, Guillemot, Collomb-Martient, Schaffer. — (5133) MM. Escoffié, Pripao, Bonneaud, Marthoud, Thévenet, Darmencier, Mérandot, Boutonnet, Terry, Jouffroy- — (5134) M. Chavanne, M. Courbier, M. Basset, M. Richard, M. Pairot, M. Barbe, M. Ellia, M. Guillot, MM. Blache, Ruel, Virot, Clapit, Borne, Shuler, Rivière, Seneter, Bouellat, Ruffe, Cochet, Bouviert Meutrot, Roux. — (5139) MM. Signol, Chopard, Roblin, Franc, Despoulous, Ch. Beau. — (5146) MM. Valette, Mallard, Ruhlmann, M. J.-Rostaing, M. H. Rissoto, M. Stettler, M. Devallois, , M. Jouannin, M. Bertrand, M. Métayer, M. Barret, M. E. Feraud, MM. Bergeron, Soudaz, — (5154) M. Courtier. — (5156) MM. Villemonte, Gony, Rathier, Fourniau, Pellet, Dory, Brout, Polliet, Labouret, Bothier. — (5160) MM. Roche, Bohmer, Laforest, Beaudrand, Venet, Pédrinis, Micoulloux. — (5163) MM. Robécourt, Dumond, Dalmont, Uginet, Beraha, Ritran, Ferrand. — (5164) MM. Valencot, Hermellin, Perrouse, Dubrana, Pum, Wormsel, Dumas, Basset, Prélin, Porte, Brondel, Katzmann, Fort. — (5167) MM. Farge, Royer, Pouchon, Piot, Chevalier,

Martelat. — (5172) MM. Mautillon, Narbonnet, Poinard, Thibaud, Saunier, Mlles Sallès, MM. Bergeron, Baudrand, Toulicux. — (5179) M. P. Cadot. — (5189) MM. Ferréol, Guigne, Tixier, Favre, Chapiron, Besson, Crouzet. — (5195) MM. Chanut, Bellet, Parure, Monuit. — (5200) MM. Pablo, Roux, Demazure, Randu, Souzy, Valisier Roger, Tapon, Colin. — (5212) MM. Drevon, Gadeau, Prunet, Lafond, Rochet, Bonnet, Durand, Lasbour, Bordier, Debauliou, Chauffria, Gallien, Sabrin, De Rechapt, Aubin, Kasios, Charalambos, Thibault, Chazelles, Lemoine, Bonnefoy, Debise, Sautin, Vanelle. — (5217) MM. Létauche, Salinot, Durand, Richard, Rambaud, Laurent, Arnold, — (2318) MM. Sage, Garetta. — (5220) MM. Voisin, Odin, Guillermin, Patrigot, Odic, Joniche, Domiell, Barriot. — (5226) MM. Lespinasse, Thermet, Prugnard, Ratinet, Mérapace. — (5227) MM. Gardi, Verdier, Lebreux. — (5238) MM. Charvet, Chabert, Bontemps, Hermondez. — (5241) MM. Merle, Savey, Chanel, M. Clavel, M. Barbet, M. Bernard, M. Devaux, MM. Dupré, Favier, Deschamps, Labrosse, Ribez, Brauch, M. Holl, MM. Bauron, Meyer, Joannin, Buffat, Rousset, Fangeat, Tourrolier, M. Billand, M. Valin, M. Dubuc, MM Emery, Marmonier. — (5245) MM. Antoine, Laroche, — (5247) MM. Théron, Kniedler, Payerne, Joly, Demeure, Joly, Lossa, Robert, Taulier, Fargues, Brossard, Coulaud. — (5248) MM. Reddet, Barret. — (5249) MM. Balzat, Darchez, Barbier, Favel, Tachon, Margaillon, Gruffaz. — (5254) MM. Simon, Blachon, Dunys, Nizynski, Delorme, Bonnet, Stonder, Bernard, Blain, Fontaine, Mariotte, Vernay, Blanc, — (5256) MM. Bouland, Letertre, Joubert, Chanay. — — (5259) MM. Colombet, Sezano, Oudot, Darcet, Bonjour, Magnac, Leduc, Goett, Rojon, Prost, Chapon, Vavre, Delebarre, M. Duperray, M. Ramus, M. Faure. — (5260) M. Vincent, M. Garbit. — (5263) M. Darier, M. Comte, M. Gay. — (5264) M. Poughon, M. Lacurre, M. Codde, M. Gauthier, M. Latour, M. de Grangeac, M. Brisson, M. Morne, M. Michel. — (5268) MM. Nicolas, Gauthier, Brosi, Meynier, Vialle, Mure, Mortier, Moiroud, Rumaud, Chol, Rambaud, Delorme, Duperray, Rono. — (5271) MM. Bergeret, Raby, Voisin, Raget, Cazeaux, Durand, Mazet, Trambay. — (5272) MM. Tillet, Lairax, Favrichon, Bigit, Wayoff, X..., Vicot, Giraud. — (5273) M. Mazenod F. M. Mazenod, Chollet, Pingon, Paoli. — (5278) MM. Chomier, Gounel, Journet, Jambon, Maugis, Patoret. — (5281) MM. Poussardin, Bailly, Perrard, Ponteyo, Chartinier. — (5286) MM. Bassot, Cotin, Mas, Rochel-Bridou, David, Fleuret, Antomarchi, Pontet, Vincent, Sauveur, Tassy, Perenet, Gouillaud, Veyrard, Morion, Leroudier, Capelle, Mlle Isabelle Mathon, MM. Touzet, Bincaz, Croze, Moranghi, Touru. — (5288) MM. Thury. — (5322) M. Joseph Beaumait, Mme Beaumait, MM. Jean Beaumait, Louis Beaumait, Mlle Anne Beaumait, MM. Finet, Joseph Mortamet, Mlle Renée Mortamet, MM. Joseph Mortamet, Régis Mortamet, M. et Mme Ludovic Finet, Mlles Marie-Thérèse

Finet, Geneviève Finet, M. Robet Finet, Mlle Simone Finet. — (5336)
M. Alamercery. — (5337) M. Lyonnaz, M. Mourgue, M. Bunaz, M. Gil,
M. Charel, Mme Finet, M. Bestin, Mlle Semsky, M. Manzetto, M. Dubois, M. Beillat. — (5338) M. Tressaud, M. Larrey. — (5340) MM. Ru-
blionne, Terrasse, Ducraix. — (5341) MM. Peyrard, Cyterre, Genre,
Manissier, Bouchard, Epinal, Robin, Carré, Béziel, Breelon. — (5346)
Mlle Boissin, M. Passeaud, M. Poncet, M. Pasteur, M. Chabert. —
(5361) M. Blum, M. Montée. — (5364) M. Blasteur, M. Granget, Mlle Forest, Mlle Mermet, M. Fleuret. — (5365) MM. Ch. Aimard, Mme Bau-
jeaut. — (5368) MM. Veuillet, Colui, Thomas, Baron, Denisard, Salo-
mon, Thierry, Lagier, Mas, Monier, Miard, Mme Vallier, Mlle Noailly,
M. Caillet, Mlle Moyret, M. Paquelet, Mlle Lespié, MM. Gabert, Maurer,
Pavinel, Couchoud, Joesel, Chambe. — (5369) M. Claude Giraud. —
(5375) MM. Bely, Raymor, Labaty, Rostagno, Vital, G. Bert. — (5377)
M. Sapion-Ours. — (5386) MM. Charton, Reviez, Ville, Gely, Boissy,
Mme Quay, MM. Vernay, Alson, Ponchon, Reydelet, Hessens, Perrier,
Mornain. — (5387) Mme Michaud, MM. Henri, Bouchot, Une bûche,
Petit Etienne, Perdu au billard. — (5395) MM. J. Badet, S. Sulion,
L. Trouillat, A. Cholat, E. Coste, Tasseroul, A. Dick, Georges V., Blu-
met, Chaneur, Roche. — (5397) MM. Quatre, Dubaud, Lullier, Perri-
chon. — (5398) Mlle Barillot, Mme Latreille, MM. Molinié, Putinier,
Sivelle, Mlle Mayet, MM. Didenid, Dalbert, Brunier, Gay, Manin,
Francillon, Brunet, Gonin, Bourbon, Darmey, Fournier, Mayet. —
(5402) MM. Abougit, Bevron, Chapuis, Thovin, Gigandon, Sève, Vuillerme, Baptiste, Lafond. — (5418) MM. Chartier, Murit. — (5422)
MM. Mionant, Naomisio, Peyrouteux, Choppart, Toinon, Lassange,
Roux, Petit. — (5425) Mme Jambon, M. Michel, M. Perrichon, M. Rivet, M. P. Bœuf. — (5426) MM. J. Dupuis, A. Kueufz, M. Durrer,
M. Viano. — (5429) M. G. M., M. Dugrol, M. C. — (5432) MM. Boulanger, Vuillermet, Arpin, Rosset, Prevat, Maigre, Soffrets, Jacob, Faure.
— (5433) M. Marcel Navoizat, Mlle Alexandrine Rose.

(5438) Mlle Anna Ramel, M. Adolphe Canot, M. Pierre Moutet, François Fornant, Joseph Trillat. — (5440) A.B., M.-L. D., J.G., M. P., S.B.,
F. C., P. L., C. P., A. C., M. G., G. D., P. G., S. R., G. C. — (5442)
Mme Bost, Mlle Perrier, M. E. Varcon. Mlle Delorme, MM. Bague, Ber-
tet, Roquelet, Duc, Gillet, Carron, Isurnsud. — (5444) MM. Théodore Pi-
cot, Joseph Geniquet, Marcel Maillaud, Mme Pager, Mlles Piffero, Delar-
bre, Joly, Courtois. — (5450) MM. Dumas, Pollet, Filhol, David, Dunntier,
Bramoule, Chaize, Pernet, Cazot, Furhmann, Bosson, Royer. — (5454)
MM. Bahorier, Falda, Devalvre, Designat, Guerre, Kaenl. — (5459)
MM. Berod, Charlet, Verjat, Tixier, Mme Charrin. — (5462) Mlle Gilliet,
Mme Vidal, J. et P. Vidal, Mlles V. Chardonnet, M. Chardonnet. — (5475)
MM. Cayrol, Besséat, Jean Faure. — (5476) MM. Grept, Carure, Duran,
Mermet, Semin, Jeunet, Gojon, Roussillon, Ridet, Pougault, Bioluy,

Moreau, Guignon, Mérissen. — (5477) M. P., A. D., J. B., V. B., L. B,
M. V., II. C., F. ., E. V., A. G., E. F., M. P., O. Z. B. R, J. D., E. R,
I., G., J. V., — (5503) MM. Taverno, Bruet. — (5506) M. Dézoy. —
(5519) MM. Rabillaud, X..., Plumet, Piérat, Pottin, Mme Vve Ver-
noy, Mme Vve Dupont, Mme Vve Imbert, MM. B. Bertholon, Chardon,
Mercier, Perrot. — (5524) MM. Goubillon, Fargeat, Prost. — (5534)
MM. Guillemot, Arlotto. — (5335) MM. Sabot, Grun, Bougerol, Brac-
coni, Bourjeon, Podier, Loup, Isoz, Leduc. — (5537) Mlles Perret, Ruf-
fet, Saunier, Narce, Petit, Cuisson, Mmes Durand, Gollin, Suiphon. —
— (5539) MM. Bussenil, Chapuy. — (5541) MM. Thévenaz, R. Liabœuf,
L. Allegret, Mme Page, MM. Vignieux, Janin. — (5549) MM. Bertet,
Gontard. — (5561) MM. Crochet, Langeron, Jutard, Verbraken, Garnier, Hacusler, Schlawutz, Vuillerme, Favier, Sercleral, Fuzier, Desfonds. — (5561) MM. Tasagran, Mlle Berthe Rousset, M. Emile Ga-
min, Mlle Marthe Mignon, M. Antonin Vacher. — (5614) MM. A. Perrier, Caiger, Rogier, Ocard, Blanc, Margerien, Brossette. — (5615)
MM. J. Chapiron, A. Capiron, Halles, Dutel, Guyot, Pascal, Froment,
Barrot. — (5617) MM. Cavot, Bocquet, Monnier, Berthoud, Vuillard,
Garampon, Mlle Genevois, M. Etienne. — (5818) MM. Gabillet, Gouil-
laud, Carrion, Genaux, Cinquin, Barrier, Bouchage, Léon Vallet. —
(5621) M. E. Blanchet. — (5622) MM. Mercier, M. Guillaud, M.-L. Riou,
H. Bricout. — (5627) MM. Deleau, Rambaud. — (5628) MM. Jac-
quard, Pommey, Berlioz, Faiblant, L. Greffa, Catte, Liquier, A. Greffe,
Brunet, Mme Buchant, Mlle Barral, MM. Clément, Tambelle. — (5564)
MM. Antoine, Dole, Lazare, Castella, Alpe. — (5579) Mlles Marie
Claudy, Marie Bouvet, Hélène Roche, Mme Manuel, Nizie Voisin, Lolo
Voisin, Hélène Voisin, Andrée Claudy. — (5390) MM. Turret, Des-
combes, Teyssier, Fryzy, Hornassel. — (5600) MM. Rieux, Guérat,
Gabriel Guérat. — (5605) MM. Magnat, Beysson, Perret. — (5607)
MM. Musy, Tournier, Bachierini, Kublis, Bronat, Sia Abi, Lescou-
piers, Chamlettez. — (5608) MM. Raymond, Cablina, Marain. — (5609)
MM. Fray, Oddos, Chipier père, Froussel, Teissier, Chanel, Jouanny,
MM. Didier Jean, Boyer, Gaillard, Maziau, Favre, Héroisset, M. Bek-
kacini, M. Welt. — (5610) M. Corréa, M. Louis Tessieux, M. Joseph
Tessieux. — (5612) M. Paul Leroux, M. Rouchy, M. Puellet, Mlle Cha-
vassut, Mlle Septier. — (5613) M. Maissiat, M. R. Blanchon. —
5673) M. Polliat Mlle Richoud, M. Taxi, Mme Bague, Mlle Bague. —
(5676) Mlle Guicherd, Mlle Fageffy. M, Kacef-Guyperret, M. Tasin,
M. Thiry, M. Dennurger, M. Frédon, M. Branche, M. Verdun, MM. Palais, Courvieu, Psenda, Clair. — (5677) MM. Febvre, Verne, Mme Dou-
roux, Mme Deminger, MM. Bertran, Didier, Viguet, Matrat, Marius
Perret, Mme Cinato, MM. Sopizet, Chabredier, Hanhart. — (5679)
MM. Tissot, Petit, Maremberg, Declere, Rollet, Lalaimode, Bellaho-
nel, Tallat, Discours, Collom. — (5680) MM. Brottet, Bernard, Drivon-

Desnoyelles, Roche, Gachet, Algoît, Grosgurin. — (5681) MM. Perrot-Panaye, Pellon, Nicoud, Gouget, Linage, Diguet, Rohrer, Champeymont, Meindre, Goubier, Vallet, Chappaz, Jouve. — (5682) Mme Colomb, Mlle Thévenet, Mlle Delorme. — (5683) Mme et M. Fattorelli, Mmes Faure, Ray, M. Ray. — (5684) MM. Lardet, Quétand, Philippe, Chappaz, Etienne, Thomassin, Thomel, Lebon, Sutter, Barras, Chareyre, Gousset, Mercier, Charre, Serpolet, Badin, Ducroy, Chaudu, Decrey, Pirel, Baraud fils, Kouanet, Bruyas, Velon, Clément, Chaléat-Charvet, Mme Charvet, Mme Gadoud, Mme Cochet, MM. Rouanet, Monnerat. — (5687) MM. Robin, Gillet, Poloud, Poloud. — (5691) Mlle Ortavant, Mlle B. Peyrol, MM. Bouquet, Granger, Vigne, Mme Muffat, Chapotat, Crisinou, Bourrin, Piot, Valta, Grange. — (5692) Mlle Delorme, Mlles Fauda, Chopy, Roujat, Mme Chapotat, Mme Sallière, M. Chaffard, MM. Fontaine, Delorel, Mlle Pré. — (5694) MM. Rouyar, Audifret. — (5696) MM. Pouzet, Veichest, Anglès d'Auriac, Chevalier, Mérard, Doucel, Schmist, Cabaud, Mersin, Blonay, Walle, Déopaulz, MM. Fête, Dervieu, Bisfart. — (5702) MM. Michel Block, Joseph Brunel, Mlle Thérèse Pinet, MM. J. Veys, Saunier, Jeanpetit. — (5719) MM. Dumollard, Malmenède, Hospital, Pin, Vingier, Mlle Catherine Pierre, Mlle Rose Toupet, Mlles Alesina Merlin, Mlle Adèle Merlin, Mlle Marie Longrès. — (5720) Mlle Delautel. — (5726) Mlle Henr. Tournon, M. A. Cornet, M. Buisson, M. J. Delisle, M. C. Tallon, M. Lambérieux, M. A. Tisserand, MM. Moulin, N. Delort, C. Gaillard, C. Cartaux, M.-L. Moiroux. — (5727) MM. Moutet, Richner. — (5728) MM. Vouillat, Mme Cal, Felaine. — (5730) Mlle J.-P. — (5735) MM. Brédoire, M. Durotte. — (5745) M. Létra, M. Achard, M. Bouget, M. Sébille, M. Rousseau, M. Bioletto. — (5747) M. Briard. — (5750) Mme Roux, MM. Rostaing, Robin, Mlle Meyer, MM. Maurice, Georges. — (5751) Mmes Morel, Durand, de la Bussière, Berliaux, MM. Rives, Durand, Tavernier, Esmeu, Carpet, Grillet, Falque. — (5752) M. Parisse, M. Ravel, Mme Nicod, Mme Vve Charny, Mme Vve Lempereur. — (5753) M. Ganeval, M. Bonnard, M. Poinsot, M. Dœuvre. — (5756) M. Cuzieu, M. Contamin, M. Bouhoure, M. Carle Albert, MM. Dunand, Duveau, Blanc, Colonna, Rey, Mme Coray, MM. Ruotte, Clavel, Isler, Armand, Violet, Chirat, Boussier, Merlin, Moiroux, Giroud, Michel. — (5759) MM. Gagnière, Janin, Aprin, Sergues, Nevoret, Marion Chavanon, Lunéon, Bonnet, Arquillière. — (5760) MM. Roux, Mme Galtier, M. Gurin, Suarez, Hallot, Faroud, Rabut, Bernard, Bonnet. — (5763) M. Billonneaud, M. Guillot. — (5773) MM. Aubert, Desgrand, Richard, Bosichetti. — (5774) MM. Guillaud, Besançon, Chaze, Beillan, Godde. — (5782) MM. Bernolin, Gamos, Thomas-Bret, Bruyas, Mme Icherer, M. Tibault. — (5789) Mmes Poizat, Boucheux, Rivière. — (5791, MM. Reydellet, Morel, Rampon, Meiller, Duboys, Thibaudier, Félix-Belonguet, Berthelon, Blanc. — (5792) MM. Degeorges, Ballaud, La-

muro, Dornier, Gervais, Forest, Kramel, Dubos. — (5793) MM. Brif-
fod, Corébier, Brunet, Million, Balas, Zéréga, Mme de la Gardette,
MM. Damiron, Bernay, Bay. — (5794) Mme Vve Bouzon, M. Poulet,
M. Hyvernat, Mlle Guyot, M. Bertholon. — (5795) MM. Saperando,
Mme Vve Vincent, MM. Brazier, Panouillot. — (5810) MM. Ferraud,
Dutel, Monot, Prost, Fabion, Jacquemont, Faure, Junod, Almos Pe-
dro, Vinassa, Almos père, Almos fils, Langagne, Guillon, Viratelle,
Devel, Chazelle, Michel, Mulet, Durand, Cleux, Bron, Tardy, Gaudo,
Ducharme, Domingo, Peret-Bat, Robert, Cosefausonna, Mathevet,
Mme Vve Perrusel, Mlle Perrusel, MM. Chantepy, Marcillat, Bosland.
— (5830) MM. Jacquiot, Routtaud, Deveaux, Greffe, Mlles Denis,
Jacquier, Billot-Mornet, MM. Gauthier, Maréchal, Monet. — (5850)
M. Lederle. — (5131) Mlles Terraillon, MM. Lacroix, Mège, Bel, Buthion, Legal, Bortolussi, Pagagnini, Dupuy, Col, Jaillet, Ignace, Bi-
houd, Bourrillot, Haltinier, Chapelon, Buthion, Bonutto, Clerc-Gi-
rard, Bertillot, Pellet, Hugnon père, Semay, Blachère, Masson, Boz-
zola, Raphy, Ronatier, Michel. — (5044) Mmes Chantre, Izérable, Fran-
callet, Lanoy, Teiton, Trard, Dumoussian, Porte, Litaud, Branche,
Mary, Perrin, Belleville, Brauhan, Achard, Rousset, Salomon, Mantelin, Boucaud, Savariau, Teston jeune.

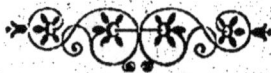

LYON. — IMPRIMERIE EMMANUEL VITTE, 18, RUE DE LA QUARANTAINE

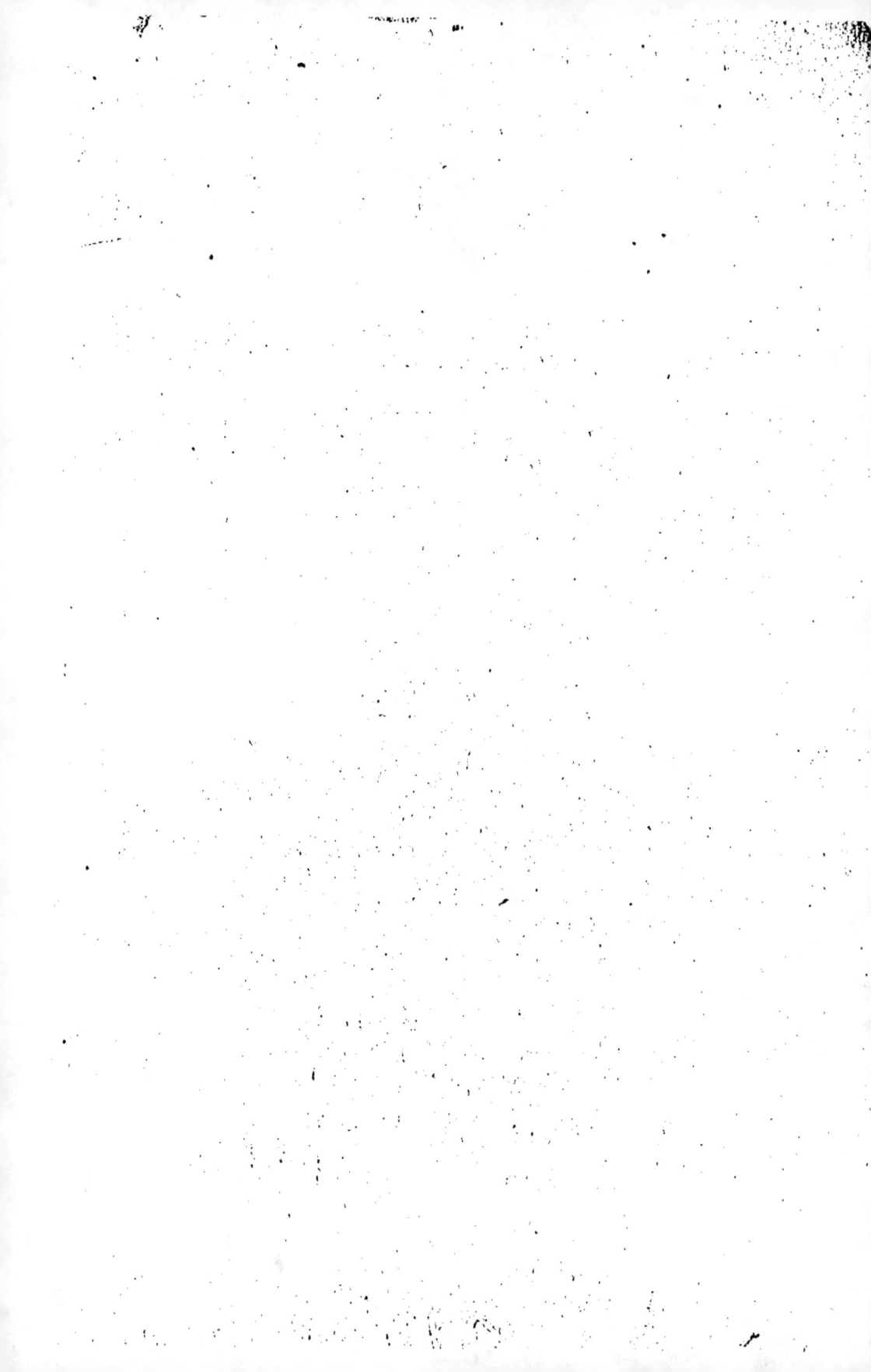

www.ingramcontent.com/pod-product-compliance
Lightning Source LLC
Chambersburg PA
CBHW070752290326

41931CB00011BA/1988